专利诉讼实务

谭英强◎著

知识产权出版社

全国百佳图书出版单位

——北京——

图书在版编目（CIP）数据

专利诉讼实务/谭英强著. —北京：知识产权出版社，2023.12

ISBN 978 - 7 - 5130 - 9003 - 2

Ⅰ.①专…　Ⅱ.①谭…　Ⅲ.①专利侵权—民事诉讼—中国　Ⅳ.①D923.424

中国国家版本馆 CIP 数据核字（2023）第 231735 号

内容提要

专利诉讼是知识产权诉讼中专业性最强的一类诉讼，涉及技术、法律、经济等多个领域的专业知识，律师和专利代理师在专利诉讼中经常会遇到各种法律问题或实务问题却不知如何应对。本书基础篇从专利诉讼基本知识入手，介绍专利诉讼的参与人、证据和侵权判定标准；实战篇由浅入深，结合法条和案例分析专利诉讼的抗辩技巧，以实战典型案例为基础，详细剖析各种类型的专利诉讼中原告和被告的攻防对弈策略。

本书适合从事专利诉讼和专利无效代理的律师、专利代理师和企业法务等阅读使用。

责任编辑：王瑞璞		**责任校对**：王　岩	
封面设计：杨杨工作室·张冀		**责任印制**：刘译文	

专利诉讼实务

谭英强　著

出版发行：知识产权出版社 有限责任公司		**网　址**：http：//www.ipph.cn	
社　址：北京市海淀区气象路 50 号院		**邮　编**：100081	
责编电话：010 - 82000860 转 8116		**责编邮箱**：wangruipu@ cnipr.com	
发行电话：010 - 82000860 转 8101/8102		**发行传真**：010 - 82000893/82005070/82000270	
印　刷：三河市国英印务有限公司		**经　销**：新华书店、各大网上书店及相关专业书店	
开　本：720mm×1000mm　1/16		**印　张**：17.75	
版　次：2023 年 12 月第 1 版		**印　次**：2023 年 12 月第 1 次印刷	
字　数：316 千字		**定　价**：99.00 元	

ISBN 978 - 7 - 5130 - 9003 - 2

作者简介

谭英强 1981 年出生，广东鹤山人，中共党员。现任广州嘉权专利商标事务所有限公司副总经理。华南理工大学理学院应用物理系电子科学与技术（微电子技术）专业工学学士、法学院知识产权专业法学硕士。律师、专利代理师、高级知识产权师、专利副研究员、仲裁员、司法鉴定人、工程师。

中华全国专利代理师协会理事、广东专利代理协会副会长、广东知识产权保护协会副会长、广东省高新技术企业协会副会长、广东省企业联合会监事、广州市企业联合会副会长、广州仲裁委员会仲裁员、五邑大学兼职教授、首批广东省知识产权局专家库专家、广州市创新创业服务领军人才、华南美国商会国际经济战略研究所法律和知识产权特别顾问、广州市重大行政决策论证专家、粤港澳大湾区高价值专利培育布局大赛评审专家、第一届广东十大新锐专利代理人。

从事专利代理工作十余年，代理专利申请 600 余件，代理专利诉讼和无效宣告案件近 300 件，曾代理腾讯公司、美的公司、中国电信、宝洁公司、吉列公司、日立公司等国内外知名企业的知识产权案件，代理过通信领域标准必要专利的无效宣告程序和诉讼程序。代理的专利诉讼案件和商业秘密案件曾入选山东省高级人民法院、济南市中级人民法院、广州知识产权法院和江门市中级人民法院等评选的年度十大知识产权典型案例，代理的成功案例四度入选广东知识产权保护协会年度十大知识产权典型案例。擅长计算机软件、互联网技术、人工智能技术、电子信息、电子线路、微电子技术、嵌入式系统、工业控制器、通信协议等电学领域，以及机械领域和外观设计的专利申请、专利无效和专利诉讼，处理过50余件知识产权司法鉴定案件和10余件广交会维权投诉案件，具有丰富的知识产权实战经验。

序 言

为书作序，是件幸事。阅读一本即将出版的新书，犹如品尝一道新鲜出炉的佳肴，可以先观其色，尝其味，享受之。为书作序，也是件难事，尤其是谭英强先生这本《专利诉讼实务》。书中揭示的专利诉讼诀窍和秘密，是只有内行人才能心领神会并迫切需要掌握的。我虽从事专利审判工作多年，自以为对专利诉讼略有心得，但阅读此书，仍是柳暗花明。本书并不讨论专利领域的理论问题，而是把目光集中于专利诉讼实务，从专利诉讼代理人的角度，以众多典型案例为支撑，进行全面而准确的解析。本书对专利诉讼实务中的技术性、多面性、复杂性等疑难问题提出了独到的见解，使我从中看到了解决这些难题的曙光。

武器之好坏，最好的检验场景是战场。法学与专利知识技能之高低，最好的检验在于诉讼。专利诉讼代理人作为一名武士，如何运用其知识与技能，则是决胜之关键。本书所总结的正是这些实用的技巧。从专利诉讼的种类开始，作者的看法就与众不同。作者将其以案由、以诉讼请求、以专利类型、以技术领域为标准进行了划分，不同于人民法院的民事案由分类。此种划分，正是专利诉讼代理人在诉讼中所需要的类型划分。因专利诉讼首先要明确该类纠纷究竟是哪个技术领域、该领域的技术背景如何等，从而在技术层面开展深入研究。而诉讼案由中的侵权与确权之类的宏观划分，对具体专利案件的解决并无实质作用，只是这样的宏观划分对案件司法统计非常重要。专利案件的管辖，也是目前中国民事案件最为复杂的。专利案件管辖是以通常意义上的被告所在地、侵权行为地等依据，但诉讼代理人需要更直接现实的答案，即究竟去哪个法院立案。作者以省为单位，关于各类专利案件应当到哪个法院去立案，都一一列明。诸如此类，正是作者提供给专利诉讼代理人的"武器"。

我认为本书至少具有以下几个特点。第一是实战性。针对专利案件的管辖、争议焦点的归纳、诉讼证据的分类与固定、侵权判定方法与标准、抗辩理由的解析、涉嫌侵权的大型设备如何保全等，无一不是直接面对诉讼案件，给出明确而具体的意见。这不仅仅是经验，更是无数经验的筛选与提炼。第二是示范性。本书有相当篇幅探究了真实的个案。比如华南新海（深圳）科技股份有限公司与某美国公司"塑料传送带模块"、"分拣系统"系列专利案。该案涉及 3 件发明专利侵权诉讼，总诉讼标的额为人民币 4000 万元。作者详细介绍了通过灵活运用不侵权抗辩和专利无效宣告程序，使专利侵权诉讼、专利无效宣告程序和专利无效行政诉讼相互联动，历经多年，最终为华南新海（深圳）科技股份有限公司系列案赢得诉讼。其中既完整记录了原国家知识产权局专利复审委员会、北京知识产权法院、上海知识产权法院、上海市高级人民法院对"塑料传送带模块"专利所涉技术的不同看法，也详细展现了专利诉讼代理人如何收集对比文件，如何进行技术分析与比对，如何灵活运用程序的具体方法。该案确实无愧于岭南知识产权诉讼优秀案例，值得借鉴。本书还列示了吉列有限责任公司诉张某、徐某等侵犯发明专利权案，北美乒乓球有限公司诉林某侵害外观设计专利权及专利无效系列案等。这些案例，均值得专利诉讼代理人参考。第三是前瞻性。标准必要专利诉讼、软件专利诉讼、生物医药诉讼，是目前非常疑难的实务问题。就标准必要专利纠纷而言，尽管在中国已经出现了一些案例，但法院如何裁判、代理人如何进行诉讼，仍是一个新课题。本书对普通专利侵权与标准必要专利侵权如何进行技术比对提出了具体的方法，就标准必要专利许可使用费的计算给出了计算公式。对这些问题的研究无疑是超前而有建设性的。

专利诉讼是疑难而复杂的，而且随着科学技术的不断进步，将面临更多的考验。本书涉及的技术领域有限，包括全面覆盖原则、等同原则等在内的问题还缺乏更多的案例支撑和理论指导。也许这正是本书继续研究的方向所在。

谭英强先生是我的老朋友，亦师亦友多年，其深厚的科技与法律知识和实践经验我深为了解，其观点我也非常赞成。作为中华全国专利代理师协会理事、广东专利代理协会副会长、首批广东省知识产权局专家库专家，谭英强先生将其十余年的专利诉讼经验予以总结和提炼。其真知灼见，既是对专利诉讼的热爱，也是对该领域未来发展的无私奉献。

祝贺本书的出版，也期望专利诉讼代理人从中学习和掌握更多的诉讼技能，为更好地保护知识产权贡献一份力量。

欧修平

首批国家知识产权专家库专家

广东省高级人民法院知产庭原副庭长

前　言

科技是第一生产力。随着我国科技和经济的飞速发展，知识产权成为大国竞争的核心，专利是体现大国综合创新实力的核心指标。专利诉讼保护创新、推动创新，是一场没有硝烟的商业战争。科技创新主体研发的新技术通过专利和商业秘密进行知识产权保护，而专利诉讼逐渐成为创新主体维护自身知识产权、推动专利许可谈判合作的首选。

我从 2009 年开始从事专利申请文件撰写、答复审查意见通知书、复审与无效等专利代理工作，从 2010 年起从事专利诉讼的代理工作，见证了我国知识产权春天的到来。我国的专利申请量和专利诉讼量均跃居世界第一，我国《专利法》经历了四次修改，《专利审查指南》也经历了多次修改，最高人民法院先后出台了三个审理侵犯专利权纠纷案件应用法律若干问题的司法解释，我国的专利审判从各地级市法院分散审判模式发展成以北京、上海、广州三大知识产权法院为核心结合各地知识产权法庭的集中审判模式，最高人民法院建立知识产权法庭在二审程序统一专利侵权诉讼和专利确权诉讼的审判标准。我国正在通过知识产权高质量发展由知识产权大国向知识产权强国迈进。

专利诉讼涉及不同专业技术领域的技术与专利法相结合，程序复杂，专业性很强，还涉及取证方案、诉讼策略制定和实施、商业谈判等技能。从事专利诉讼的律师和专利代理师可谓"十八般武艺样样精通"，既需要具备扎实的理工科专业技术背景，同时需要具备专业的法学或法律知识，还需要能跟法官、当事人和对方代理人进行良好沟通的技能。专利诉讼人才是一种复合型专业人才。我国理工科高等院校、法学院和知识产权学院培养的知识产权人才与现实需要的合格专利诉讼人才在知识技能方面仍存在较大的差距，即便是同时获得法律职业资格证和专利代理师资格证"双证"的人才，从事专利诉讼仍可能存在一定的困难。

我所任职的广州嘉权专利商标事务所有限公司（以下简称"嘉权"）是华南地区一家大型综合的知识产权法律服务机构，专注于国内外专利商标申请、专利商标维权法律诉讼和科技项目申报。喻新学总经理是我国最早从事专利诉讼的专利代理人之一，他带领嘉权扎根在粤港澳大湾区，为科技创新企业提供专利挖掘、布局、撰写、取证和诉讼全链条知识产权法律服务，通过专利诉讼案件的实战经验反向指导专利申请文件的撰写。我深刻体会到先把专利申请文件的撰写、答复审查意见通知书、复审和无效宣告等专利代理基本功练好，对于将来成为优秀的专利诉讼律师和专利代理师至关重要。

从事专利诉讼代理工作十余年来，我有幸代理过一些世界五百强和欧美日企业的专利诉讼，受到广东省高级人民法院知识产权庭原副庭长欧修平博士的理论和实务指导，跟国内顶级律所律师也多次对垒交锋过，积累了一些专利诉讼实务经验。2022 年 12 月底，我和付奕昌律师分别代表嘉权和广东嘉贤律师事务所应广州知识产权法院邀请，参与《羊城晚报》拍摄法院宣传片的活动，我代表涉外当事人向法院赠送了锦旗和感谢信，并且在接受采访中转达涉外当事人对广州知识产权法院"公正审理、保护创新、高效调解、促和双赢"的赞许。这是对我作为一名知识产权诉讼律师多年努力的肯定，时刻提醒我不忘初心，继续努力。

我的日常工作还包括与科技企业的法务人员、高校大学生分享专利诉讼维权案例与策略。我以之前代理过的案件，尤其是和拍档付奕昌律师一起经办的典型案例和业界的经典案例为素材，整理出一些可操作性强的实务技巧，形成本书。本人自知才疏学浅，总结的方法理论价值不高，主要以实务经验分享为主。虽然已经竭尽全力，但难免有疏漏，恳请大家批评指正。

衷心希望读者通过阅读本书能有所收获。兴趣是最好的老师，只有爱上专利诉讼，才能深度钻研专利诉讼的相关法律、攻防证据，深入研究案情，仔细进行沙盘推演，做好充分的准备，以最兴奋的状态、清晰活跃的思维，全神贯注地开庭，据理力争，努力把每一个专利诉讼案件办成典型案例，维护当事人的合法权益。让专利诉讼的律师和专利代理师互相共勉，以热爱知识产权的情怀，勤奋学习、努力办案、坚持研究，为把我国建设成知识产权强国而奋斗！

谭英强

2023 年 6 月

目　　录

第一篇　基础篇

第二篇　实战篇

第一篇

基础篇

第一章　专利诉讼基本知识

随着我国科技和经济的飞速发展，中国的专利申请量已经跃居世界第一。中国裁判文书网显示，与专利相关的裁判文书数量已经高达约 25 万份。专利诉讼涉及各个技术领域的技术方案，而专利本身就是技术与法律的交叉结合，因此专利诉讼的核心需要法官查明案件的技术事实，准确适用法律并作出裁决。专利诉讼对于法官、当事人、律师、专利代理师、技术调查官、司法鉴定人来说都极具挑战性。本章从介绍专利诉讼的基本知识开始，带大家一起走入专利诉讼实务的世界。

第一节　专利诉讼种类

专利诉讼的种类可以从不同维度进行划分。在此之前，有必要先对其有一定的了解，因为不同类型的专利诉讼案件审理的争议焦点、应对策略均不同。

一、专利案由

按照案由区分，专利诉讼可以分为专利民事诉讼、专利行政诉讼和专利刑事诉讼。由于《中华人民共和国刑法》（以下简称《刑法》）涉及专利的犯罪仅有一条，即《刑法》第 216 条假冒专利罪，司法实践当中触犯这条罪名的案件较少，因而专利刑事诉讼案件也较少。而涉及专利民事诉讼和专利行政诉讼的案件则较多。

按照更具体的案由区分，专利民事诉讼可以进一步分为：专利申请权权属纠纷案件；专利权权属纠纷案件；专利合同纠纷案件；侵害专利权纠纷案件；假冒他人专利纠纷案件；发明专利临时保护期使用费纠纷案件；职务发明创造发明人、设计人奖励、报酬纠纷案件；诉前申请行为保全纠纷案件；诉前申请财产保全纠纷案件；因申请行为保全损害责任纠纷案件；因申请财产保全损害责任纠纷案件；发明创造发明人、设计人署名权纠纷案件；确认不侵害专利权纠纷案件；专利权宣告无效后返还费用纠纷案件；因恶意提起专利权诉讼损害责任纠纷案件；标准必要专利使用费纠纷案件；确认是否落入专利权保护范围纠纷案件；其他专利纠纷案件。

专利行政诉讼则可以进一步分为：不服国务院专利行政部门维持驳回申请复审决定案件、不服国务院专利行政部门专利权无效宣告请求决定案件、不服国务院专利行政部门实施强制许可决定案件、不服国务院专利行政部门实施强制许可使用费裁决案件、不服国务院专利行政部门行政复议决定案件、不服国务院专利行政部门作出的其他行政决定案件、不服管理专利工作的部门行政决定案件。❶

二、专利诉讼请求

按照诉讼请求区分，专利诉讼可以分为专利确认之诉、专利给付之诉、专利变更之诉。以下列出各种常见专利诉讼的诉讼请求：（1）专利侵权诉讼往往包括两方面的诉讼请求，即确认侵权成立判决停止侵权和赔偿经济损失。（2）确认不侵权之诉作为一种特殊的专利诉讼则仅仅涉及确认是否侵权，不涉及经济损失赔偿，诉讼请求为确认不侵害涉案专利权。（3）专利权属纠纷诉讼则只涉及确认专利申请权或专利权的归属，诉讼请求为确认原告是涉案专利的权利人或申请人。（4）专利无效行政诉讼则仅涉及确认专利的有效性，诉讼请求为撤销涉案专利无效宣告请求审查决定，判令国家知识产权局重新作出涉案专利无效宣告请求审查决定。（5）与专利相关的合同纠纷诉讼则涉及违约方违约行为的认定、合同的变更解除和违约方该承担何种违约责任，诉讼请求为判决各方继续履行合同或判决解除合同、违约方赔偿经济损失。

三、专利类型

按照专利类型区分，专利诉讼分为发明专利诉讼、实用新型专利诉讼和外观设计专利诉讼。发明专利和实用新型专利涉及技术领域、背景技术、专利要解决的技术问题、权利要求保护发明创造的技术方案和有益效果，核心点是技术对比的技术事实认定问题。外观设计专利保护的元素包括形状、图案、形状结合图案、形状结合色彩、图案结合色彩、形状图案色彩三者结合六种情形，

---

❶ 最高人民法院关于审理专利纠纷案件适用法律问题的若干规定 第 1 条 ［EB/OL］.（2020 - 12 - 31）［2023 - 07 - 19］. https：//www. chinacourt. org/law/detail/2020/12/id/150227. shtml.

不涉及技术问题，但涉及产品的类型和设计对比问题。

四、技术领域

专利技术领域大体分为三大领域，分别是机械、电学和生化，各大领域里面包括若干个细分领域。比如大电学领域就包括电子电路、通信领域、计算机软件、集成电路等。根据《中华人民共和国国家标准学科分类与代码》，我国学科共有 5 大类，细分为 62 个一级学科、676 个二级学科、2382 个三级学科。专利诉讼涉及面非常广，涵盖了各个细分学科的专利技术。我国知识产权技术类案件"案多人少"，且绝大部分法官不具备技术背景，技术事实查明通常是法官面临的最棘手问题。专利诉讼的当事人一般都只是懂技术而不懂专利、专利诉讼的相关知识和程序；而律师、专利代理师、司法鉴定人、技术调查官等专业人士也仅仅拥有某专业技术领域的理工科背景，要面对和处理不同技术领域的各种技术问题，压力和挑战非常大。这也是专利诉讼比普通诉讼更复杂、更难的原因。

第二节　专利诉讼案件的管辖

专利诉讼案件的管辖主要解决的问题是当事人或诉讼代理人在纠纷发生时该向哪个法院提起诉讼，接收案件的法院根据专利诉讼管辖的相关规定判断案件是否属于本法院受理的范围，决定是否受理并立案，当事人有权根据管辖规定提起管辖权异议申请，法院在审理管辖权异议申请的事实和理由之后，裁定是否移送案件。专利案件地域管辖经历过集中到分散再到集中的演变过程，体现了我国专利诉讼审判朝着集中化、专业化、统一化发展的趋势。本节主要介绍专利诉讼案件具体管辖的规定，以及管辖权异议要注意的问题。

一、管辖演变

早期，我国的知识产权审判主要集中由法院的民事审判第三庭（以下简称"民三庭"）负责。由于专利案件技术性比较强，一审程序在各省会城市和较大地级市的中级人民法院民三庭审理，二审程序在各省高级人民法院的民三庭审理，再审程序在最高人民法院民三庭审理。全国有上百个中级人民法院可以审理专利一审案件，30 多个高级人民法院可以审理专利二审案件。这种审判格局优势与劣势并存：优势是审判法院靠近侵权行为发生地或被告所在地，就近办案便利，办案效率高且审判周期短，特别是对于需要法院做证据保全、财产保全、诉前禁令、现场勘验等案件，优势就更加显露，案件分散，故各地法院不会积压案件，审理速度快，从而快速结案；劣势在于人才布局相对分散，各地法院知识产权审判人才之间交流互动较少，难以统一知识产权审判标准，导致各地知识产权审判法官的办案水平参差不齐。

1961 年 7 月 1 日，联邦德国成立联邦专利法院，专门负责审理和裁决德国专利局在专利授予和异议程序中的上诉案件，当事人不服该法院裁决的，可以直接向联邦最高法院提出上诉。1982 年，美国联邦巡回上诉法院成立，负责全国范围内专利民事诉讼的上诉案件以及对美国专利商标局、专利审判和上诉委员会行政决定不服而提起的诉讼案件。英国于 1990 年设立专利郡法院。❶ 1998 年，韩国专利法院正式成立，是韩国处理专利纠纷的高等级别法院，由负责审判的裁判部和主管司法行政事务的事务局构成，同时配置调解委员会和咨询委员会，韩国专利法院有 5 个裁判部负责与知识产权有关的民事诉讼和对行政机构裁定不服提起的行政诉讼。❷ 2005 年 4 月，日本知识产权高等裁判所设立，日本的知识产权审判体系包括日本知识产权高等裁判所、东京地方裁判所和大阪地方裁判所。日本的知识产权审判相对集中，一审只有东京和大阪两个地方裁判所，二审都在知识产权高等裁判所，这样能在二审程序统一知识产权裁判标准。2008 年我国台湾地区"智慧财产法院"正式成立，管辖涉及智慧财产权的民事、行政和刑事案件。2013 年欧盟 25 个成员国签订《统一专利法院协定》，推进设立欧盟统一专利法院。❸

横观世界各主要发达国家和地区，大趋势为建立知识产权专门法院，专业审判知识产权案件，而且大部分的审级是二审，促进了知识产权审判专业化、集中化和审判标准统一。借鉴韩国、日本和我国台湾地区知识产权法院和技术调查官的经验，我国拉开了知识产权审判的改革序幕。改革第一步是 2014 年，全国人大常委会决定在北京、上海和广州首先设立三家知识产权法院，作为专利等技术类案件一审审理法院，然后在全国一些中级人民法院设立知识产权法

❶ 黄玉烨，李青文. 我国知识产权上诉审理机制的变革与优化之策：由知识产权法庭到知识产权上诉法院 [J]. 东南学术，2020 (5)：223 – 230.

❷ 杜潇潇. 论韩国专利法院建设及其对中国的借鉴意义 [J]. 中国发明与专利，2020，17 (5)：85 – 90.

❸ 张怀印. 欧盟统一专利法院：最新进展、困境及前景 [J]. 上海政法学院学报：法治论丛，2018，33 (2)：9.

庭。改革第二步是 2019 年，全国人大常委会决定设立最高人民法院知识产权法庭，统一审理全国范围内专业技术性较强的专利等上诉案件。两步改革，统一了我国专利侵权和确权二审审判的标准。我国出现了一批同一个专利的专利侵权诉讼和专利确权诉讼由同一个合议庭同步审理的案例，同一个专利的侵权诉讼和确权诉讼同步处理达到效率和效果的最优化。专利等技术类案件审判朝着集中化、专业化、统一化的方向发展。

我国通过设立三家知识产权法院、多个知识产权法庭管辖专利诉讼一审程序，以及最高人民法院知识产权法庭管辖专利诉讼二审程序，集中管辖知识产权案件，体现了我国司法改革的巨大进步。但是专业的审判法官团队集中审判必然导致专利案件高度集中，加上我国专利事业的蓬勃发展，专利申请量和诉讼案件量均呈现高速增长的趋势，逐渐显露出专利案件积压和"案多人少"的不利局面。另外，我国技术创新水平的显著提升导致技术事实的查明难度越来越大，使得专利案件审判周期延长。为了扭转案件积压和审判周期变长的不利局面，我国同步引进和运行技术调查官制度作为知识产权法院和知识产权法庭的配套制度。

二、具体管辖规定

专利诉讼案件的管辖规定相对于其他诉讼案件情况显得较为复杂，既要符合上位法的规定，也要符合最高人民法院相关司法解释的规定。专利诉讼案件涉及专利民事诉讼和专利行政诉讼，其管辖首先要遵循上位法《中华人民共和国民事诉讼法》（以下简称《民事诉讼法》）和《中华人民共和国行政诉讼法》（以下简称《行政诉讼法》）中有关管辖的规定。

（一）被告住所地人民法院管辖

诉讼案件由被告所在地人民法院管辖是诉讼案件管辖的基本原则。之所以这样规定其实有一定的道理。诉讼过程中有可能涉及证据保全、财产保全、现场勘验、诉前禁令、诉中禁令和判决生效后的强制执行，由离被告最近的被告住所地人民法院执行上述程序，确实方便快捷，有利于诉讼程序的高效推进。

然而，对于原告来说，到被告住所地人民法院进行诉讼，意味着需要投入更高的维权成本，相当于"客场"作战；对于被告来说，就在自家门口的人民法院进行诉讼，相当于"主场"作战，心理上和客观条件上会有一定的优势。

（二）侵权行为发生地人民法院管辖

《民事诉讼法》第 29 条规定："因侵权行为提起的诉讼，由侵权行为地或者被告住所地人民法院管辖。"《最高人民法院关于适用〈中华人民共和国民事诉讼法〉的解释》（法释〔2022〕11 号）（2022 年修正）进一步明确"侵权行为地，包括侵权行为实施地、侵权结果发生地"。即专利侵权诉讼案件，除了被告住所地人民法院可以管辖以外，侵权行为地的人民法院也可以管辖。法律对于专利侵权诉讼案件，给出了两种管辖的可选项。

对于全国销售的通用商品，可以很灵活地在目标法院所在地进行公证购买，即使得目标法院所在地成为侵权行为发生地，从而对专利侵权诉讼拥有管辖权。比如"空调专利诉讼大战"中，各空调制造厂家进行专利维权取证，只需要到目标法院所在地通过专卖门店公证购买，就可以选择到目标法院进行专利诉讼。空调专利维权案件的特点是，各方当事人都是实力雄厚的上市公司，诉讼过程中无须作财产保全和证据保全，通过线上或线下公证购买即可轻易固定侵权产品实物，生效判决的执行也没有障碍，因此，空调制造商更愿意选择自己"信赖"的目标法院。目标法院的考量因素包括专利诉讼审判专业度、案件量、处理速度和过往判赔额等。

非全国销售的非通用产品一般需要定制。如果希望目标法院所在地成为侵权行为发生地，则取证固定的证据要能证明目标法院所在地就是侵权行为发生地。实践中笔者曾经办过一宗案件，涉及一款定制的自动化办公设备。被告作为制造商，住所地是浙江省宁波市，原告住所地是广州市，所以原告希望在广州知识产权法院进行专利侵权诉讼。取证人员以一般消费者的身份与被告制造商洽谈定制产品后，签订订货购买合同，其中合同的签订地约定为广州市，合同标的货物的交付条件为制造商送货上门至购买方指定的广州市某地址。实务中如果合同是通过快递签署，则由制造商先签字盖章，购买方后签字盖章。这个订货购买合同的以上两个条款证明了合同签订地和合同履行地都在广州市，即广州市是侵权行为发生地，因此，广州知识产权法院具有管辖权。

（三）网购收货地不能作为侵权行为发生地

我国成熟发达的网购平台为专利侵权诉讼的取证带来极大的便利，对于可以通过网络购买的商品，取证人员无须再冒风险进入被告工厂或到被告门店作线下公证购买。但是，由于网络购买方可以随意选择网络购物收货地，所以网购收货地不能作为侵权行为发生地。《最高人民法院关于适用〈中华人民共和国反不正当竞争法〉若干问题的解释》（法释〔2022〕9 号）第 26 条第 2 款规定："当事人主张仅以网络购买者可以任意选择的收货地作为侵权行为地的，人民法院不予支持。"在专利侵权诉讼方面虽然还没有相关司法解释对这个问题进行厘清，但是，最高人民法院的若干典型判例已经有统一的共识。

案例 1 – 1　宁波奥克斯空调有限公司与珠海格力电器股份有限公司侵害实用新型专利权纠纷案

审理法院：最高人民法院。

案例要旨：被诉侵权产品系通过网络进行销售，在依据网络销售商的被诉销售行为地确定案件管辖权时，被诉销售行为地的认定既要有利于管辖的确定性，避免当事人随意制造管辖连接点，又要便利权利人维权。在网络环境下，销售行为地原则上包括网络销售商主要经营地，被诉侵权产品储藏地、发货地或者查封扣押地等，但网络购买方可以随意选择的网络购物收货地通常不宜作为网络销售行为地。以侵权产品的制造商和销售商为共同被告的诉讼构成必要共同诉讼。❶

案例 1 – 2　深圳市蓝禾科技有限公司与北京酷能量科技有限公司侵害实用新型专利权纠纷案

审理法院：最高人民法院。

案例要旨：在网络环境下，侵犯专利权的销售行为地原则上包括不以网络购买者意志为转移的网络销售商主要经营地，被诉侵权产品储藏地、发货地或者查封扣押地等，但网络购买方可以随意选择的网络购物收货地通常不宜作为网络销售行为地。涉案物流信息显示，被诉侵权产品通过邮政快递大宗收寄处理班收件，故可合理推断被诉侵权产品的发货地为侵权产品的销售地，人民法院可以据此确定管辖连结点。❷

（四）专利行政诉讼的管辖

不服专利行政查处程序中行政机关作出的行政裁决而提起的行政诉讼，一审程序由行政机关所在地的中级人民法院或跨区域管辖的知识产权法院管辖，二审程序由最高人民法院知识产权法庭管辖。

不服国家知识产权局专利局复审和无效审理部作出的复审决定或无效宣告审查决定而提起的行政诉讼，一审程序由北京知识产权法院管辖，二审程序由最高人民法院知识产权法庭管辖。

---

❶ 参见：最高人民法院（2018）最高法民辖终 93 号民事裁定书。
❷ 参见：最高人民法院（2021）最高法知民辖终 126 号民事裁定书。

（五）级别管辖

我国法院系统包括四级法院，分别是最高人民法院、高级人民法院、中级人民法院和初级人民法院。发明专利侵权诉讼案件具有技术属性，审理难度较大，一审程序就在中级人民法院进行审理，二审程序跨级别在最高人民法院知识产权法庭进行审理。值得注意的是，一般不涉及技术性的外观设计专利侵权诉讼案件，以及非重大、复杂的实用新型专利侵权诉讼案件，二审程序仍由各省的高级人民法院管辖，不服国家知识产权局专利局复审和无效审理部对三种专利作出无效宣告审查决定的行政诉讼二审程序由最高人民法院知识产权法庭管辖。常见的专利侵权诉讼和专利无效行政诉讼级别管辖如表1-1所示。

表1-1　专利侵权诉讼、专利无效行政诉讼级别管辖表

诉讼类型	一审程序	二审程序	再审程序
发明 专利侵权诉讼	知识产权法院、知识产权法庭、中级人民法院	最高人民法院知识产权法庭	最高人民法院民三庭
实用新型、外观设计专利侵权诉讼	知识产权法院、知识产权法庭、中级人民法院	各省高级人民法院	最高人民法院民三庭
发明、实用新型、外观设计专利无效行政诉讼	北京知识产权法院	最高人民法院知识产权法庭	最高人民法院民三庭

知识产权法院、知识产权法庭可以跨区域管辖专利案件。参见最高人民法院知识产权法庭官方网站，我国各省、自治区、直辖市具有专利纠纷第一审案件管辖权法院和法庭如表1-2所示。

表1-2　具有专利纠纷第一审案件管辖权法院/法庭一览表❶

最高人民法院知识产权法庭		
北京	北京市高级人民法院	北京知识产权法院
天津	天津市高级人民法院	天津知识产权法庭＊
河北	河北省高级人民法院	石家庄市中级人民法院
山西	山西省高级人民法院	太原市中级人民法院

❶　最高人民法院. 具有专利纠纷第一审案件管辖权法院/法庭一览表［EB/OL］.（2018-12-14）［2023-07-19］. https：//enipc. court. gov. cn/zh-cn/news/view-50. html.

续表

内蒙古	内蒙古自治区高级人民法院	呼和浩特市中级人民法院、包头市中级人民法院
辽宁	辽宁省高级人民法院	大连市中级人民法院、沈阳知识产权法庭*
吉林	吉林省高级人民法院	长春知识产权法庭*
黑龙江	黑龙江省高级人民法院	哈尔滨市中级人民法院、齐齐哈尔市中级人民法院
上海	上海市高级人民法院	上海知识产权法院
江苏	江苏省高级人民法院	南京知识产权法庭*、苏州知识产权法庭*
浙江	浙江省高级人民法院	杭州知识产权法庭*、宁波知识产权法庭*、温州知识产权法庭*
安徽	安徽省高级人民法院	合肥知识产权法庭*
福建	福建省高级人民法院	福州知识产权法庭*、厦门知识产权法庭*
江西	江西省高级人民法院	南昌知识产权法庭*、景德镇知识产权法庭*
山东	山东省高级人民法院	济南知识产权法庭*、青岛知识产权法庭*
河南	河南省高级人民法院	郑州知识产权法庭*
湖北	湖北省高级人民法院	武汉知识产权法庭*
湖南	湖南省高级人民法院	长沙知识产权法庭*
广东	广东省高级人民法院	广州知识产权法院、深圳知识产权法庭*
广西	广西壮族自治区高级人民法院	南宁市中级人民法院、柳州市中级人民法院
海南	海南省高级人民法院	海南省自由贸易港知识产权法院、海口知识产权法庭*
重庆	重庆市高级人民法院	重庆市知识产权法庭*
四川	四川省高级人民法院	成都知识产权法庭*
贵州	贵州省高级人民法院	贵阳市中级人民法院、遵义市中级人民法院
云南	云南省高级人民法院	昆明市中级人民法院
西藏	西藏自治区高级人民法院	拉萨市中级人民法院
陕西	陕西省高级人民法院	西安知识产权法庭*
甘肃	甘肃省高级人民法院	兰州知识产权法庭*
青海	青海省高级人民法院	西宁市中级人民法院
宁夏	宁夏回族自治区高级人民法院	银川市中级人民法院
新疆	新疆维吾尔自治区高级人民法院	乌鲁木齐知识产权法庭*
	新疆维吾尔自治区高级人民法院生产建设兵团分院	新疆生产建设兵团农八师中级人民法院、新疆生产建设兵团农十二师中级人民法院

注释：标注 * 的知识产权法庭是中级人民法院的内设机构，有权跨行政区域审理专利等技术类案件

三、管辖权异议

《民事诉讼法》第 130 条第 1 款规定："人民法院受理案件后，当事人对管辖权有异议的，应当在提交答辩状期间提出。人民法院对当事人提出的异议，应当审查。异议成立的，裁定将案件移送有管辖权的人民法院；异议不成立的，裁定驳回。"

专利诉讼案件，被告对管辖权有异议，可以在答辩期内提出管辖权异议，需要向受理案件的法院提交管辖权异议申请书。申请书要载明受诉法院没有管辖权的事实、理由和法律依据，并说明应当由哪个法院负责管辖。一审法院对管辖权异议作出一审裁定以后，各方当事人还可以对一审裁定提出上诉，由二审法院对管辖权异议作出终审裁定。

早期，少数专利诉讼的被告当事人或代理人，出于拖延诉讼或者争取更多应诉时间检索、收集证据、提起专利无效宣告程序等各种目的，经常在毫无合理理据的情况下，仍然会随意提起管辖权异议和管辖权异议上诉，使得专利诉讼被无故拖延数个月，法院已经排好的开庭日程会因为频繁的管辖权异议程序和管辖权异议上诉程序而被任意打乱，严重扰乱法院审理秩序并降低法院审判效率。近年来，法院对滥用管辖权异议恶意拖延诉讼的行为进行严厉打击，惩戒恶意滥用程序的当事人和代理人。因此，被告当事人、代理人应当认真研究案件，只有在有确凿证据证明事实和合理理由的前提下，才能提起管辖权异议，不能滥用管辖权异议程序，否则可能面临处罚，或者在败诉的情况下，法院认定被告滥用管辖权异议程序恶意拖延诉讼，从而适用惩罚性赔偿或者考虑被告主观恶意而增大判赔金额。

第三节　专利诉讼案件审理的争议焦点

专利诉讼作为一种特殊的诉讼具有技术的属性，其中的争议焦点就是查明案件的技术事实问题，因此有必要了解各种常见专利诉讼的主要争议焦点，为后续围绕争议焦点准备证据材料并提起诉讼和进行答辩提供理论基础。

一、专利民事诉讼

（一）侵犯专利权纠纷案件

侵犯专利权纠纷是最常见的专利诉讼，法官归纳这类案件的争议焦点主要包括：（1）原告是否合法享有维持有效的专利权；（2）被控方案是否落入专利的保护范围；（3）被告的各种抗辩理由是否成立；（4）如果侵权成立，则被告应当承担何种法律责任。

侵犯专利权纠纷中还有一种特殊的类型——确认不侵权之诉。《最高人民法院关于审理侵犯专利权纠纷案件应用法律若干问题的解释》（法释〔2009〕21号）第18条规定："权利人向他人发出侵犯专利权的警告，被警告人或者利害关系人经书面催告权利人行使诉权，自权利人收到该书面催告之日起一个月内或者自书面催告发出之日起二个月内，权利人不撤回警告也不提起诉讼，被警告人或者利害关系人向人民法院提起请求确认其行为不侵犯专利权的诉讼的，人民法院应当受理。"确认不侵权之诉的争议焦点主要包括：（1）原告提起确认不侵权诉讼是否符合司法解释的相关规定；（2）涉案专利是否合法且维持有效；（3）原告实施的涉案方案是否落入专利的保护范围。确认不侵权之诉由于一般只是涉及涉案技术方案是否落入专利保护范围的事实认定，而不涉及禁令和赔偿等法律责任和法律义务。

（二）专利申请权权属纠纷案件、专利权权属纠纷案件

专利申请权权属纠纷案件和专利权权属纠纷案件主要是要解决专利申请权或专利权的归属问题。合同没有约定知识产权归属的委托开发或合作开发类案件的争议焦点主要包括原告是否对涉案专利的实质性特点作出了创造性贡献。对于"前东家"诉离职员工私自申请专利类案件的争议焦点主要包括：（1）被告是否接触了涉案专利技术方案；（2）原告提交的图纸等技术方案证据是否形成于专利申请日之前；（3）涉案专利中的技术方案是否与原告提交的图纸等证据所反映的技术方案相同。专利权权属纠纷一般不涉及经济赔偿，但是如果案件涉及因被告恶意侵权而损害原告的利益，可以在专利权权属纠纷案件中一并主张损害赔偿和维权合理费用。

（三）发明专利临时保护期使用费纠纷案件

《中华人民共和国专利法》（以下简称《专利法》）第13条规定："发明专利申请公布后，申请人可以要求实施其发明的单位或者个人支付适当的费用。"

发明专利临时保护期使用费纠纷案件的争议焦点是：（1）原告是否合法

享有维持有效的专利权；（2）被控方案是否落入专利的保护范围；（3）被告的各种抗辩理由是否成立；（4）如果被控方案落入专利的保护范围，被告应当向原告支付发明专利申请公布后、专利权授予前期间多少使用费。

（四）职务发明创造发明人、设计人资格、奖励、报酬纠纷案件

职务发明创造发明人、设计人资格、奖励、报酬纠纷案件的争议焦点主要包括：（1）原告是否涉案专利的职务发明人、职务设计人；（2）如果是职务发明人、职务设计人，具体奖励、报酬数额是多少。

（五）专利相关合同纠纷

专利相关合同纠纷跟普通合同纠纷案件类似，主要争议焦点包括：（1）哪一方违约；（2）抗辩理由是否成立；（3）如果构成违约，则违约方该承担何种法律责任。

二、专利行政诉讼

遵循《行政诉讼法》的相关规定，不服专利复审决定、无效宣告审查决定、行政决定而提起行政诉讼案件的主要争议焦点包括：（1）被诉决定是否存在事实认定错误；（2）被诉决定是否存在法律适用错误。

第四节　专利诉讼禁令

《专利法》第72条规定："专利权人或者利害关系人有证据证明他人正在实施或者即将实施侵犯专利权、妨碍其实现权利的行为，如不及时制止将会使其合法权益受到难以弥补的损害的，可以在起诉前依法向人民法院申请采取财产保全、责令作出一定行为或者禁止作出一定行为的措施。"

专利诉讼禁令分为诉前禁令、诉中禁令和判决后禁令。其中诉前和诉中禁令程序，法院还没有判决认定侵权成立，则要在法院作出判决前作出民事裁定，责令被告作出一定行为或禁止作出一定行为的措施。启动条件是专利权人要向法院提出禁令申请，并举证证明他人正在实施或即将实施侵犯专利权或妨碍其实现权利的行为，并需要进一步举证证明或陈述如不及时制止将使其合法权益受到难以弥补的损害。一般的损害都可以在将来通过判决经济赔偿来弥补，因此专利诉讼司法实践中属于难以弥补损害的情形并不多。由于诉前禁令和诉中禁令对于被告来说非常严厉，比如禁止被告制造、销售涉嫌侵权产品，

必然给被告造成巨大经济损失等严重后果，法院一般要求原告必须提供等值担保。但是如果诉前或诉中禁令错误，给被告造成多大的直接经济损失还难以估量。被告也可以通过专利无效宣告程序请求宣告涉案专利无效，故专利权存在被宣告无效的可能。因此，法院在审查是否作出诉前禁令或诉中禁令时相当慎重，需要综合考虑原告胜诉可能性、涉案专利的稳定性、被告的行为是否给原告造成难以弥补的损害、裁定诉前或诉中禁令的必要性、是否提供足额担保等因素。

在我国，若一审判决生效，被告却不履行生效判决，原告则可以申请强制执行。而被告不服一审判决提起上诉，则一审判决还没生效，原告暂时不能申请强制执行，而需要等二审判决维持原判，驳回上诉，原告才能申请强制执行。德国法院作出专利侵权一审判决，即使被告上诉使一审判决还未生效，原告只需要提供足够的担保，就可以申请先予执行一审判决，即被告不服一审判决而提起了上诉，并不影响一审判决的先予执行。进行跨国专利诉讼的时候，需要留意不同法域专利诉讼程序的差异，以便在跨国专利诉讼攻防战中运筹帷幄。

第五节 专利行政查处程序

中国特色的专利侵权保护采用"双轨制"，即司法保护和行政保护并行运作的保护体系模式。我国管理专利工作的部门包括国家知识产权局、各省市场监督管理局（知识产权局）、各市市场监督管理局（知识产权局）、各区市场监督管理局（知识产权局）等四级行政单位。《专利法》赋予了各级知识产权局处理本辖区范围内发生专利侵权案件行政查处的权力。

从案件量、案件处理速度、证据保全、财产保全、诉前禁令和诉中禁令、禁令与赔偿、程序复杂度各个维度，专利诉讼程序和专利行政查处程序的特点如表1-3所示。

表1-3 专利诉讼程序和专利行政查处程序的特点对比表

对比维度	专利诉讼程序	专利行政查处程序
案件量	法院受理案件量较大	行政单位受理案件量较小
案件处理速度	案件处理速度较慢	案件处理速度较快
证据保全	根据案情，裁定是否证据保全	必然需要到被请求人住所地进行查处，提取、抽样保全侵权产品
财产保全	根据案情，裁定是否财产保全	无

续表

对比维度	专利诉讼程序	专利行政查处程序
诉前禁令/诉中禁令	根据案情，裁定是否诉前禁令/诉中禁令	无
禁令	判决禁令	决定禁令
赔偿	判决经济赔偿	对经济赔偿只能调解，调解不成，权利人只能另行向法院起诉
生效程序复杂度	程序较短，可能经历民事诉讼一审程序、民事诉讼二审程序，判决生效	程序较长，可能经历行政查处程序、行政诉讼一审程序、行政诉讼二审程序，决定才生效

目前我国专利侵权案件量不断上升，导致各级法院审理速度缓慢，而创新主体普遍希望快速解决专利侵权纠纷，清理市场上的侵权主体从而维持技术垄断地位，减少因被侵权而造成的损失。专利行政查处具有程序灵活、响应速度快、善于调解纠纷的特点，往往能快速裁决被请求人停止侵权，或者快速促使请求人和被请求人达成调解，被请求人停止侵权并赔偿经济损失，通过调解协议一揽子解决各方专利侵权纠纷。鉴于竞争激烈的市场环境，市场创新主体如果能通过专利行政查处程序快速制止侵权行为并维持技术垄断地位，往往比经历漫长的诉讼程序最终获得经济赔偿更加具有价值和意义。

🏵 案例1-3　大长江集团5件摩托车外观设计专利行政查处维权案

审理机构：广州市知识产权局。

案情介绍：2012年10月8日，江门市大长江集团有限公司向广州市知识产权局提出处理广州市某摩托车有限公司涉嫌侵犯其专利号为ZL200630051449.7、名称为"摩托车（HJ11-02）"外观设计专利权的请求，并于2012年12月3日追加了该摩托车有限公司涉嫌侵犯其另外4件摩托车配件外观设计专利权的行政处理请求。

广州市知识产权局于2012年10月11日和12月13日依法将案件的请求书副本等材料送达被请求人，并对其生产经营场所进行了现场勘验。经过广州市知识产权局的调解，双方当事人达成了和解协议。被请求人承认侵犯了请求人包括涉案5件专利权在内的9件专利权，被请求人同意补偿请求人50万元的维权费用并承诺停止侵权行为。

该案例入选2012年度全国知识产权保护评选活动10个重大案件之一。国家知识产权局点评："通过积极调解，不但快速办结了案件，还一揽子解决了当事人未提出行政处理请求的多个专利侵权纠纷，快速有效地维护了当事人的合法权益。该系列案的赔偿金额较高，在体现行政执法便捷的同时，也说明我国专利保护制度的设计适应国情，我国知识产权行政保护力度不断增强。"❶

专利权人基于整体和局部同时布局的专利布局思路，不但布局了摩托车整车和摩托车部件多件外观设计专利，还进一步布局了摩托车整车和摩托车部件多件发明和实用新型专利，形成"专利池"。请求人通过提起外观设计专利行政查处案，充分利用外观设计专利不涉及技术、侵权对比相对于发明和实用新型专利更容易判断的特点，在提出 1 件摩托车整车外观设计行政查处请求的基础上，根据行政查处程序中被请求人解决纠纷的态度，适时增加 4 件摩托车部件外观设计专利行政查处请求，发挥专利行政管理部门就地快速办案的优势，积极快速调解，最终 3 个月内促使双方签订了和解协议。被请求人承认侵权并停止侵权，赔偿请求人经济损失。快速地解决专利侵权纠纷对于专利权人来说可谓"及时雨"，能为专利权人的市场竞争保驾护航。专利行政查处程序对于破解专利侵权纠纷案件"周期长"的难题，无疑是一个很好的解决方案。

第六节　专利电商保护

随着我国电商行业的高速发展，知识产权权利人、电子商务平台经营者、平台内经营者之间经常会产生知识产权侵权纠纷。为了保障电子商务各方主体的合法权益，规范电子商务行为，维护市场秩序，进一步尊重和保护知识产权，促进电子商务持续健康发展，我国制定和颁布了《中华人民共和国电子商务法》（以下简称《电子商务法》），各大电商平台也设置了知识产权维权投诉中心，设定维权投诉规则，专门受理和处罚平台内经营者相关知识产权侵权行为。

一、我国电商法对知识产权保护的规定

《电子商务法》第 41 条要求电子商务平台经营者应当建立知识产权保护规则，保护知识产权。第 42 条和第 43 条规定了知识产权权利人、电子商务平台经营者、电子商务平台内经营者之间通知、转送通知、声明、转送声明等基

---

❶　2012 年度全国知识产权保护 10 个重大案件［EB/OL］．（2013－04－27）［2023－07－19］． http：//www.iprchn.com/Index_ NewsContent.aspx? NewsId=59712.

本的投诉和答辩流程，电子商务平台经营者有采取删除、屏蔽、断开链接、终止交易和服务等必要措施的法律义务，未及时采取必要措施的，对损害的扩大部分与平台内经营者承担连带责任。电子商务平台经营者向知识产权权利人转送声明，并告知其可以向有关主管部门投诉或者向人民法院起诉，转送声明15天后，未收到权利人投诉或起诉的通知的，应当及时终止所采取的措施。笔者梳理了知识产权网络侵权处理基本流程，如图 1 - 1 所示。

二、电商平台知识产权投诉和申诉

阿里巴巴知识产权保护平台是国内电商平台中较早建立完善的电子商务知识产权保护规则的平台。投诉流程为：首先注册账号；然后进行权利备案，比如将专利证书、权利人身份证明等上传平台进行备案；最后收集初步证据，提起投诉，根据投诉反馈申请"店小二"介入或重新投诉。

电子商务平台内的经营者通过网络链接销售产品，一般会展示其销售产品的外观图片，声明其具备的产品功能，还展示销售价格、库存、月销量、累计销量和买家评论等信息。这些销售数据可以在后续专利许可谈判中作为重要的谈判筹码，或在后续专利侵权诉讼中作为主张高额赔偿的重要证据。专利权人通过外观设计专利进行投诉较为方便，只需要把外观设计专利与销售链接的外观图片进行对比即可。如果外观设计各个视图都有设计要点，而销售链接只展示立体图或一个视图，这种情况是无法进行外观设计专利与被控销售链接的产品进行全面对比，无法得出是否落入专利保护范围的结论。而发明专利和实用新型专利一般涉及技术特征，需要将专利的权利要求与被投诉产品的实物进行技术对比，无法简单地通过链接上的几个图片或文字说明进行技术对比。因此，需要通过公证购买的方式固定涉嫌侵权链接上销售的产品实物。但是单凭提交公证购买侵权链接上销售的产品实物，电商平台还是无法判断专利侵权是否成立。因此，最好的侵权初步证据是专利权人提供法院认定被投诉侵权产品落入专利保护范围侵权成立的生效判决书，或者是专利行政管理部门裁决认定被诉侵权产品落入专利保护范围侵权成立的生效行政裁决书。其次是专利权人委托第三方知识产权司法鉴定机构认定被投诉产品落入专利保护范围的司法鉴定意见。再次是专利权人委托知识产权保护中心、知识产权代理机构或律师事务所出具的专利侵权对比分析报告，用于证明专利侵权成立。电子商务平台具有新建侵权链接简单快捷的特点，个别以侵权为业的平台内经营者被投诉后，确实下架了侵权产品并删除侵权链接，但是很快又"改头换面"开设新的网

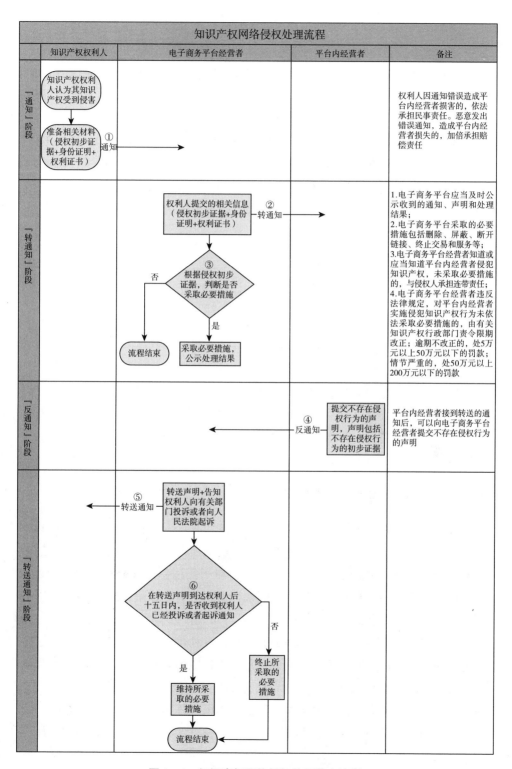

图 1-1　知识产权网络侵权处理基本流程

店，建立新的侵权链接，继续销售侵权产品。对专利权人来说，需要投入更多的资源和精力进行电商平台维权，但是往往效果也不太理想。

电子商务平台内的经营者受到专利权人投诉后，应当全面了解投诉方及其知识产权的情况，自行或委托第三方专业服务机构进行专利侵权对比。如果判断侵权成立，应当立即删除侵权链接，或者主动联系投诉人，寻求获得专利许可。如果判断侵权不成立，则可以在知识产权保护系统中发起申诉，说明不侵权的事实和理由，或者主动联系投诉人进行沟通，请投诉人撤回投诉。申诉人申诉的理由主要有不构成侵权、实施的是现有技术或现有设计、具有先用权、用于投诉的专利无效或不稳定等。平台内经营者围绕各个申诉理由还需要详细且充分地提供证据予以证明。

第七节　专利展会维权

展会是市场主体充分展示专利产品、许诺销售专利产品，进而获取商业机会签署订单的重要平台。广东省是展会行业发展较快且比较发达的地区，制定了《广东省展会专利保护办法》。针对各类专业展会每一届一般仅持续四五天，广东省市场监督管理局（知识产权局）要求展会举办方必须设立知识产权投诉中心，专利权人和利害关系人一旦在展会上发现侵权行为，可以快速地向展会知识产权投诉中心进行投诉。

一、投诉人需要提供的文件

展会上投诉人需要提供专利证书原件和复印件、专利有效证明、主体资格证明，如果委托了专利代理机构或律师事务所则还需要提供授权委托书、法律服务机构的所函、执业证书。有些专业展会对于实用新型和外观设计的投诉，还要求提交国家知识产权局出具的专利权检索评价报告，用以证明涉案实用新型或外观设计的专利稳定性。

中国国内的投诉人可以直接投诉或者委托专利代理机构或律师事务所代理投诉。而涉外投诉人则不能直接投诉，只能委托中国的专利代理机构或律师事务所代理投诉。涉外投诉人的主体资格证明、授权委托书、法人身份证明书、法人护照等域外证据还需要进行外国公证、中国驻外国使领馆认证并经由具备翻译资质的机构翻译。《取消外国公文书认证要求的公约》于 2023 年 11 月 7

日在中国生效实施。其他缔约国公文书送中国内地使用，只需办理该国附加证明书，无须办理该国和中国驻当地使领馆的领事认证。

二、展会投诉流程

展会投诉中心受理专利投诉后，向被投诉人送达投诉材料副本，告知其可以在 24 小时内进行答辩，期满不答辩或者经过答辩后知识产权投诉中心认定侵权成立，则知识产权投诉中心勒令被投诉人立即下架侵权产品。展会结束后，投诉中心对每一件投诉案件独立建档，保存案件档案。

中国进出口商品交易会（以下简称"广交会"）是中国历史最长、层次最高、规模最大、商品种类最全、到会采购商最多且分布国别地区最广的国际贸易展会之一，每一届广交会都会设置知识产权与贸易纠纷投诉接待站，广东省知识产权局知识产权保护处会派驻官员驻点广交会知识产权与贸易纠纷投诉接待站指导展会执法，国家知识产权局或广东专利代理协会也会派驻侵权判定专家驻点广交会知识产权与贸易纠纷投诉接待站负责专利侵权判定工作。

三、广交会展会维权案例

案例 1-4　涉外企业发明专利广交会维权案

投诉人：澳大利亚 B 公司。

被投诉人：9 家参展商。

处理机构：广交会知识产权与贸易纠纷投诉接待站。

涉案专利：关于榨汁机发明专利。

案情简述：B 公司是澳大利亚企业，专业制造厨房电器，如咖啡机、烤面包机、电茶壶、水果蔬菜榨汁机。2012 年，该公司的代表参加第 112 届广交会时发现有多家涉嫌侵权的企业抄袭其发明专利产品——榨汁机。

涉案发明专利名称：一种水果和蔬菜榨汁机，发明专利号：ZL95106212.3。

发明专利权利要求：

1. 一种水果和蔬菜榨汁机，包括一个可旋转的水平擦盘，该擦盘同一个大体呈截头圆锥形的过滤网成一整体，并被其所围绕，所述过滤网的壁从所述擦盘向上并向外伸出，设置在所述盘上方的馈送管以及可插入所述管以将食品向下压在擦盘上刮擦的食品推杆，由此产生的浆和汁向上和向外飞，所述汁通过过滤网，而所述浆则越过过滤网，以便在下一步收集，其特征在于，所述馈送管的内径与所述擦盘的大体相等，在所述管内设有一个或多个具有垂直向上的切削刃的刀，所述一个或多个刀固定连接在所述管上，并被该所述管支承，为了使所述食物推杆向下通过所述一个或多个刀，将所述食物推杆分叉或按其他方式成形，其向下的运动使得食物被所述一个或多个刀的所述切削刃所切割，并被压向所述擦盘，所述一个或多个刀使食物固定不转。❶

阅读涉案发明专利的权利要求书和说明书可知，其主要发明点在于"在所述管内设有一个或多个具有垂直向上的切削刃的刀""其向下的运动使得食物被所述一个或多个刀的所述切削刃所切割"。发明专利说明书附图示出使用中的设备如图1-2所示。说明书记载的一种结构形式中，在馈送管16中设有刀17，该刀最好是具有尖锐的上刃18的不锈钢件。即榨汁机的馈送管上设有一个或多个具有切削刃的刀，使得食物能被一个或多个刀的切削刃所切割。

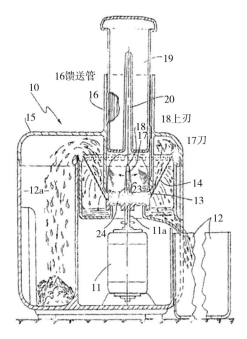

图1-2　发明专利说明书附图示出使用中的设备

（一）投诉前的准备工作

B公司在展会前通过网上自行搜索同行业参展商的相关信息，包括企业名称及在本届展会的具体参展位置。展会开幕的第一天上午，B公司职员与委托

---

❶　麦克林，雅尔洛普. 一种水果和蔬菜榨汁机：CN1065422C［P］. 2001-05-09.

代理人分组逐一前往目标参展商的摊位，检查目标参展商的摊位是否展示有涉嫌侵权的榨汁机，且该榨汁机的馈送管上是否设有一个或多个具有切削刃的刀。经过摸底排查，锁定9家目标参展商作为投诉对象。

（二）提起投诉后的处理流程

B公司的代理人针对每一家被投诉人，提交相应的投诉请求书和相关证据材料，投诉中心向投诉人下发案件受理号，投诉中心执法大队分别向9家参展商被投诉人送达投诉请求书和相关证据材料副本，告知9家参展商被投诉人有权在24小时内进行答辩。投诉中心依据投诉人提交的投诉请求书及证据材料和被投诉人的答辩书，依法作出决定，投诉中心执法大队执行投诉中心的决定。

该案当中，执法大队送达投诉材料副本同时要求9家参展商被投诉人撤下侵权展品，其中6家参展商立即撤下侵权展品，另外3家参展商不同意立即撤下侵权展品并要求答辩陈述意见。

在投诉中心的组织下，国家知识产权局的专利侵权判定专家充分听取了投诉人和被投诉人双方的陈述意见，最后认定其中2家参展商的展品为侵权产品，必须立即撤下侵权展品；另外1家参展商的展品榨汁机的馈送管内虽然设有刀，但是刀上却没有切削刃，没有落入涉案专利权利要求1的保护范围，不构成侵权，无须撤下展品。

展会投诉中心受理的案件越来越多，展会的工作人员数量却有限，因此，案件一般由工作人员按照受理顺序逐一处理。投诉人应当提前做好目标投诉对象的信息收集工作，选好投诉时可能涉及的专利，提前准备好相关法律文书，优先选择外观设计专利或不涉及内部复杂结构、不需要检测鉴定的实用新型专利进行投诉。在展会开幕之后，投诉人应当马上到目标投诉对象的展位确认被投诉的参展商展出的产品是否侵权，收集初步证据后，立即向展会投诉中心提起投诉，争取展会投诉中心尽早受理并处理，以免展会投诉中心案件积压导致处理投诉不及时或投诉效果不理想。

展会被投诉人应当提前准备好自身的专利证书等知识产权证明文件，联系好一家专业的专利代理机构以便随时支援。一旦收到展会投诉中心转送的投诉材料，被投诉人应当在24小时内与专利代理机构一起联合分析该被投诉产品是否落入涉案专利的保护范围。如果被投诉产品不落入涉案专利的保护范围，则被投诉人需要准备侵权对比分析表，提出不侵权抗辩；如果被投诉产品落入涉案专利的保护范围，则被投诉人需要进一步检索分析专利的稳定性，研究能否举证并提出现有技术抗辩、现有设计抗辩或先用权抗辩。如果侵权成立且没有任何有力的证据支撑并无法提出任何抗辩，被投诉人应当考虑尽早下架被投诉的侵权产品。

第二章　专利诉讼的参与人

要启动专利诉讼，首先需要有明确且适格的原告与被告，其次需要提出明确的诉讼请求，确定合适的案由，最后需要向法院提交初步的证据，用以证明主张的事实和理由。只有以上基本要素都符合法律规定并满足立案的条件，法院才会受理案件并下发案件受理通知书和缴费通知书。原告需要在规定期限内缴纳诉讼费，法院才会正式立案。如果原告提交的材料不完整或者未提供初步证据，法院会要求在指定期限内补充提交相关材料和初步证据，原告期满未提交或未在规定期限内缴纳诉讼费，法院会作出民事裁定书，裁定按原告撤回起诉处理。

第一节　专利诉讼的当事人

跟绝大部分诉讼相同，专利诉讼需要有明确且适格的原告、被告。原告、被告和第三人都必须是能够独立承担法律责任的主体，包括公民、法人、其他组织。

一、适格的原告

（一）专利侵权诉讼

按照前述专利诉讼分类，专利侵权诉讼的原告，包括专利权人或者利害关系人，其中利害关系人包括专利独占许可合同的被许可人和专利排他许可合同的被许可人。专利独占许可合同的被许可人可以单独起诉；而排他许可合同的被许可人需要在权利人不起诉的前提下才可以单独起诉，也可以与权利人一起作为原告共同起诉；专利普通许可合同的被许可人一般不能单独起诉。

（二）专利行政诉讼

对于行政单位作出的行政决定，任何一方当事人不服行政单位作出的行政决定均可以作为原告，提起行政诉讼，行政相对人则作为第三人参加诉讼。

二、适格的被告和第三人

（一）专利侵权诉讼

对于专利侵权诉讼，适格的被告必须是实施了专利侵权行为。对于发明和实用新型专利案件，适格的被告包括被控产品的制造者、使用者、许诺销售者、销售者和进口者，或者被控方法的使用者；对于外观设计专利案件，适格的被告只包括被控产品的制造者、许诺销售者、销售者和进口者。

司法实践中涉及发明或实用新型专利技术的大型制造类机械设备，会被销售到一些最终产品生产型企业，用于生产最终产品。因此，这些最终产品生产型企业作为涉案机械设备的买家和使用者，一般既是专利权人的目标客户，也是被控侵权人的目标客户。一旦购买的涉案机械设备侵权成立，最终产品生产型企业生产最终产品的行为会被认定为使用侵权行为。

鉴于大型制造类机械设备取证难度大，最终产品生产型企业购买的涉案机械设备可以成为证明侵权的证据。原告可以选择将最终产品生产型企业与涉案机械设备的制造者列为共同被告，提出停止侵权和赔偿损失的诉讼请求，这势必也会影响专利权人与最终产品生产型企业的合作关系。因此，也有原告只把涉案机械设备的制造者列为被告，把最终产品生产型企业列为第三人，诉讼请求只要求涉案机械设备的制造者停止侵权和赔偿损失，而不需要第三人（最终产品生产型企业）承担法律责任。这样可把对专利权人与最终产品生产型企业的合作关系的影响降低。

（二）专利行政诉讼

对于专利行政查处程序中市场监督管理局（知识产权局）作出的专利侵权纠纷案件行政裁决书，请求人或被请求人任一方不服，都可以作为原告提起行政诉讼，市场监督管理局（知识产权局）作为被告，另一方当事人则作为第三人参加专利行政诉讼。

对于专利无效宣告程序中国家知识产权局专利局复审和无效审理部作出的无效宣告请求审查决定书，请求人或被请求人任一方不服，都可以作为原告提起行政诉讼，国家知识产权局作为被告，另一方当事人则作为第三人参加专利无效行政诉讼。

第二节　专利诉讼的专业角色

除审判合议庭成员、原告、被告、第三人以外，专利诉讼因为涉及复杂的技术问题，诉讼参与人还包括技术调查官、法官助理、书记员、诉讼代理人、鉴定人和有专门知识的人等专业角色。

一、技术调查官

技术调查官制度起源于日本。法官作为法律专家，一般都是只学习法学或法律专业，不具备理工科的专业技术背景，在处理技术类知识产权案件时，往往由于缺乏专业技术背景，无法理解案件中涉及的技术问题，进而无法归纳和审判技术争议焦点。日本最早提出在合议庭中引入技术调查官参与诉讼，辅助合议庭查明技术事实。韩国借鉴了日本的经验引入技术调查官制度。我国比较了德国的技术法官制度、英美的专家证人制度和日韩的技术调查官制度，结合司法现状，2014 年底引入技术调查官制度。

技术调查官是以理工科为本专业，具备专业技术背景，熟悉知识产权法律的专业人士。技术调查官制度是法官借助技术调查官的"技术外脑"，结合自身的"法律内脑"，更专业地审判技术类知识产权案件的制度。[1]

技术调查官虽然不是合议庭成员，但是作为法院的内部专家，其出具的技术调查意见采信率高，往往对于案件的裁判结果起到决定性的影响。在庭审程序中，技术调查官一般会归纳技术争议焦点，向各方当事人进行提问。如何向法官和技术调查官清晰地陈述和展示案件的技术事实，让法官和技术调查官充分地理解涉案专利的技术方案、被控技术方案，以及二者是否构成相同或等同，是专利诉讼代理人最重要的工作任务。技术调查意见不对外公开，即参与诉讼的各方当事人和代理人都无法查阅技术调查官出具的技术调查意见，因而无法就技术调查意见发表辩论意见。

技术调查官除了出具技术调查意见以外，还辅助法官团队进行证据保全、现场勘验、技术资料查阅、技术特征测量、司法鉴定委托对接等专业工作。比如在证据保全和现场勘验前，预先制定证据保全方案和现场勘验方案；辅助遴

---

[1]　谭英强. 知识产权技术调查官运行机制研究［D］. 广州：华南理工大学，2022.

选鉴定机构，整理各方技术争议焦点，撰写委托鉴定事项，与鉴定机构和鉴定人对接传送鉴定材料，组织鉴定人出庭接受质证。像广州知识产权法院还建成启用技术调查实验室，配备专业技术设备与工具辅助被诉侵权产品的拆卸勘验和技术特征测量。

二、法官助理和书记员

在"让审理者裁判，由裁判者负责"的指导思想下，我国司法改革奉行员额法官制度。以员额法官作为裁判的核心，配备法官助理和书记员，形成法官团队审理案件，让法官把工作重心和精力集中在案件审理和裁判当中，而收发法律文书、联系当事人、组织证据交换、组织开庭、证据保全、财产保全、现场勘验、委托司法鉴定等外联的工作则主要由法官助理和书记员协助法官完成。法官助理和书记员也作为合议庭对外联络沟通的对接人，案件的诉讼代理人，需要跟法官助理和书记员充分沟通，配合法院审理案件。

三、诉讼代理人

《民事诉讼法》第 51 条规定："公民、法人和其他组织可以作为民事诉讼的当事人。法人由其法定代表人进行诉讼。其他组织由其主要负责人进行诉讼。"

《民事诉讼法》第 61 条规定："当事人、法定代理人可以委托一至二人作为诉讼代理人。下列人员可以被委托为诉讼代理人：（一）律师、基层法律服务工作者；（二）当事人的近亲属或者工作人员；（三）当事人所在社区、单位以及有关社会团体推荐的公民。"

《最高人民法院关于适用〈中华人民共和国民事诉讼法〉的解释》（法释〔2022〕11 号）（2022 年修正）第 87 条第 2 款规定："专利代理人经中华全国专利代理人协会推荐，可以在专利纠纷案件中担任诉讼代理人。"

专利诉讼实务中，法人的法定代表人或其他组织的主要负责人可以直接出席庭审进行诉讼，而且不占用诉讼代理人的两个代理名额。但是，一般情况下，法定代表人都没有受到过法律培训和训练，不具备出庭进行诉讼的法律知识和诉讼经验，因此，法定代表人极少会出席庭审进行诉讼。法人可以委托其职员代理本法人单位的诉讼，需要向法院提供职员的劳动合同、社保记录等材料以证明法人职员的身份，被委托的职员一般都是法人单位里面的法务人员，具备法律知识和诉讼经验。对于一些规模较大的法人单位，具备法律职业资格的法务人员还作为法人单位的公司律师，专职处理法人单位的诉讼事务。律师和专利代理师则是专利诉讼当中的主要诉讼代理人。律师一般是法律出身，具备扎实的法律功底，熟悉诉讼程序，但大部分不具备技术背景；专利代理师一般是理工科出身，具备扎实的科学技术背景，熟悉专利申请、专利复审和无效宣告程序，在专利诉讼中能针对技术争议焦点充分发表代理意见，但是可能法律功底相对薄弱，对法律程序相对没那么熟悉。律师和专利代理师各有优势和短板，国内外专利诉讼案件经常由一名律师和一名专利代理师搭档合作进行专利诉讼。随着我国培养高层次优秀专业人才的不断深入，同时具备法律职业资格和专利代理师资格的"双证律师"逐渐在我国专利诉讼舞台成为主流。这些"双证律师"同时具备技术背景和法律知识，既熟悉专业技术知识的实体问题，又熟悉法律程序问题，可见"双证律师"的实力和能力都将大幅提升。

《中华全国专利代理师协会诉讼代理管理办法》对于专利代理师代理专利民事案件要求最近 5 年连续执业，对于担任国家知识产权局作为第一审被告的专利行政案件诉讼代理人的专利代理师要求最近 2 年连续执业，此外还有相关专业资质或诉讼无效经验条件。可见能被中华全国专利代理师协会推荐在专利诉讼中担任诉讼代理人的专利代理师都是资深专业人士。

四、鉴定人

《民事诉讼法》第 79 条规定："当事人可以就查明事实的专门性问题向人民法院申请鉴定。当事人申请鉴定的，由双方当事人协商确定具备资格的鉴定人；协商不成的，由人民法院指定。当事人未申请鉴定，人民法院对专门性问题认为需要鉴定的，应当委托具备资格的鉴定人进行鉴定。"

鉴定制度一直是我国法院查明案件事实的行之有效的重要手段。专利诉讼案件往往涉及大量专业技术问题，比如复杂机械结构比对、电子电路模块比对、通信方法比对、软件方法比对、化工配方比对、药品配方比对、工艺流程比对、标准必要专利对标等。这些专门性技术问题，法院无法直接查明事实，因而需要委托具备资格的鉴定人进行鉴定，由鉴定人出具书面鉴定意见。鉴定意见作为法定证据之一，经过各方质证，可以作为定案的依据。

（一）鉴定委托

鉴定委托分为法院委托和当事人单方委托。法院处于中立地位。从鉴定机构遴选、听证、出具鉴定意见后出庭接受质证，整个过程各方当事人都充分参与，各流程环节均受到法院监督，体现公平公正。因此，法院委托的鉴定意见的证明力普遍比当事人单方委托的鉴定意见的证明力更强。当事人单方委托的鉴定，由当事人单方自行选择对其有利的鉴定机构出具鉴定意见，对方当事人一般都不予确认，因此，证明力较弱。

（二）鉴定机构遴选

法院委托鉴定涉及鉴定机构遴选。首先由各方当事人各自提议多家鉴定机构。如果提议的鉴定机构有重合，则将提议重合的鉴定机构确定为选定的鉴定机构；如果各方当事人各自提议的鉴定机构没有重合，法院则与各方当事人沟通协商，如果协商一致则选定鉴定机构；如果各方当事人协商不一致，则法院可以从最高人民法院或者各省级高级人民法院的鉴定机构名录中通过摇珠的方式确定鉴定机构。

当事人和代理人应当充分研究鉴定机构的资质、专业能力、鉴定人的技术背景、过往案件口碑等因素，向法院汇报综合情况，确定摇珠名单前剔除不具备专业技术能力的鉴定机构。

（三）鉴定程序

鉴定程序包括听证程序和质证程序。

《民事诉讼法》第 80 条规定："鉴定人有权了解进行鉴定所需要的案件材料，必要时可以询问当事人、证人。鉴定人应当提出书面鉴定意见，在鉴定书上签名或者盖章。"

鉴定机构和鉴定人可以组织听证程序，也可以不组织听证程序，直接出具鉴定意见。鉴定听证程序就是由鉴定机构和鉴定人组织各方当事人参与，就委托鉴定事项的技术问题向当事人、代理人、证人询问，各方当事人、代理人、证人逐一回答。整个问答过程由书记员制作笔录，并经各方当事人确认，在听证笔录上签字。需要注意的是，在法院进行司法鉴定听证程序，由法官助理或书记员制作听证笔录，鉴定机构如果将听证笔录作为鉴定意见的附件提交给法院，则该听证笔录也可能被视为庭审笔录的一部分。各方当事人在鉴定听证程序中陈述的事实和理由，同样适用禁止反悔原则，因此，各方当事人、代理人在司法鉴定听证程序中回答鉴定人的提问时，应当深思熟虑、谨言慎言。

《民事诉讼法》第 81 条规定："当事人对鉴定意见有异议或者人民法院认为鉴定人有必要出庭的，鉴定人应当出庭作证。经人民法院通知，鉴定人拒不出庭作证的，鉴定意见不得作为认定事实的根据；支付鉴定费用的当事人可以要求返还鉴定费用。"

当事人单方委托的鉴定，可以将单方委托的鉴定意见作为证据提交给法院，并申请单方委托的鉴定人出庭接受质证。当事人一般会选择委托对自己有利的鉴定机构和鉴定人进行鉴定，并单方支付鉴定费，而法庭上对方当事人一般会质疑且不认可。因此，单方委托的鉴定意见证明力较弱，法院直接采纳单方委托的鉴定意见并不多见。广州市中级人民法院审理一宗关于电子线路的发明专利侵权纠纷，原告方单方委托了一家鉴定机构出具了被诉产品落入专利保护范围的鉴定意见，被告方则单方委托了另外一家鉴定机构出具了被诉产品没有落入专利保护范围的相反鉴定意见。法院组织双方律师和双方单方委托鉴定的鉴定人一起出庭质证并辩论。经审理后法院决定，由法院委托第三家鉴定机构再次鉴定，第三家鉴定机构由法院对接委托，最终第三家鉴定机构出具了被诉产品落入专利保护范围的鉴定意见，法院最终判决侵权成立。

对于法院委托的鉴定，鉴定意见对其不利的一方当事人一般都会要求鉴定人出庭接受质证，希望通过质证推翻对其不利的鉴定意见；法院也希望鉴定人出庭接受质证，让鉴定意见经过质证程序，以便作为法院裁判定案的依据。在质证过程中，鉴定意见对其有利的一方当事人一般不发表质证意见，主要由鉴定意见对其不利的一方当事人发表质证意见。与鉴定听证程序相关，质证程序中主要由当事人、代理人或有专门知识的人，就鉴定意见中的事实认定、法律适用、鉴定人资质、鉴定方法和鉴定程序等向出庭鉴定人进行发问，由鉴定人逐一回答。合议庭成员也可以对鉴定意见的相关问题向鉴定人补充提问，由鉴定人进一步回答。鉴定人出庭接受质证的一问一答都会全部记录在庭审笔录中。鉴定人仅参与庭审的质证部分，质证前在法庭门外等候，质证结束后立即退庭。

五、有专门知识的人

《民事诉讼法》第 82 条规定："当事人可以申请人民法院通知有专门知识的人出庭，就鉴定人作出的鉴定意见或者专业问题提出意见。"

前述鉴定人出庭接受质证，当事人、代理人可以直接提问质证，对鉴定人出具的鉴定意见发表意见，也可以聘请并申请有专门知识的人出庭，由有专门知识的人对鉴定人提问，对鉴定意见质证和发表意见。在标准必要专利纠纷案当中，原告和被告提交有专门知识的人出具专家报告，并申请有专门知识的人出庭提出意见，就标准必要专利是否与通信标准对应、标准必要专利许可费率的测算方法、许可费率等技术问题和经济学问题陈述意见。个别案件当中，法院进行了司法审计，当事人可以申请法院通知有专门知识的司法会计师出庭，对司法审计报告发表意见。

第三章　专利诉讼的证据

俗话说"打官司实际上就是打证据"，证据是专利诉讼中的核心元素，决定了专利诉讼的成败。诉讼各方当事人的任何主张和请求，全部都需要建立在真实、合法、关联可靠的证据之上。

第一节　专利诉讼的证据分组

原告专利侵权诉讼方面的证据主要分为专利权利基础证据、证明专利侵权成立的证据和确定专利侵权赔偿数额的证据。如何将这三组证据在证据清单上逻辑清晰地呈现出来至关重要。

一、专利权利基础证据

专利权利基础证据就是专利证书、年费收据、专利登记簿副本、年费缴费截图等，主要证明涉案专利的著录项目信息，包括专利权人名称/姓名、发明人姓名、申请日、授权公告日和专利是否有按时缴纳年费且处于有效的法律状态。如果专利经历过无效宣告程序，可以进一步提交涉案专利的无效宣告审查决定，进一步证明涉案专利的稳定性。如果是实用新型专利或外观设计专利，在起诉前专利权人可以向国家知识产权局申请出具专利权检索评价报告，进一步证明涉案实用新型专利或外观设计专利的稳定性。

如果专利独占许可的被许可人或者专利排他许可的被许可人作为原告，还需要提供专利许可协议作为证据，其中专利许可协议要清晰列明专利许可的方式，以及专利侵权发生时，是否有权独立或共同提起专利诉讼。

二、专利侵权成立的证据

对于产品发明专利和实用新型专利，专利侵权成立的证据要证明侵权法律主体为生产经营目的实施了制造、使用、销售、许诺销售或进口任一专利侵权行为；对于方法发明专利，专利侵权成立的证据要证明侵权法律主体为生产经营目的使用专利方法或者为生产经营目的使用、许诺销售、销售、进口依照该专利方法直接获得的产品；对于外观设计专利，专利侵权成立的证据要证明侵权法律主体为生产经营目的实施了制造、销售、许诺销售或进口任一专利侵权行为。专利侵权成立的证据载体一般需要固定被控侵权产品实物，专利侵权判定是将被控侵权产品实物与发明和实用新型专利的权利要求或外观设计专利图片进行对比。

制造侵权行为常见的证据包括涉案设备的铭牌、电控显示屏、加工生产合同、生产组装厂房视频等，其中设备铭牌上一般会记载制造企业的名称等信息，电控显示屏的开机画面或查询画面也会显示制造企业的名称信息。使用侵权行为分为使用涉案专利设备制造产品和使用专利方法，证明使用涉案专利设备制造产品证据包括涉案专利设备购销合同、实物及收货凭证等；而要证明使用专利方法，则需要固定被控方法实施的步骤流程。销售行为的证据包括购销合同、付款凭证、送货清单等。许诺销售行为的证据包括展览会、被告展厅和橱窗等实体场所和网站、网店、微博、微信公众号等虚拟场所展示可销售的涉案产品。进口侵权行为证据包括进口人从境外通过各种交通工具把涉案产品进口我国的报关单、购销单、送货单等。

三、专利侵权赔偿数额的证据

《专利法》第71条第1款至第3款规定："侵犯专利权的赔偿数额按照权利人因被侵权所受到的实际损失或者侵权人因侵权所获得的利益确定；权利人的损失或者侵权人获得的利益难以确定的，参照该专利许可使用费的倍数合理确定。对故意侵犯专利权，情节严重的，可以在按照上述方法确定数额的一倍以上五倍以下确定赔偿数额。权利人的损失、侵权人获得的利益和专利许可使用费均难以确定的，人民法院可以根据专利权的类型、侵权行为的性质和情节等因素，确定给予三万元以上五百万元以下的赔偿。赔偿数额还应当包括权利人为制止侵权行为所支付的合理开支。"

侵犯专利权的赔偿数额确定包括以下四种方式：专利权人因被侵权而受到的实际损失确定、侵权人因侵权所获得的利益确定、参照专利许可使用费的倍数合理确定和在法定范围内酌情确定。专利权人可以向法院主张上述四种方式的其中一种，法院根据专利权人的主张和法律规定的顺序最终确定赔偿数额的计算方式。对于故意侵犯专利权且情节严重，还可以在依前三种专利侵权赔偿计算方法确定数额后，乘以一倍以上至五倍确定最终赔偿数额。这标志着我国对于专利侵权赔偿规则由单纯"填平原则"向"填平原则"与"恶意侵权惩罚性赔偿原则"相结合变化，法定赔偿的数额范围也提升到 3 万—500 万元，充分体现了我国对于专利的创新保护奉行严保护和强保护的强国战略。

（一）权利人因被侵权所受到的实际损失

专利侵权赔偿"填平原则"最直接的体现就是权利人因被侵权受到了多少实际损失，就赔偿多少数额即可。但是，司法实践中法院以专利权人因被侵权而受到实际损失确定赔偿数额的情况十分罕见，究其原因就是很难举证证明专利权人因被侵权受到了多少实际损失。比如导致专利权人专利产品的销售量下降或利润下降的原因，可以涉及市场营销策略、产品设计与产品质量、产品性价比、产品功能、产品售后服务、新一代产品淘汰老一代产品、成本控制、原材料价格波动、涉案专利的利润贡献率等多种多样的因素，而市场上其他市场主体侵犯专利权只是其中一个因素罢了，专利诉讼案件中被告在众多市场侵权主体中占多少份额并需要承担多少责任，这些因素错综复杂，很难有直接证据以高度关联性的方式予以证明。

（二）侵权人因侵权所获得的利益确定

关于司法实践中"天价判赔"的案件，权利人几乎都是主张以侵权人因侵权所获得的利益确定赔偿数额。权利人投资研发并自主创新，创新成果申请专利，专利授权后在一段时期内技术垄断市场。侵权人无须投资研发，无须创新，通过抄袭或模仿，直接窃取创新成果，侵权人违法侵权，其获利就是非法获利。以侵权人非法获利确定赔偿数额有一定的合理性，而且相对于证明权利人因被侵权所受到的实际损失，往往都有可能收集到证明侵权人侵权非法获利的直接证据。以下介绍两种常见的计算方式。

1. 直接计算侵权产品获利法

专利侵权获利的计算公式如下：

$$专利侵权获利 = 侵权产品单价 \times 侵权产品销售数量 \times$$
$$产品利润率 \times 专利的利润贡献率$$

侵权产品单价，可以通过公证购买的实际交易单价、网店许诺销售单价等多项证据予以证明。多主体多地多次购买侵权产品，将多次购买的平均单价确定为侵权产品单价则较为客观。

侵权产品销售数量，是侵权人的商业秘密，也是权利人最难掌握到的证据之一。电商平台一般都会显示销售数量和库存数量，这是由第三方电商平台记录交易销售量的证据，证明力较强。特殊的专业领域和行业可以通过权威机构获得侵权产品的销售数量。比如，家电行业多家第三方市场调查研究公司会收集各种品牌、型号家电产品的均价和市场占有率；移动电话出厂销售前需要到工信部备案作进网试用登记；汽车、摩托车、电动车出厂销售前需要备案获取机动车整车出厂合格证，机动车整车出厂合格证上面记载有车辆型号和车辆识别代号/车架号；汽车动力蓄电池出厂销售前需要向工信部备案，在蓄电池上标注单体型号和模块型号等。侵权人为了商业宣传主动披露涉案产品的销售数量可能会影响法官的自由心证，比如上市公司为了商业宣传主动在年度财务报告中公开披露涉案产品的销售数量。侵权人的官方网站、官方微信公众号主动披露涉案产品的销售数量。专利权人的取证人员通过商务洽谈邮件或即时通信软件，询问涉案侵权产品销售数量，侵权人为了促成交易、展示实力主动披露侵权产品销售数量。

产品利润率可以通过多项证据予以证明。首先，权利人可在起诉时请求法院责令被告提供其财务账册。其次，权利人可以对专利产品进行专项审计，由具备资质的会计师事务所出具专项审计报告，其中产品成本包括材料成本、人工成本、管理成本等。最后，专利权人可以提供同行业其他市场主体披露的产品利润率，以同行业其他市场主体的平均利润率作为产品利润率，甚至提交国家统计局的《中国统计年鉴》，用于证明专用设备制造业的私营工业企业的利润率。产品利润率的计算公式如下：

产品利润率 =（产品销售价格 – 产品成本）÷产品销售价格

专利的利润贡献率是一个最为复杂的计算因子。知识产权包括专利、商标、著作权等，首先要区分各种类型知识产权对利润的贡献率，其次要进一步确定涉案专利的利润贡献率。涉案专利如果是核心专利，则其产品的利润贡献率较高；如果只是外围专利，则其产品的利润贡献率较低。此外，还要查明侵权人自身在涉案产品中拥有专利权的数量和质量。业界目前还没有关于专利的利润贡献率的权威计算方式，主要靠推导和法院酌定的方式确定。

2. 自上而下推导侵权产品获利法

对于无法获取到侵权产品销售数量的案件，侵权人作为上市公司没有披露侵权产品销售数量和涉案产品的占比，更不会披露涉案专利利润贡献率。但是上市公司年度财务报告一般都会按要求披露总销售额、利润率等关键财务指标，可以通过自上而下推导侵权产品获利的方法计算专利侵权人因专利侵权获利，其中涉案产品占比和涉案专利的利润贡献率只能通过推导的方式以各自下限值推理确定。计算公式如下：

$$专利侵权获利 = 侵权人总销售额 \times 涉案产品占比 \times$$
$$产品利润率 \times 涉案专利利润贡献率$$

（三）参照该专利许可使用费的倍数合理确定

专利诉讼的原告还可以主张参照该专利许可使用费的倍数合理确定。原告需要提供实际发生的专利许可合同、专利许可费的转账记录和发票等文书作为证据材料，法院会审查证据的真实性、合法性和关联性，同时考虑专利许可费是否合理等因素，最终以专利许可费的倍数合理确定。专利侵权赔偿应当比专利许可缴纳的费用更高，才能达到促进专利许可和制止专利侵权的效果，因此，倍数应当在 1 倍以上 3 倍以下较为适宜。

（四）法定赔偿

法定赔偿中，人民法院可以考虑专利权的类型、侵权行为的性质和情节等因素，在法定赔偿 3 万元以上 500 万元以下的范围内确定赔偿数额。

关于专利权的类型因素，对于同类产品，一般发明专利比实用新型专利赔偿数额高，实用新型专利又比外观设计专利赔偿数额高。比如，对于制造售价1000 元以下产品的侵权行为人，发明专利法定赔偿数额可以为 20 万—30 万元，实用新型专利法定赔偿数额可以为 8 万—15 万元，外观设计专利法定赔偿数额可以为 3 万—8 万元。专利保护发明创造和创新，因此专利所保护技术方案的创新程度是影响法定赔偿的重要因素，创新程度高的高价值专利应当比创新程度低的普通专利判决更高的赔偿数额。

侵权行为的性质和情节因素主要包括侵权产品的单价与销售数量，被告的主观过错，侵权行为的类型，侵权行为持续的时间、规模、范围。侵权产品的单价与销售数量一方面直接反映被告的侵权获利情况，另一方面则反映被告因抄袭专利技术方案而无须研发，进而为了抢占专利权人的市场份额而低价竞争的"搭便车"行为。被告的主观过错包括故意和过失。对于实施了制造侵权行为的侵权人推定为故意；而对于实施了使用、销售、许诺销售和进口侵权行为的侵权人如果能举证证明不是故意，只是过失实施了侵权行为，则只需要停止侵权，可以承担较低的赔偿数额或者无须赔偿。从侵权行为性质的角度看，实施了制造侵权行为的赔偿数额比实施了使用、销售、许诺销售、进口侵权行为的赔偿数额高。侵权行为持续的时间、规模和范围，一方面反映侵权人侵权获利情况，另一方面反映侵权人对专利权人造成的损害情况。当事人和代理人主张法定赔偿的时候，应当根据侵权行为的性质和情节因素的各个方面，有的放矢地准备强关联的证据，促进法院确定较高的法定赔偿数额。

四、证据清单

证据清单也称证据目录，主要是方便合议庭和各方当事人了解证据提交方提交的证据内容以及希望证明的事实。传统的证据清单一般都只是把证据罗列出来，相邻的证据可能互不相关，没有逻辑关系。整个证据清单显得杂乱无章，不利于司法审判。

基于前述三种专利侵权诉讼的证据类型，可将原告提交的证据清单分为三组证据，与其一一对应。分组证据清单的示例如表3-1所示，证据清单包括序号、证据名称、证据来源、证明内容和页码等基本要素。通过将证据分组，便于证据组成证据链，进一步提炼每一组证据链需要证明的内容，这样能更直观且逻辑清晰地证明待证事实。

表3-1　分组证据清单示例

序号	证据名称	证据来源	证明内容	页码
第一组：原告享有至今有效的专利权				
1	专利证书	国家知识产权局	原告享有涉案专利的专利权及专利权的保护范围	
2	最新年费缴纳收据		涉案专利权至今有效	
3	专利登记簿副本			
4	第××号无效宣告请求审查决定		涉案专利经过无效审理，均作出维持涉案专利权全部有效的决定	
第二组：被告的侵权行为				
5	被诉侵权设备的图片及视频（附光盘）	原告	被告制造、销售和许诺销售被诉侵权设备	
6	××号公证书	××公证处		
第三组：原告索赔的依据				
7	对照主张的索赔方式准备的证据			
8	购买侵权产品发票、委托代理合同和律师费发票	原告	原告维权的合理费用	

第二节　专利诉讼的证据固定

《民事诉讼法》第 67 条第 1 款和第 2 款规定："当事人对自己提出的主张，有责任提供证据。当事人及其诉讼代理人因客观原因不能自行收集的证据，或者人民法院认为审理案件需要的证据，人民法院应当调查收集。"

"谁主张，谁举证"是我国专利诉讼举证责任分配的基本原则。如果举证不能，则将自行承担举证不能的不利后果。

一、公证购买

《民事诉讼法》第 72 条规定："经过法定程序公证证明的法律事实和文书，人民法院应当作为认定事实的根据，但有相反证据足以推翻公证证明的除外。"

专利诉讼案件当中一般需要固定侵权产品实物，通过公证的方式购买侵权产品实物，公证员见证购买侵权产品实物的全过程，使得被告无法抵赖，即公证购买的证据的证明力很强，一般不容易推翻。这是最优选的一种取证方式。只要提前预约好公证处的公证员，无须与其他第三方协调就能自行完成，方便快捷。对于价值不高、尺寸较小且较容易购买到的普通侵权产品，专利权人一般都会选择公证购买的方式固定证据。

二、证据保全

《专利法》第 73 条规定："为了制止专利侵权行为，在证据可能灭失或者以后难以取得的情况下，专利权人或者利害关系人可以在起诉前向人民法院申请保全证据。"

《民事诉讼法》第 103 条第 2 款和第 3 款规定："人民法院采取保全措施，可以责令申请人提供担保，申请人不提供担保的，裁定驳回申请。人民法院接受申请后，对情况紧急的，必须在四十八小时内作出裁定；裁定采取保全措施的，应当立即开始执行。"

对于大型的机器设备，因其价格高、体积大、运输和仓储不便等客观因素，专利权人很难通过公证购买的方式固定侵权产品实物。专利权人前期先自行或通过第三方调查取证公司收集被控侵权产品的位置线索，然后请求法院主动采取证据保全措施。

法院证据保全分为诉前证据保全和诉中证据保全。诉前证据保全效果最佳,诉前被告还没知悉诉讼,没有任何的防备,因此,通过诉前证据保全获取到证据的概率较高。而诉中证据保全,被告知悉针对自己的诉讼已经发生,有可能通过隐匿、转移、破坏证据的方式使证据灭失,导致证据保全失败。法院证据保全也需要提供等值担保。证据保全一般面临以下两个主要问题。

(一) 如何启动证据保全程序

法院一般只有在权利人穷尽所有市场上的取证手段都无法获得侵权产品实物时,才会裁定进行证据保全。法院裁定证据保全,一般需要原告初步举证,首先证明本案属于证据可能灭失或者以后难以取得的情形,其次证明证据保全目标对象的准确位置。原告的取证人员或代理人,通过提前"踩点"的方式,以目标对象的大门作为起点,全程不间断地拍摄目标侵权产品所在单位的地址、门牌号、仓储存放的仓库或厂房位置、现场存放状态、侵权设备铭牌等相关信息的视频或照片。提交的证据保全申请书应当陈述申请证据保全的事实和理由,同时把初步证据作为附件。这样可以协助法院综合考虑后启动证据保全程序。

(二) 证据保全的目标对象

证据保全的目标是法院在正确的时间和正确的地点保全到完整的侵权产品实物。前期信息要求精确,法院的时间配合度要求很高。证据保全的目标对象可以选择侵权设备制造方和侵权设备使用方。鉴于侵权设备使用方使用侵权设备生产产品,设备安装完整,处于稳定可运行的使用状态,一般不会被转移。因此,证据保全的目标对象选择侵权设备使用方,证据保全的成功率较高。但是,侵权设备销售对象和侵权设备使用方的名称和地址等信息一般难以掌握,而且只有把侵权设备使用方列为共同被告,法院才会裁定准予证据保全。法院一般不会裁定准予到案外人或第三人的住所地进行证据保全。

对于有固定展厅展示侵权设备的制造方,可以作为证据保全对象,证据保全的成功率也较高;对于没有固定展厅展示侵权设备的侵权设备制造方,即侵权设备制造方制造侵权设备、仓储和销售转运都一直处于动态变化的情形,法院进行证据保全容易"扑空"。或许侵权设备已经出货转移了,或许侵权设备处于制造过程,尚未制造完毕,后续无法进行侵权技术对比。因此,这种情形下证据保全的成功率较低,需要精确地掌握完整的侵权设备实物在被告住所地

的时间点。❶

三、财产保全

为了保障专利权人的胜诉判决能被有效执行，防止侵权人实施隐匿、转移财产或者注销侵权主体后重新设立新的主体继续侵权等行为，可以对规模较小的侵权主体，申请法院采取诉前财产保全措施或诉中财产保全措施。原告需要提交财产保全申请书，陈述需要采取财产保全的事实和理由，尽可能提供目标对象的所有财务账号，并提供等值担保。财产保全措施能为原告胜诉判决的执行提供保障，同时能对被告起到震慑的效果。

需要注意的是财产保全的期限为一年。财产保全期限届满前，财产保全申请人需要主动向法院申请继续采取财产保全措施，否则被申请人的财产就会自动解封，被申请人可以立即转走被冻结的资金。

四、现场勘验

《民事诉讼法》第 83 条规定："勘验物证或者现场，勘验人必须出示人民法院的证件，并邀请当地基层组织或者当事人所在单位派人参加。当事人或者当事人的成年家属应当到场，拒不到场的，不影响勘验的进行。有关单位和个人根据人民法院的通知，有义务保护现场，协助勘验工作。勘验人应当将勘验情况和结果制作笔录，由勘验人、当事人和被邀参加人签名或者盖章。"

专利可能涉及大型设备，且安装在目标建筑物内或者户外。像这种无法通过公证购买的方式购买到的大型设备，或者购买这种大型设备的维权成本极高，而大型设备不能轻易被移动的情况，专利权人可以提前摸底拍照大型设备所在的位置，在专利诉讼过程中，请求法院现场勘验，以便查明事实。

司法实践中现场勘验可能还存在一些风险。比如被控侵权设备没有经过法院证据保全程序固定，即被控侵权设备没有法院贴的封条，被告有可能对被控侵权设备进行技术特征的拆卸、替换或技术方案修改，甚至搬移、破坏被控侵权设备，从而导致无法进行现场勘验，存在逃避侵权技术对比或故意使被控侵权设备不落入涉案专利保护范围的风险。另外，对于正在运行用于生产或涉及公共领域的大型设备，为了保障现场勘验人员的人身安全和满足查清技术事实的需要，需要先关停设备，再进行技术特征的对比和分析。法院责令关停设备

---

❶ 谭英强. 专利侵权诉讼中证据固定的实践与思考［J］. 专利代理，2015（3）：4.

则相当于法院裁定禁令。一旦正在运行用于生产的设备被关停将对现场被勘验的单位造成经济损失或者严重影响到公众利益，原告是否有提前提供担保，如果日后专利被宣告无效或者法院裁定不侵权，原告败诉又该如何赔偿被勘验单位的经济损失或弥补公众利益受到的损害，这些都是需要法院通盘考虑的因素。

五、行政机关查处取证

我国《专利法》规定管理专利工作的部门应专利权人或者利害关系人的请求处理专利侵权纠纷时，可以采取的措施包括：（1）询问有关当事人，调查与涉嫌违法行为有关的情况；（2）对当事人涉嫌违法行为的场所实施现场检查；（3）检查与涉嫌违法行为有关的产品。

管理专利工作的部门在专利行政查处程序中，对于被请求人现场存放的大型设备，可以通过拍照、录像、调查询问等方式，对涉嫌侵权设备的技术特征、销量、库存、销售价格、利润等进行详细记录，制作调查笔录，由被请求人确认签字。对于被请求人现场存放的小型被控侵权产品，管理专利工作的部门还可以以提取、抽样等方式，将该被控侵权产品带回作进一步分析和调查，作为行政查处案件档案的一部分保存。

专利权人在专利诉讼之前通过专利行政查处程序固定被控侵权产品也是一种常见的重要取证方式，专利诉讼过程中可以申请法院向管理专利工作的部门调取行政查处程序的档案和相关证据。

六、在先对比文件证据

专利无效宣告程序需要证明涉案专利相对于现有技术不具备新颖性或创造性，无效宣告请求人需要对现有技术举证。《专利法》所称现有技术，是指申请日以前在国内外为公众所知的技术，包括在先对比文件公开和在先使用公开。

在先对比文件证据涵盖的范围很广。任何在申请日以前公开的专利申请文件、专利公告文件、教科书、文献地方志、学术论文、学术报告、期刊、网络文库文章、微信朋友圈、微博等，只要有可信的公开日、发表日时间戳标记，都可以作为在先对比文件证据，评价涉案专利的新颖性和创造性。

还有一种在先对比文件证据，相对于涉案专利而言，其专利申请日在先，但公开日却晚于涉案专利的申请日。这种在先专利文本属于涉案专利的抵触申请，只能用于评价涉案专利的新颖性，而不能评价涉案专利的创造性。

中国国内的在先对比文件可以直接提交原件和复印件；而外国书籍和期刊等在先对比文件，由于形成于外国属于域外证据，根据证据规则，所有域外证据都需要办理外国公证、中国驻外国使领馆认证、经由具备翻译资质且法院认可的翻译机构翻译，才能作为在先对比文件证据提交和使用。《取消外国公文书认证要求的公约》于 2023 年 11 月 7 日在中国生效实施。其他缔约国公文书送中国内地使用，只需办理该国附加证明书，无须办理该国和中国驻当地使领馆的领事认证。除此以外，如果该外国书籍和期刊在国内的图书馆有馆藏，可以直接请图书馆复印相关章节，并由图书馆出具盖章的馆藏证明；还可以通过国内的销售平台直接公证购买相关出版物。这三种在先对比文件证据，国家知识产权局专利局复审和无效审理部与法院都同样认可。

七、在先使用证据

在先使用证据主要包括在先销售证据或在先实施证据。其难点还是集中在需要有可信任且完善的证据链证明在专利申请日之前某个时间点已经公开销售或公开实施。比如要证明涉案专利所保护的窗户技术方案被在先使用所公开了，无效宣告请求人先举证证明某楼盘的落成交付时间早于涉案专利申请日，然后公证该楼盘所有窗户都实施同一种窗户技术方案，再进一步公证拆卸该楼盘其中一个窗户并封存，三个独立的证据形成完整的证据链，证明在涉案专利申请日之前，某楼盘已经在实施涉案专利的技术方案，构成在先使用公开证据。一旦被拆卸并封存的窗户构成在先使用证据，就可以与涉案专利的权利要求进行对比，评述涉案专利的新颖性和创造性。

八、举证妨碍

《最高人民法院关于民事诉讼证据的若干规定》（法释〔2019〕19 号）（2019 年修正）第 95 条规定："一方当事人控制证据无正当理由拒不提交，对待证事实负有举证责任的当事人主张该证据的内容不利于控制人的，人民法院可以认定该主张成立。"

《最高人民法院关于审理侵犯专利权纠纷案件应用法律若干问题的解释（二）》（法释〔2020〕19 号）（2020 年修正）第 27 条规定："权利人因被侵

权所受到的实际损失难以确定的，人民法院应当依照专利法第六十五条❶第一款的规定，要求权利人对侵权人因侵权所获得的利益进行举证；在权利人已经提供侵权人所获利益的初步证据，而与专利侵权行为相关的账簿、资料主要由侵权人掌握的情况下，人民法院可以责令侵权人提供该账簿、资料；侵权人无正当理由拒不提供或者提供虚假的账簿、资料的，人民法院可以根据权利人的主张和提供的证据认定侵权人因侵权所获得的利益。"

（一）侵权事实方面的证据

一般情况下，可以将专利权利要求与被控侵权产品实物进行侵权技术对比。但个别案例中，法院需要被告进一步提供被控侵权产品的技术图纸、源程序代码和目标程序代码，才能进行侵权技术对比，而这些技术资料处于被告掌握之下。对于这种情况，法院可以责令被告提供被控侵权产品的技术图纸、源程序代码和目标程序代码等，以便查明被控技术方案是否落入专利保护范围的技术事实。如果被告拒不提供查明侵权事实方面的证据，法院可以进一步认定被告构成举证妨碍，直接认定原告主张的侵权成立。

（二）侵权赔偿方面的证据

对于专利权人主张以被告侵权获利作为赔偿依据，人民法院为确定赔偿数额，在权利人已经尽力举证，而与侵权行为相关的账簿、资料主要由侵权人掌握的情况下，法院可以责令侵权人提供与侵权行为相关的账簿、资料；侵权人无正当理由拒不提供或者提供虚假的账簿、资料的，同样构成举证妨碍，人民法院可以直接参考权利人的主张和提供的证据判定赔偿数额。被告一旦被法院认定构成举证妨碍，法院一般会判决较高的赔偿数额。

---

❶ 《专利法》第四次修正案已改为第七十一条。

第四章　专利侵权判定标准

《专利法》第7章关于专利权的保护中只有第64条规定专利的保护范围如何确定，但对于专利侵权判定的标准却没有规定。专利侵权判定的标准是由最高人民法院经过长期研究和司法审判实践，提炼总结后以司法解释的形式规定的，各级法院在专利诉讼司法审判中遵照适用，管理专利的行政机关在行政查处程序中也参照适用。

第一节　专利保护范围的确定

要进行专利侵权对比，第一步就要先确定专利的保护范围，以确定后的专利保护范围与被控侵权产品、被控侵权方法进一步作分析对比，最终得出被控产品或被控方法是否落入专利保护范围的结论。

一、确定发明和实用新型专利的保护范围

关于世界上确定专利保护范围或者解释专利权利要求具有代表性的学说，一是以德国为代表的"中心限定原则"，二是以英美为代表的"周边限定原则"，三是《欧洲专利公约》及其议定书对英、德两个传统原则进行折衷而形成的"折衷原则"。

（一）中心限定原则

中心限定原则以权利要求书的内容为中心，全面考虑发明创造的目的、性质以及说明书和附图，从权利要求语言的字义范围向外扩展，将中心周边一定范围内的技术也包括在专利保护范围之内。即中心限定就是指权利要求文字所表达的范围仅仅是专利权保护的最小范围，可以以权利要求书记载的技术方案为中心，通过说明书及其附图的内容全面理解发明创造的整体构思，将保护范围扩大到周围的一定范围。

这种做法使专利权的范围不仅仅局限于权利要求书的字面含义，还可以较好地延展、覆盖专利方案的全部实质性特征。这样可以有效防止他人利用权利要求在撰写方面的缺陷而规避相应的法律责任，从而充分保护专利权人的利益。

但其缺点是会导致专利权保护范围的边界模糊，具有不确定性，而且如果对外扩张解释的尺度掌握不好，则可能导致新的技术创新被认定为构成侵权，从而阻碍了科技的创新和发展。

（二）周边限定原则

周边限定原则要求专利保护范围完全由权利要求来确定，严格按照权利要求中的文字进行解释，不允许作任何扩张解释。即周边限定就是指专利权的保护范围完全按照权利要求书的文字确定，对权利要求书的文字要作严格、忠实的解释。其文字表达的范围就是专利权保护的最大范围，专利权人行使其权利必须受该范围的限制，不得越雷池一步扩大保护范围。

这种做法的优缺点正好与中心限定原则相反。采用周边限定原则对专利申请人或专利代理师提出了较高的要求，权利要求书的撰写必须再三推敲、斟酌，否则专利权人可能因为权利要求书撰写方面的缺陷，权利不能得到充分的保护。

（三）折衷原则

这个原则是上述两个原则的综合和折衷。折衷原则是指专利权的保护范围以权利要求书所记载的实质内容来确定，但不严格拘泥于权利要求书的文字。当权利要求书所表述的技术特征不清时，可以引用说明书和附图来解释。

从专利制度发展的趋势来看，绝大多数国家或多或少都采纳了两种原则的折衷。《欧洲专利公约》就有规定："一份欧洲专利或者欧洲专利申请的保护范围由权利要求书的内容确定，说明书和附图可以用以解释权利要求。"这一原则比较合理，既能对专利权人的专利权给予公正的保护，又能使专利权的保护范围有合理的确定性。❶

（四）我国采用折衷原则

《专利法》第 64 条第 1 款规定："发明或者实用新型专利权的保护范围以其权利要求的内容为准，说明书及附图可以用于解释权利要求的内容。"

---

❶ 法律快车官方整理. 如何确定专利权利要求的保护范围［EB/OL］. (2020 - 01 - 26)［2023 - 07 - 19］. https：//www. lawtime. cn/info/hetong/zscqht/20110128114074. html.

《最高人民法院关于审理侵犯专利权纠纷案件应用法律若干问题的解释》（法释〔2009〕21 号）第 1 条第 1 款规定："人民法院应当根据权利人主张的权利要求，依据专利法第五十九条❶第一款的规定确定专利权的保护范围。……"

《北京市高级人民法院专利侵权判定指南（2017）》第 5 条规定："审理侵犯发明或者实用新型专利权纠纷案件，应当首先确定专利权的保护范围。发明或者实用新型专利权的保护范围应当以权利要求记载的技术特征所确定的内容为准，也包括与所记载的技术特征相等同的技术特征所确定的内容。"

发明专利和实用新型专利的权利要求书已经清楚地将专利权人要求保护的技术方案以文字的形式记载下来，每一项权利要求对应一个要求保护的技术方案，而技术方案又是由一个或多个技术特征组成的。如果权利要求记载的所有技术特征组成的技术方案清楚无歧义，则可以直接确定发明专利和实用新型专利的保护范围，无须进一步查阅专利说明书和附图。

当发明专利和实用新型专利权利要求记载的技术特征不清楚，比如出现了非规范技术名词或自定义技术词语，从而导致专利的保护范围不清楚时，各方可以进一步查阅专利说明书及附图。专利说明书及附图作为专利内档，被誉为专利权利要求书的"词典"。可以引用专利说明书文字记载的内容和说明书附图记载的技术信息解释权利要求的内容，确定技术特征的内涵，从而辅助厘清专利的保护范围。

专利权利要求书中记载了众多项权利要求，特别是一些涉外发明专利的权利要求动辄就是几十项甚至上百项，如果专利权人在起诉时并没有明确指控被诉侵权人侵犯其专利哪些权项，或者在起诉状中笼统地指控被诉侵权人"至少落入专利权利要求 1 的保护范围"，等到开庭的时候才最终予以明确指控被诉产品或方法落入哪些权项，则这种"庭审突袭"对被诉侵权人应诉和法院司法审判都非常不利。法院和被诉侵权人不清楚全部指控侵权的权利要求，无法提前进行研究分析，除此之外，被诉侵权人进行不侵权抗辩需要研究专利所有的权利要求并逐一准备不侵权抗辩，同时在提起专利无效宣告程序的时候也要检索所有权利要求项，研究和分析所有权利要求项无效宣告的理由。但这样做需要被诉侵权人花费大量的人力、物力和精力，应诉准备工作难以聚焦，容易做"无用功"。这些对于被诉侵权人来说不公平且不合理，额外增加了不必要的负担。专利权人起诉不明确指控落入专利哪些权利要求项的保护范围类似

---

❶ 《专利法》第四次修正案已改为第六十四条。

"证据突袭"，应当予以抵制。

为了解决上述问题，《最高人民法院关于审理侵犯专利权纠纷案件应用法律若干问题的解释（二）》（法释〔2020〕19号）（2020年修正）第1条规定："权利要求书有两项以上权利要求的，权利人应当在起诉状中载明据以起诉被诉侵权人侵犯其专利权的权利要求。起诉状对此未记载或者记载不明的，人民法院应当要求权利人明确。经释明，权利人仍不予明确的，人民法院可以裁定驳回起诉。"

法院的立案庭在受理专利诉讼案件的时候，应当根据司法解释严格审查专利权人是否在起诉状中载明据以起诉被诉侵权人侵犯其专利权权利要求。被诉侵权人收到起诉状后，对于没有明确载明据以起诉其侵犯专利权人专利权权利要求的，可以主动联系法院反映情况，让法院要求专利权人明确。只有指控侵权的权利要求项明确后，被诉侵权人才能聚焦研究，准备各项应诉和无效宣告请求工作。专利权人明确指控侵权的权利要求项后，在专利诉讼过程中可以删除指控的权利要求项，原则上增加新的指控权利要求项不应当被允许。如果专利权人想在原指控权利要求项的基础上新增加指控权利要求项，应当另案起诉。这样才能保证被诉侵权人有充足的时间准备应诉，使得专利诉讼更公平合理。

二、技术特征的划分与被诉侵权对象的技术特征确定

确定专利权的保护范围涉及对权利要求进行技术特征划分，解释权利要求的保护范围。

在对权利要求划分技术特征的问题上，专利权人和被诉侵权人存在博弈和较量。很多当事人以权利要求的每一句话为单位划分技术特征。专利权人希望划分的技术特征越少越粗，比如将权利要求中的一句话或多句话组合为一个技术特征，这样即便被诉侵权对象与专利权利要求不相同，仍可以主张二者等同，被诉侵权对象相对容易落入专利的保护范围。被诉侵权人则希望划分的技术特征越多越细，比如将权利要求中的一句话以技术名词为单位划分为多个技术特征，如果被控侵权对象缺少某一个技术特征，或者被诉侵权对象中某一个技术特征与权利要求记载的某个划分技术特征不相同且不等同，则被诉侵权对象不落入专利的保护范围。

与专利权利要求的技术特征划分相对应，在对被诉侵权对象划分技术特征的问题上专利权人和被诉侵权人同样存在博弈和较量。专利权人同样希望划分

被诉侵权对象的技术特征越少越粗，即上位和概括，这样即便被诉侵权对象与专利权利要求不相同，仍可以主张二者等同，被诉侵权对象相对容易落入专利的保护范围。被诉侵权人则同样希望划分被诉侵权对象的技术特征越多越细，如果被控侵权对象缺少某一个技术特征，或者被诉侵权对象中某一个技术特征与权利要求记载的某个划分技术特征不相同且不等同，则被诉侵权对象不落入专利的保护范围。

《北京市高级人民法院专利侵权判定指南（2017）》第 5 条规定："确定专利权保护范围时，应当对权利人作为权利依据所主张的相关权利要求进行解释，并对该权利要求进行技术特征的划分。"第 8 条规定："技术特征是指在权利要求所限定的技术方案中，能够相对独立地执行一定的技术功能、并能产生相对独立的技术效果的最小技术单元。在产品技术方案中，该技术单元一般是产品的部件和/或部件之间的连接关系。在方法技术方案中，该技术单元一般是方法步骤或者步骤之间的关系。"

无论是划分专利权利要求的技术特征还是划分被诉侵权对象的技术特征，都应当遵循共同的技术特征划分标准，将能够相对独立地执行一定的技术功能、并能产生相对独立的技术效果的最小技术单元划分为一个技术特征。只有准确地将权利要求所保护的技术方案进行技术特征的准确划分，同时将被诉技术方案进行技术特征的准确划分，才能为后续对二者进行侵权技术对比打下坚实的基础。

三、外观设计专利的保护范围

《专利法》第 64 条第 2 款规定："外观设计专利权的保护范围以表示在图片或者照片中的该产品的外观设计为准，简要说明可以用于解释图片或者照片所表示的该产品的外观设计。"

以图片或照片的形式表达产品的外观设计专利的保护范围，不像发明和实用新型专利有权利要求书且权利要求对要求保护的范围有明确的文字记载，2009 年 10 月 1 日前版本的《专利法》对外观设计专利没有规定任何辅助说明文件。除了专利名称，没有其他文字描述性的记载，这样导致早期法院无法知悉外观设计专利的设计要点，不清楚涉案外观设计的创新点所在。因此，在侵权对比的时候几乎都是整体观察比对外观设计专利和被诉侵权产品，综合判断二者是否构成相同或相近似。

《中华人民共和国专利法实施细则》（以下简称《专利法实施细则》）第

28 条规定："外观设计的简要说明应当写明外观设计产品的名称、用途，外观设计的设计要点，并指定一幅最能表明设计要点的图片或者照片。省略视图或者请求保护色彩的，应当在简要说明中写明。对同一产品的多项相似外观设计提出一件外观设计专利申请的，应当在简要说明中指定其中一项作为基本设计。简要说明不得使用商业性宣传用语，也不能用来说明产品的性能。"

2009 年 10 月 1 日施行的《专利法》第三次修正案，要求外观设计专利申请的时候必须提交对该外观设计专利的简要说明。简要说明首先记载外观设计产品的名称。其中的用途帮助对外观设计专利进行分类，与国际接轨，归入洛迦诺分类体系；在侵权对比的时候，用途还可以辅助判断外观设计专利和被诉侵权产品是否属于相同种类或相近种类。简要说明中"外观设计的设计要点，并指定一幅最能表明设计要点的图片或者照片"的主动声明制度设计，原意是希望专利申请人在申请专利时主动披露和明确其设计要点，即主动陈述外观设计专利的创新点。对现有设计的贡献点，创新点越大，专利的保护范围越宽；创新点越小，则专利的保护范围应当越窄，即专利的保护范围与外观设计专利的创新程度相适应。司法实践中，由于申请外观设计专利的成本不高，申请人普遍不进行检索，直接递交申请，同时希望保护范围较大，因此，简要说明中设计要点普遍陈述为产品整体，最能体现设计要点视图为立体图，即专利申请人试图通过简要说明陈述其整个外观设计产品都是新产品新设计，其保护范围较大。留待专利诉讼过程中，由被诉侵权人进行专利检索和现有设计举证，法院再根据现有设计证据，分析外观设计的设计空间，重新确定涉案外观设计专利的保护范围。

第二节　发明和实用新型专利侵权判定原则

当确定了发明和实用新型专利的保护范围之后，下一步就是确定被诉侵权对象的技术特征，最后要运用专利侵权判定的原则进行技术对比，判断被诉侵权对象的技术方案是否落入专利权的保护范围。专利制度起源于欧洲，在欧美国家发展得相对成熟。我国专利制度起步较晚，在吸收西方专利侵权判定原则的基础上，结合我国多年的审判实践，逐渐形成了专门用于发明和实用新型专利侵权判定的全面覆盖原则、等同原则、禁止反悔原则和捐献原则。个别案例出现了适用可预见规则限制等同原则的适用。

一、全面覆盖原则

《最高人民法院关于审理侵犯专利权纠纷案件应用法律若干问题的解释》（法释〔2009〕21 号）第 7 条规定："人民法院判定被诉侵权技术方案是否落入专利权的保护范围，应当审查权利人主张的权利要求所记载的全部技术特征。

"被诉侵权技术方案包含与权利要求记载的全部技术特征相同或者等同的技术特征的，人民法院应当认定其落入专利权的保护范围；被诉侵权技术方案的技术特征与权利要求记载的全部技术特征相比，缺少权利要求记载的一个以上的技术特征，或者有一个以上技术特征不相同也不等同的，人民法院应当认定其没有落入专利权的保护范围。"

全面覆盖原则是发明和实用新型专利侵权判定的基本原则。被诉产品或者被诉方法如果侵权成立，那么应该具备专利权利要求中所描述的每一项技术特征，缺一不可。

权利要求包括独立权利要求和从属权利要求。独立权利要求的保护范围最大，从属权利要求是在引用独立权利要求或其他从属权利要求的基础上增加了技术特征或对引用的技术特征作进一步限定，因此，从属权利要求相对于其引用的独立权利要求和从属权利要求的保护范围会层层缩小。一项权利要求就是划定一个保护范围，被诉侵权产品或被诉侵权方法只要全部覆盖专利中任一项权利要求，则认定其落入专利的保护范围。

例如，专利的权利要求由技术特征 A、技术特征 B、技术特征 C 和技术特征 D 组成。如果被诉侵权人实施不同的技术方案，则根据全面覆盖原则得出不同的技术对比结果，如表 4 - 1 所示。

表 4 - 1　运用全面覆盖原则侵权对比分析表

专利权利要求保护的技术方案		A + B + C + D	
序号	被诉技术方案	对比分析	技术对比结果
1	A + B + C + D	全面覆盖 A + B + C + D	落入专利保护范围
2	A + B + C + D + E	增加了技术特征 E，但还是全面覆盖 A + B + C + D	落入专利保护范围
3	A + B + C	缺少技术特征 D，没有全面覆盖 A + B + C + D	不落入专利保护范围

续表

序号	被诉技术方案	对比分析	技术对比结果
4	A + B + C + F	技术特征 F 与技术特征 D 不相同且不等同，没有全面覆盖 A + B + C + D	不落入专利保护范围
5	A + B + C + d	技术特征 D 与技术特征 d 不相同，要进一步运用等同原则判定两者是否构成等同技术特征	如果技术特征 D 与技术特征 d 构成等同技术特征，则落入专利保护范围；如果技术特征 D 与技术特征 d 不构成等同技术特征，则不落入专利保护范围

专利保护制度实施的初期，由于我国专利申请文件的撰写水平较低，专利权利要求中经常包含了解决技术问题的非必要技术特征，当时为了鼓励、保护专利权人，曾经短暂出现过"多余指定"原则，作为对全面覆盖原则的补充。随着我国专利申请文件撰写水平的不断提高，我国法院很快就废除了"多余指定"原则，坚定地将全面覆盖原则确立为发明和实用新型专利侵权对比的基本原则。全面覆盖原则对专利申请文件撰写和专利技术规避都产生了深远的影响。专利代理师入行学写专利申请文件时首先需确定要解决的技术问题，针对要解决的技术问题逐一分析独立权利要求中的每一个技术特征是否为必要技术特征，把所有非必要技术特征布局在从属权利要求，使得独立权利要求具有适当的保护范围。从专利检索分析、专利预警分析和专利规避的角度，表 4 - 1 提供了规避专利的理论教导。我们要规避一项权利要求，最保险稳妥的做法是省去该项权利要求中任一个技术特征，其次是将该项权利要求中任一个技术特征替换为不相同且不等同的技术特征。只要没有对该项权利要求构成全面覆盖，就不会落入该项权利要求的保护范围，从而不构成侵权。

二、等同原则

等同原则起源于美国。1853 年的威南斯诉登米德案、1950 年的格雷弗油罐制造公司诉林德航空用品公司案、1983 年的休斯飞机制造公司诉合众国案、1995 年的希尔顿·戴维斯化学公司诉沃纳—金肯逊公司案，见证了等同原则在美国司法实践中从最开始的探索到逐渐发展完善的过程。❶

---

❶ 郑志柱. 专利等同原则与技术进步［M］. 广州：暨南大学出版社，2019.

等同原则，是指被控侵权对象中有一个或者一个以上技术特征与专利权利要求中限定的技术特征相比，从字面上看不相同，但经过分析可以认定是相等同的技术特征。这种情况下，应当认定被控侵权对象落入专利的保护范围。

实践中，由于文字的表达具有局限性，申请人在撰写专利的时候难以在权利要求中穷尽所有的技术方案并布局相应的权利要求进行保护，也难以精准归纳和概括发明点对应的技术方案并撰写出优质的权利要求，因此权利要求的保护范围会受撰写时的技术发展水平、技术术语和词语的含义变迁、专利代理师的技术水平和撰写水平、检索能力等多方面的因素影响。侵权人为了逃避侵权责任，往往会针对专利的技术特征进行非实质性的改动或替换，而其改动后实施的技术方案实质上还是采用与专利相同的发明点，解决了专利提出的技术问题，具备专利技术方案所带来的有益效果。如果此时根据全面覆盖原则判定修改后的技术方案不落入专利的保护范围，则对于从事发明创造的专利权人和发明人是不公平的。因此，等同原则作为全面覆盖原则的重要补充，可以有效防止被控侵权人通过对专利技术特征进行非实质性的改动或替换来逃避侵权责任。但是，如果等同原则适用范围过于宽泛或不受限制，把在后的具备创造性的技术特征也认定为等同技术特征，则将会抑制技术创新，使得专利权人获得了本来不属于他的额外利益，对社会公众利益也会产生损害。

《最高人民法院关于审理专利纠纷案件适用法律问题的若干规定》（法释〔2020〕19 号）（2020 年修正）第 13 条规定："专利法第五十九条❶第一款所称的'发明或者实用新型专利权的保护范围以其权利要求的内容为准，说明书及附图可以用于解释权利要求'，是指专利权的保护范围应当以权利要求书中明确记载的必要技术特征所确定的范围为准，也包括与该必要技术特征相等同的特征所确定的范围。

"等同特征是指与所记载的技术特征以基本相同的手段，实现基本相同的功能，达到基本相同的效果，并且本领域的普通技术人员无需经过创造性劳动就能够联想到的特征。"

《最高人民法院关于审理侵犯专利权纠纷案件应用法律若干问题的解释（二）》（法释〔2020〕19 号）（2020 年修正）第 8 条规定："功能性特征，是指对于结构、组分、步骤、条件或其之间的关系等，通过其在发明创造中所起的功能或者效果进行限定的技术特征，但本领域普通技术人员仅通过阅读权利

---

❶ 《专利法》第四次修正案已改为第六十四条。

要求即可直接、明确地确定实现上述功能或者效果的具体实施方式的除外。

"与说明书及附图记载的实现前款所称功能或者效果不可缺少的技术特征相比，被诉侵权技术方案的相应技术特征是以基本相同的手段，实现相同的功能，达到相同的效果，且本领域普通技术人员在被诉侵权行为发生时无需经过创造性劳动就能够联想到的，人民法院应当认定该相应技术特征与功能性特征相同或者等同。"

第12条规定："权利要求采用'至少''不超过'等用语对数值特征进行界定，且本领域普通技术人员阅读权利要求书、说明书及附图后认为专利技术方案特别强调该用语对技术特征的限定作用，权利人主张与其不相同的数值特征属于等同特征的，人民法院不予支持。"

《最高人民法院关于审理专利纠纷案件适用法律问题的若干规定》（法释〔2020〕19号）（2020年修正）只规定了等同原则的判定标准是"手段、功能和效果基本相同且本领域的普通技术人员无需经过创造性劳动就能联想到"。《最高人民法院关于审理侵犯专利权纠纷案件应用法律若干问题的解释（二）》（法释〔2020〕19号）（2020年修正）进一步针对功能性限定的技术特征的等同判定标准是"手段基本相同、功能和效果相同且本领域普通技术人员在被诉侵权行为发生时无需经过创造性劳动就能够联想到"，即对于功能性限定的技术特征适用等同判定时采用更加严格的判定标准。司法解释明确规定只能是二者技术特征之间适用等同原则，而不能是专利技术方案与被诉侵权技术方案之间适用等同原则。因此，前述"能够相对独立地执行一定的技术功能、并能产生相对独立的技术效果的最小技术单元"的技术特征划分规则显得尤为重要，影响了二者是否构成等同技术特征的判定。司法实践中，一些典型案例指出数值范围以外的数值与数值范围限定的技术特征也不构成等同。

英美法系对等同原则的适用逐渐形成了专利审查过程中禁止反悔、现有技术抗辩、技术方案捐献、反向等同四方面的限制规则，完善了等同原则适用的相关规定。《最高人民法院关于审理侵犯专利权纠纷案件应用法律若干问题的解释》（法释〔2009〕21号）表明我国法律逐渐吸收和完善了关于等同原则的适用标准以及限制等同原则适用的法律规则。首先，判定等同技术特征已经有非常严格的构成要件，其次，专利审查过程中禁止反悔、现有技术抗辩、技术方案捐献等原则也已经严格限制等同原则的适用并同时载入相关司法解释中。我国目前已经形成了相对完善的专利侵权等同原则适用的法律规定。

三、禁止反悔原则

《最高人民法院关于审理侵犯专利权纠纷案件应用法律若干问题的解释》（法释〔2009〕21号）第6条规定："专利申请人、专利权人在专利授权或者无效宣告程序中，通过对权利要求、说明书的修改或者意见陈述而放弃的技术方案，权利人在侵犯专利权纠纷案件中又将其纳入专利权保护范围的，人民法院不予支持。"

专利申请人、专利权人在专利授权或确权程序中，为了克服专利审查员或专利无效宣告请求人指出的缺陷，往往会对专利权利要求进行修改或解释，放弃技术方案或限缩专利的保护范围换取专利授权或专利维持有效。禁止反悔原则是诚实信用原则在专利诉讼案件中的直接体现，其立法原意是防止专利权人将来在专利侵权诉讼中为了使被诉侵权人实施的技术方案落入涉案专利的保护范围而主张已经放弃的技术方案或者已经放弃限缩前的保护范围，从而"两头得利"。

禁止反悔原则是专门针对专利权人的原则，司法实践中，常常由被诉侵权人用作抗辩的武器。有时候，专利权人在专利授权确权程序中，对权利要求书、说明书及附图的限缩性修改或者陈述，不管是否被专利审查员或专利局复审和无效审理部所接受，只要记录在意见陈述中或口审笔录中，统统作为禁止反悔原则适用的依据，这对于专利权人来说明显是不公平的。为了解决这个问题，最高人民法院颁布了以下司法解释纠正了这个问题。

《最高人民法院关于审理侵犯专利权纠纷案件应用法律若干问题的解释（二）》（法释〔2020〕19号）（2020年修正）第13条规定："权利人证明专利申请人、专利权人在专利授权确权程序中对权利要求书、说明书及附图的限缩性修改或者陈述被明确否定的，人民法院应当认定该修改或者陈述未导致技术方案的放弃。"

第6条规定："人民法院可以运用与涉案专利存在分案申请关系的其他专利及其专利审查档案、生效的专利授权确权裁判文书解释涉案专利的权利要求。

"专利审查档案，包括专利审查、复审、无效程序中专利申请人或者专利权人提交的书面材料，国务院专利行政部门制作的审查意见通知书、会晤记录、口头审理记录、生效的专利复审请求审查决定书和专利权无效宣告请求审查决定书等。"

（一）禁止反悔原则的法理基础

诚实信用原则作为民法的基本原则之一，要求民事主体信守承诺，不得损害善意第三人对其的合理信赖或正当期待，以衡平权利自由行使所可能带来的失衡。在专利授权确权实践中，专利申请人往往通过对权利要求或说明书进行限缩以便快速获得授权，但在侵权诉讼中又试图通过等同原则将已放弃的技术方案重新纳入专利权的保护范围。为确保专利权保护范围的稳定性，维护社会公众的信赖利益，专利制度通过禁止反悔原则防止发生专利权人上述"两头得利"的情形。因此，专利权人在专利授权或者无效宣告程序中，将对权利要求、说明书的修改或者意见陈述而放弃的技术方案，在侵犯专利权纠纷案件中又纳入专利权保护范围的，人民法院不应支持。

（二）禁止反悔原则的适用条件

一般情况下，只有通过权利要求、说明书修改或者意见陈述两种形式，才有可能产生技术方案的放弃，符合禁止反悔原则的适用条件。

如果独立权利要求被宣告无效，在其从属权利要求的基础上维持专利权有效，则该从属权利要求实际取代了原独立权利要求。但是，该从属权利要求的内容或者所确定的保护范围并没有因为原独立权利要求的无效而改变。因为每一项权利要求都是单独的、完整的技术方案，应准确、完整地概括申请人在原始申请中各自要求的保护范围，而不论其是否以独立权利要求的形式出现。正基于此，每一项权利要求可以被单独地维持有效或宣告无效。每一项权利要求的效力应当被推定为独立于其他权利要求项的效力。即使从属权利要求所从属的权利要求被宣告无效，该从属权利要求并不能因此被认为无效。所以，不应当以从属权利要求所从属的权利要求被宣告无效而简单地认为该从属权利要求所确定的保护范围即受到限制。

（三）权利放弃的认定标准

最高人民法院（2011）民提字第306号民事判决书针对禁止反悔原则认为："专利权保护范围是由权利要求包含的技术特征所限定的，故专利权保护范围的变化，亦体现为权利要求中技术特征的变化。在专利授权或无效宣告程序中，专利权人主动或应审查员的要求，可以通过增加技术特征对某权利要求所确定的保护范围进行限制，也可以通过意见陈述对某权利要求进行限缩性解释。禁止反悔原则适用于导致专利权保护范围缩小的修改或者陈述。亦即，由此所放弃的技术方案。该放弃，通常是专利权人通过修改或意见陈述进行的自我放弃。但是，若专利复审委员会认定独立权利要求无效、在其从属权利要求的基础上维持专利权有效，且专利权人未曾作上述自我放弃，则在判断是否构成禁止反悔原则中的'放弃'时，应充分注意专利权人未自我放弃的情形，严格把握放弃的认定条件。如果该从属权利要求中的附加技术特征未被该独立权利要求所概括，则因该附加技术特征没有原始的参照，故不能推定该附加技术特征之外的技术方案已被全部放弃。"

专利诉讼案件中对于禁止反悔原则的适用常常还存在一些误区，比如专利权人在无效宣告程序中对在先对比文件发表的分析意见，甚至在专利诉讼中发表被诉侵权人实施的技术方案的意见，时常被被诉侵权人作为适用禁止反悔原则的依据。这两种情形根本不属于司法解释所述的通过对权利要求、说明书的修改或者意见陈述而放弃的技术方案。所谓专利权人放弃的技术方案应该是其主动且明确放弃的。专利权人对在先对比文件的技术方案或者被诉侵权人实施的技术方案发表的意见陈述无论正确与否，均不应当作为适用禁止反悔原则的依据。

四、捐献原则

《最高人民法院关于审理侵犯专利权纠纷案件应用法律若干问题的解释》（法释〔2009〕21号）第5条规定："对于仅在说明书或者附图中描述而在权利要求中未记载的技术方案，权利人在侵犯专利权纠纷案件中将其纳入专利权保护范围的，人民法院不予支持。"

对于奉行中心限定原则的国家和地区，权利要求书往往只记载了一个上位概括的较大保护范围的技术方案，没有中位概括和下位概括，专利说明书撰写得相当详细，包含了多个创新的技术方案，但却没有记载在权利要求中。这些国家和地区的专利申请人或专利权人可以在审查程序、无效程序中，灵活地从说明书或附图中提取出技术特征，补入权利要求中形成新的权利要求。但是，在中国，无效宣告程序对权利要求的修改是非常严格的，不允许再从专利说明书中提取技术特征补入权利要求中。因此，对于奉行中心限定原则且权利要求书写得比较单薄的国家和地区的申请人，在通过《保护工业产权巴黎公约》或通过《专利合作条约》（PCT）进入中国国家阶段时，应当重写或修改专利权利要求书，将说明书所有有价值的创新技术方案全部记载在权利要求书中，避免将来专利侵权诉讼中技术方案因为只记载在说明书而没有记载在权利要求书中导致捐献，从而无法主张侵权。

五、可预见规则

美国 2002 年的 *Johnson & Johnston Associates Inc.* 诉 *R. E. Service Co.* 一案，因技术方案的捐献原则限制了等同原则的适用。在该案中，联邦巡回上诉法院的雷德（Rader）法官建议采用"可预见规则"，即等同原则不能囊括专利权人在申请专利时可预见到并且应当将其纳入在权利要求保护范围之中而未纳入的技术方案❶。

《北京市高级人民法院专利侵权判定指南（2017）》第 60 条规定："对于发明权利要求中的非发明点技术特征、修改形成的技术特征或者实用新型权利要求中的技术特征，如果专利权人在专利申请或修改时明知或足以预见到存在替代性技术特征而未将其纳入专利权的保护范围，在侵权判定中，权利人以构成等同特征为由主张将该替代性技术方案纳入专利权的保护范围的，不予支持。"（自 2015 年，我国法院出现了个别案例，援引可预见规则限制等同原则的适用。）

（一）可预见规则仍然不是我国的法律规则和法律原则

尽管美国法官提出过可预见规则的相关理论，并且 2017 年北京市高级人民法院发布的《专利侵权判定指南》将其作为一项规定加以明确，但是这些相关理论和审判指南都不是我国正式的法律规则和法律原则，而等同原则在最高人民法院的司法解释中已经明确规定为一项法律规则，因此法律效力应该更高。

优先适用一项还不是我国的法律规则或法律原则，而仅是学术研究理论，并限制等同原则的适用，不符合法理学的原理，同时也不具备法律上的依据。

（二）可预见规则自身的缺陷和危害

如上所述，等同原则适用的背景是：因为文字表达的局限性，申请人无法在权利要求书中穷尽所有的技术方案。而可预见规则却要求权利人在撰写专利文件时应预见到所有可能的技术方案。由此可见，可预见规则与等同原则的立法原意是背道而驰的，变相架空了等同原则的适用。

不管是大陆法系还是英美法系对法官的法律地位都有共识，即法官应当始终保持中立和被动的法律地位，判案需要根据证据以事实为依据，而不能猜测或揣测。而如果适用可预见规则，法官可以在双方没有举证，甚至在被告没有

---

❶ 郑志柱. 专利等同原则与技术进步［M］. 广州：暨南大学出版社，2019.

主张适用的情况下，主动站在被告的立场，揣摩和推测专利权人在申请专利的时候知晓或应当知晓某些技术特征，推定专利权人故意不将某些技术特征写入权利要求中作为并列技术特征予以保护，因而限制适用等同原则。由此可见，可预见规则会动摇法官应当始终保持中立和被动的法律地位。

可预见规则还有以下几个方面的危害：第一，无须举证，法官的主动揣摩和推测并没有任何法律依据，也没有任何法律规则或法律原则授权。第二，主观地揣摩和推测的结果并不是确定和唯一，自由裁量的范围会被无限扩大。第三，即便有理有据地进行类比和推理，由于专利权人申请专利时的真实想法只有当事人自己知道，通过揣摩和推测的方法也根本无法得出当事人当时的真实想法。这样完全不顾当事人主观方面，直接推定并强加于专利权人一个故意主动放弃等同技术特征的"帽子"，对专利权人非常不公平。第四，专利权人在申请专利的时候选择多大的保护范围是他的自由，用文字描述技术方案和技术特征本来就有一定的局限性，专利权人也不可能穷尽所有并列的技术特征。如果专利权人在权利要求中没有罗列的技术特征将来都被认定为因适用可预见规则而推定已经放弃了，从而限制等同原则的适用，则违背了专利保护制度设立等同原则的立法原意，严重损害了专利权人的利益，不利于发明创造的法律保护和科技的进步。第五，可预见规则没有统一的适用规范，可能导致同案不同判的情形。

专利等同原则作为专利侵权判定的重要原则，在被控侵权产品字面不侵权的情况下，能够有效防止被控侵权人不付出创造性劳动，只通过简单替换等同技术特征从而逃避侵权责任。等同技术特征的认定本身要求就非常高，需要满足"三个基本相同且容易联想得到"的构成要件，对于功能性的技术特征还需要满足"一个基本相同两个相同且容易联想得到"的构成要件。另外，禁止反悔原则、现有技术抗辩、捐献原则已经严格限定等同原则的适用。而可预见规则与等同原则的立法原意是背道而驰的，苛求专利权人穷尽所有的技术特征，变相架空了等同原则的适用。为了更好地维护专利权人的合法权益，鼓励发明创造，更好地保护知识产权，促进社会进步，不应该再通过可预见规则限制等同原则的适用。

第三节　外观设计专利侵权判定标准

外观设计专利诉讼案件数量大，在中国知识产权案件中一直占较大的比例。外观设计专利侵权判定主要是依靠法官从一般消费者的角度判定是否侵权。在司法实践中，如果被控侵权产品与外观设计专利二者相同，则法官比较容易作出正确的判定；但是如果二者不是相同，而是存在区别设计特征，则法官往往很难准确判定是否侵权。

一、判断主体

《最高人民法院关于审理侵犯专利权纠纷案件应用法律若干问题的解释》（法释〔2009〕21号）第10条规定："人民法院应当以外观设计专利产品的一般消费者的知识水平和认知能力，判断外观设计是否相同或者近似。"

结合《专利审查指南》，不同类别的被比设计产品具有不同的消费者群体。某类外观设计产品的一般消费者应当具备下列特点：（1）对被比设计产品的同类或者相近类产品的外观设计及其常用设计状况具有常识性的了解；（2）对外观设计产品之间在形状、图案以及色彩上的差别具有一定的分辨力，但不会注意到产品的形状、图案以及色彩的微小变化。

二、类别判断

《最高人民法院关于审理侵犯专利权纠纷案件应用法律若干问题的解释》（法释〔2009〕21号）第8条规定："在与外观设计专利产品相同或者相近种类产品上，采用与授权外观设计相同或者近似的外观设计的，人民法院应当认定被诉侵权设计落入专利法第五十九条❶第二款规定的外观设计专利权的保护范围。"第9条规定："人民法院应当根据外观设计产品的用途，认定产品种类是否相同或者相近。确定产品的用途，可以参考外观设计的简要说明、国际外观设计分类表、产品的功能以及产品销售、实际使用的情况等因素。"

《中华人民共和国商标法》（以下简称《商标法》）第57条规定："有下列行为之一的，均属侵犯注册商标专用权：（一）未经商标注册人的许可，在同一种商品上使用与其注册商标相同的商标的；（二）未经商标注册人的许可，在同一种商品上使用与其注册商标近似的商标，或者在类似商品上使用与其注册商标相同或者近似的商标，容易导致混淆的；……"

《最高人民法院关于审理商标民事纠纷案件适用法律若干问题的解释》（法释〔2020〕19号）（2020年修正）第11条第1款规定："商标法第五十七

---

❶ 《专利法》第四次修正案之后改为第六十四条。

条第（二）项规定的类似商品，是指在功能、用途、生产部门、销售渠道、消费对象等方面相同，或者相关公众一般认为其存在特定联系、容易造成混淆的商品。"

世界上有些国家和地区（比如欧盟），将外观设计与商标划分在同一个部门进行审查，原因是二者都不涉及技术元素，且审查对比方法、侵权对比方法都很接近。首先，要进行类别判断，外观设计要求相同或者相近种类的产品，而商标也需要同一种商品或者类似商品。对于产品的外观设计和商品商标，二者都以用途作为相同或相近种类产品、同一种或类似商品的重要判断依据。其次，二者都需要以一般消费者的视角去对比判断是否构成相同或者近似。最后，二者都是以整体视觉效果是否容易使相关公众混淆作为判断的依据。

因此，应当根据被诉对象与外观设计专利的用途进行类别判断，如果二者属于不相同产品且不相近种类产品，就直接可以排除被诉对象落入外观设计专利的保护范围。

三、整体观察、综合判断

《最高人民法院关于审理侵犯专利权纠纷案件应用法律若干问题的解释》（法释〔2009〕21 号）第 11 条规定："人民法院认定外观设计是否相同或者近似时，应当根据授权外观设计、被诉侵权设计的设计特征，以外观设计的整体视觉效果进行综合判断；对于主要由技术功能决定的设计特征以及对整体视觉效果不产生影响的产品的材料、内部结构等特征，应当不予考虑。……被诉侵权设计与授权外观设计在整体视觉效果上无差异的，人民法院应当认定两者相同；在整体视觉效果上无实质性差异的，应当认定两者近似。"

原创的全新外观设计对现有设计的创新贡献较大，应当赋予其较大的保护范围，主要适用整体观察、综合判断的方法来进行侵权对比。一般消费者对于创新程度较高的全新设计，往往不会注意到产品的形状、图案以及色彩的微小变化。

四、要部观察和设计要点分析

《最高人民法院关于审理侵犯专利权纠纷案件应用法律若干问题的解释》（法释〔2009〕21 号）第 11 条第 2 款规定："下列情形，通常对外观设计的整体视觉效果更具有影响：（一）产品正常使用时容易被直接观察到的部位相对于其他部位；（二）授权外观设计区别于现有设计的设计特征相对于授权外观设计的其他设计特征。"而对整体视觉效果更具有影响的设计特征不相同或不近似，则应当认定两者不相同或不近似。

只是在现有设计基础上"小修小改"的小设计对现有设计的创新贡献较小，赋予的保护范围应当与其创新贡献程度相适应，主要适用要部观察和设计要点分析来进行侵权对比。在一般消费者已经熟知原设计的基础上对于"小修小改"的小设计，一般消费者更关注"小修小改"的部分，认为这些"小修小改"的要部对整体视觉效果更具有影响力。如果被诉对象不具备这些改进的要部设计要点，则应当排除被诉对象落入外观设计专利的保护范围。

五、外观设计专利的设计空间与保护范围

《最高人民法院关于审理侵犯专利权纠纷案件应用法律若干问题的解释（二）》（法释〔2020〕19号）（2020年修正）第14条规定："人民法院在认定一般消费者对于外观设计所具有的知识水平和认知能力时，一般应当考虑被诉侵权行为发生时授权外观设计所属相同或者相近种类产品的设计空间。设计空间较大的，人民法院可以认定一般消费者通常不容易注意到不同设计之间的较小区别；设计空间较小的，人民法院可以认定一般消费者通常更容易注意到不同设计之间的较小区别。"

设计空间是指设计者在创作特定产品外观设计时的自由度。证明设计空间的大小完全依靠现有设计的检索和举证，举证不同的现有设计，可能得出涉案专利设计空间大小不同的结论。以下用乒乓球发球机进行举例说明。

乒乓球发球机设计空间与保护范围的对比如表4-2所示。乒乓球发球机属于体育用品，是一款可以自动发射出乒乓球供乒乓球运动员训练接发球的产品。外观主分类号/分类号均为21-02。2007年现有设计的乒乓球发球机由底板座、置球盘、球输送机构、球输送管道和发射机构组成，传统设计大都为"机架式"设计。相对于传统的现有设计，2010年的外观设计1是一款全新的设计，由底座、发射机构和置球口三部分组成，中间细两头粗，上下左右对称，整体上呈圆弧形的"小蛮腰"设计。2012年的外观设计2则是在2010年外观设计1的基础上作了小修改，就是把底座和置球口的圆形改为带圆倒角的方形。

表 4 – 2　乒乓球发球机设计空间与保护范围的对比表

2007 年现有设计❶	2010 年外观设计 1❷	2012 年外观设计 2❸
	设计空间较大，保护范围大	设计空间较小，保护范围小

　　相对于 2007 年现有设计，乒乓球发球机的设计空间较大，根据司法解释，人民法院认为一般消费者通常不容易注意到不同设计之间的较小区别。2010年外观设计 1 作为一款全新的设计，其创新程度较高，设计要点在于产品整体形状，对现有设计的贡献程度较高，其保护范围较大，判断的时候重点适用整体观察、综合判断原则。2012 年外观设计 2 虽然与 2010 年外观设计 1 不相同，但是根据整体观察、综合判断原则，两者构成近似，即 2012 年外观设计 2 的产品落入 2010 年外观设计 1 专利的保护范围。

　　随着科技的发展和时间的推移，相对于 2010 年外观设计 1，2012 年乒乓球发球机的设计空间变小了。根据司法解释，人民法院认为一般消费者通常更容易注意到不同设计之间的较小区别，由于 2012 年的外观设计 2 只是在 2010年外观设计 1 的基础上作了小修改，把底座和置球口的圆形改为带圆倒角的方形，因此其创新程度较低，设计要点在于产品底座和置球口的外轮廓形状，对现有设计的贡献程度较低，其保护范围较小，判断的时候重点适用要部观察原则。如果某被诉产品的形状不具备 2012 年的外观设计 2 的设计要点，即不具备外观设计的创新点，则二者不相同且不近似。

　　外观设计专利侵权判定中整体观察、综合判断原则的立法原意，是原创性的全新外观设计，应该有较大的保护范围。如果侵权人只是在全新外观设计的

---

❶　卢宝慈. 乒乓球发球机：CN300793465 [P]. 2008 – 06 – 18.

❷　李. 乒乓球自动发球装置：CN3015156551S [P]. 2011 – 04 – 13.

❸　不公告设计人. 乒乓球自动发球器：CN302351796S [P]. 2013 – 03 – 13.

基础上作细微修改，根据整体观察、综合判断原则，则理应判定细微修改对整体视觉效果不具有显著影响，二者构成近似。而对于在现有设计的基础上，仅仅对于某一个或多个小设计要点作进一步二次设计修改，保护范围应被限制在二次设计修改的设计要点。根据外观设计专利要部观察和设计要点分析的判定原则，如果被控侵权产品只是在现有设计特征上与外观设计专利相同，而二次设计要点的设计特征不相同，由于一般消费者已经熟悉现有设计的设计特征，因而二次设计要点的设计特征更具有显著影响，一般消费者不会产生混淆，则被控侵权产品与外观设计专利二者不构成近似。

六、外观设计专利侵权诉讼应对策略

在外观设计专利侵权诉讼中原告方的应对策略包括：第一，申请外观设计专利的时候，简要说明的描述中应陈述保护产品的整体形状，而不适宜归纳太多细小的设计要点。第二，在提起专利侵权诉讼之前应当请求国家知识产权局作出外观设计专利权评价报告，评估外观设计专利的稳定性，以减少外观设计专利诉讼中可能存在的风险。第三，专利诉讼庭审过程中，适宜坚持专利的保护范围是整体形状，不适宜重新归纳太多微小的设计要点，同时应避免提交任何在先设计作为对比证据，争取适用整体观察、综合判断原则，使略作修改的被控侵权产品落入专利的保护范围。

在外观设计专利侵权诉讼中被告方的应对策略包括：第一，应当对比涉案专利与被控侵权产品，归纳出二者的相同点和不同点。第二，针对二者的相同点，全面检索在先对比设计，争取针对每一个相同点都检索到一篇或多篇相同种类产品的在先设计，证明这些相同点是该种类产品的在先惯常设计。第三，详细分析二者的不同点，重新归纳涉案外观设计专利的设计要点即不同点的设计特征。第四，根据要部观察和设计要点分析的原则，相对于授权外观设计的其他设计特征，二者的不同点属于授权外观设计区别于现有设计的设计特征；或者相对于其他部位，二者的不同点所在部位属于产品正常使用时容易被直接观察到的部位，因而二者区别设计特征对外观设计的整体视觉效果更具有影响，因此，专利与被控侵权产品二者不相同且不相近似。❶

---

❶ 谭英强. 外观设计专利侵权判定的案例分析与思考 ［J］. 专利代理，2016（3）：69-72.

第二篇

实战篇

第五章　专利诉讼的抗辩

在专利诉讼攻防战当中，被告或者被告代理人，可以灵活运用多种抗辩方式进行合法有效的抗辩。如果任一抗辩方式被采信，则被告可以赢得专利诉讼，得到驳回原告诉讼请求的结果，或者在专利诉讼中减轻自身需要承担的法律责任。

第一节　不侵权抗辩

经过侵权对比，如果被诉对象落入专利的保护范围，则专利侵权成立；如果被诉对象没有落入专利的保护范围，则专利侵权不成立。因此，不侵权抗辩是最常用的专利诉讼抗辩方式之一。

一、发明和实用新型专利不侵权抗辩

前述章节已经详细介绍了司法解释规定的发明和实用新型专利侵权判定的标准，发明和实用新型专利不侵权抗辩就是灵活应用全面覆盖原则、等同原则、禁止反悔原则、捐献原则，否定被诉对象落入专利的保护范围。

（一）缺少技术特征或技术特征不相同抗辩

专利授权文本一般立足于背景技术定位要解决的技术问题，从而提出发明目的，发明内容中展示权利要求中要求保护的技术方案，技术方案是由技术特征组成的集合，通过技术方案中的各个技术特征可以进一步推理出专利的有益效果。被诉对象如果缺少一项或一项以上技术特征，或者技术特征不相同，则不能解决专利提出的技术问题，不能实现专利的发明目的，不具备专利的有益效果。在进行不侵权抗辩的时候，应当先确定专利权利要求的保护范围，指出被诉对象缺少了专利权利要求中具体哪个技术特征，或者哪个技术特征不相同。在陈述技术特征不相同的时候，应当着重从二者采用的技术手段不同、实现的功能不同、得到的技术效果不同三个方面详细论述。另外，还需要进一步

陈述不能实现专利的发明目的，不具备专利的有益效果的情况。

案例 5 - 1 某智能装备股份有限公司与淄博恒富金属制品有限公司、邹平恒盛金属科技有限公司、广州市联柔机械设备有限公司侵害实用新型专利权纠纷一案专利不侵权抗辩实例

这是一宗关于 ZL201120336120.0 实用新型专利侵权纠纷案。涉案专利权利要求 1 和 2 已经被宣告无效，❶ 原告指控被告侵犯其实用新型专利的权利要求 3、5 和 6，因此，被告针对权利要求 3、5 和 6 作不侵权抗辩。以下是被告作不侵权抗辩的实例。

1. 被诉产品中的技术构思（技术路线）与涉案专利截然不同

（1）涉案专利要解决的技术问题：专利说明书第【0003】段记载"普通的弹簧装袋机构一般先将弹簧压扁（小于 30mm），再将弹簧推入无纺布袋中，这种装袋方式不仅工作效率不高，而且噪声较大，稳定性不高"。

（2）涉案专利的发明目的：专利说明书第【0004】段记载"本实用新型的目的是提供一种袋装弹簧自动生产设备，将弹簧从卷簧机中平稳输送装入到无纺布袋，大大提高装袋效率"。

（3）涉案专利的有益效果：专利说明书第【0013】段记载"本实用新型中首先解决了一个弹簧入袋压缩的问题，将弹簧从卷簧机中自动输送到弹簧移动装袋封切机构中进行装袋封切，输送时直接用皮带夹住弹簧向前运动，在输送末端，无纺布直接包覆在弹簧输送机架上，解决了由于弹簧过度压缩，使弹簧入袋的稳定性不好的缺点"。

（4）参见表 5 - 1 可知，二者采用的技术手段、实现的功能和达到的技术效果均不同。涉案专利的发明构思及相应采用的技术方案：都是不需将弹簧过度压缩，不需将弹簧压扁（小于 30mm），通过"相互平行"的皮带夹住弹簧向前输送，使得弹簧入袋更为稳定。然而，被诉产品是采用完全"截然相反"的发明构思，通过"V 形段"和"平直段"弹簧输送机构，最终就是要将弹簧压扁（小于 30mm）。被诉产品"V 形段"弹簧输送机架的设置，就是将弹簧在输送过程中持续压缩，一直到平直段部分将弹簧完全压缩、压扁。涉案专利发明目的要解决的技术问题（不需要将弹簧压扁）正是本被诉产品采用的技术方案（就是要将弹簧压扁）。被诉产品不能解决涉案专利的技术问题，不具备涉案专利的技术效果。

---

❶ 参见：国家知识产权局专利复审委员会第 32981 号无效宣告请求审查决定书。

表 5 - 1 涉案专利和被诉产品技术方案对比表

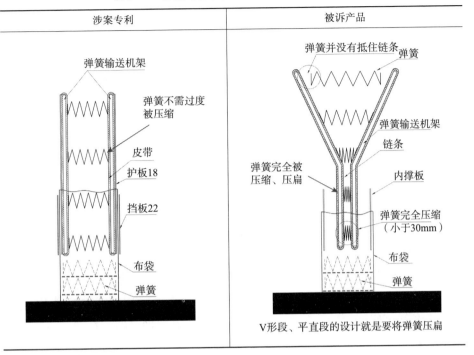

2. 权利要求 3 不侵权抗辩

（1）关于权利要求 3 保护范围的解释

1. 一种袋装弹簧装袋机构，其特征在于：包括连接在自动卷簧机上的弹簧输送机构，弹簧输送机构包括两个弹簧输送机架，在弹簧输送机架上安装有抵住弹簧端面的皮带；电机驱动带动皮带夹住弹簧向前输送。

3. 如权利要求 1 所述的一种袋装弹簧装袋机构，其特征在于：所述的机架上安装有用于弹簧输送机架纵向移动的轨道。❶

权利要求 3 中限定的"轨道"，是指该轨道安装在机架上，并且是用于弹簧输送机架在纵向方向进行移动的。

专利说明书第【0028】段记载："在机架 4 上布设有与弹簧输送方向垂直的轨道 110，弹簧输送机架 19 底部与轨道 110 相配，这样可以实现向左右两侧移动，以满足制作不同弹簧的需求。弹簧输送机架 19 为左右两个，之间形成一个弹簧的输送槽，在弹簧输送机架 19 内设置皮带传送机构机架 14 布设皮带

❶ 叶超英. 一种袋装弹簧装袋机构：CN202265406U［P］. 2012 - 06 - 06.

17，皮带 17 竖向立起，弹簧卷置后，横向落入在输送槽壁上，皮带 17 刚好抵住弹簧的两个端面。"参见图 5 - 1。

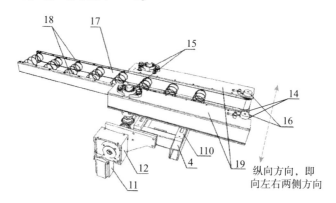

图 5 - 1　专利说明书附图 1

权利要求 3 通过"直接用皮带夹住弹簧向前运动"，克服了"弹簧过度压缩"的缺点。因此，权利要求 3 请求保护的方案是：采用将两条轨道 19 安装在弹簧输送机架上，该轨道用于该弹簧输送机架在纵向方向上移动，从而调节两条皮带 14 之间的距离，以适合不同高度弹簧的输送。

（2）被诉产品根本不需要调整两个链条之间的距离，原因在于被诉产品采用"带钩状物"的链条输送弹簧且"V 形"弹簧输送机架设置，使任意高度的弹簧都能顺利进入并受到压缩

根据专利侵权判定规则，本案中需要查明被诉产品中是否存在使得弹簧输送机架能够进行纵向移动以满足制作不同弹簧需求的"轨道"。根据庭审播放的视频可知，被诉产品的"弹簧输送机架"是由"V 形段"和"平直段"两段组成的，详见图 5 - 2。

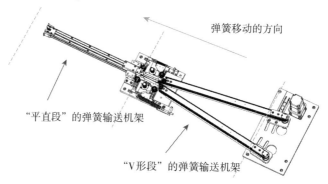

图 5 - 2　被诉产品技术方案

被诉产品的弹簧输送机架是不能移动的，也不存在"为了制作不同高度的弹簧进而调整左右两侧弹簧输送机架之间的宽度"的需求。由于"V形段"的弹簧输送机架的设置，无论是输送"高"弹簧，还是输送"矮"弹簧，弹簧全部都能够顺利进入弹簧输送机架之间，进而通过"带有钩状物"的特殊链条钩住弹簧。输送"高"弹簧和"矮"弹簧的区别无非就是链条早一点"钩住"弹簧，或者晚一点"钩住"弹簧，完全没有必要为输送不同高度弹簧去调节左右两侧弹簧输送机架之间的宽度，也不符合常理，具体如表 5 - 2 所示。

表 5 - 2　被诉产品工作原理

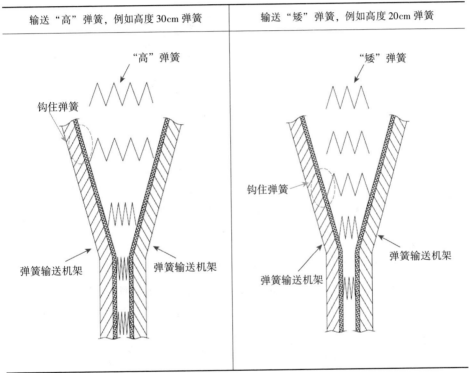

输送"高"弹簧，例如高度 30cm 弹簧	输送"矮"弹簧，例如高度 20cm 弹簧

事实上，针对"输送不同高度的弹簧"的技术问题，涉案专利与被诉产品采用截然不同的技术手段来解决。涉案专利采用设置"轨道"使得机架能够纵向移动进而适应、匹配不同高度的弹簧，使之"刚好"被皮带夹住不至于被过度压缩。然而，被诉产品采用的"V形"布置的弹簧输送机架并且通过特殊链条进行弹簧输送，任意高度的弹簧都能够顺利地进入"V形"两侧"带有钩状物"的链条之间，进而被链条钩住带动向前输送。

（3）被诉产品中的长条形"槽孔"的作用是为了方便机器安装调试设计的"工艺孔"

被诉产品的长条形"槽孔"是为了张紧、调节下方的"同步皮带"，具体参看下面的示意图 5 – 3。

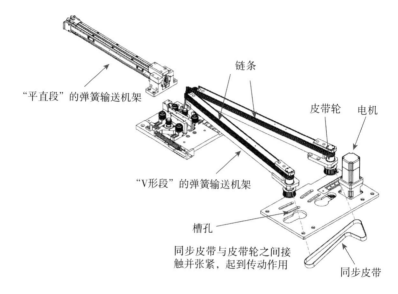

图 5 – 3　被诉产品机械设计图

如图 5 – 3 所示，"V 形"两侧"带有钩状物"的链条用来钩住弹簧。链条是用电机作为动力的。但是，电机不能直接带动两根链条动起来。如何用一个电机使得两根链条同步动起来呢？被诉产品通过巧妙设计，做到了两根链条同步转动。"槽孔"是为了能够安装位于电机下方的同步皮带并对其松紧度进行调整。

注意，这里的"同步皮带"不是用来夹住弹簧的，而是为了实现两根链条"同步"的，即一条皮带便可"同步"带动两根链条。为了更直观地说明，具体参看示意图 5 – 4。

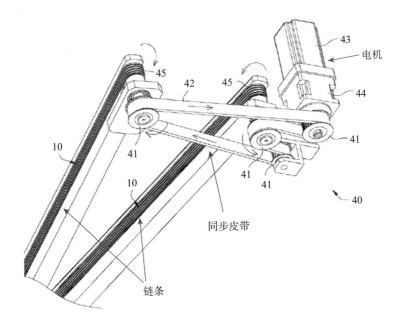

图5-4　被诉产品机械设计装配图

两条链条的正下方，设置两个用于安放皮带的轮子41，电机43的输出轴上，也安放轮子41，一共有4个张紧轮子41。皮带42采用"凹"形布置，分别套在4个轮子41上。当电机通电转动后，动力就经过电机轴通过皮带输送给两个链条的轴，使得两链条同步运动。

但是，皮带42与张紧轮子41之间必须存在足够的摩擦力。这就需要通过调整皮带的松紧来调整张紧力，找到合适的力度，保证一定的摩擦力，使得机器运转平稳、同步，减少噪声。

3. 权利要求5不侵权抗辩

被诉产品不具备权利要求5"所述的超声波横向封刀前后，各设置一对压布滚轮，无纺布的两个横向连接边从每对压布滚轮中间穿过"的附加技术特征，不落入涉案专利权利要求5的保护范围。被诉产品中，位于后方的滚轮是用于展平无纺布横向连接边的平整轮，无纺布的横向连接边是没有从滚轮中间穿过的，与专利权利要求5限定的完全不同，具体参见图5-5和图5-6。

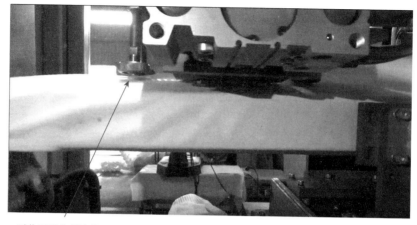

一对位于后方的滚轮   无纺布的两个横向连接边没有从一对位于后方的压布滚轮
中间穿过，而是位于其下方的

图 5-5 证据保全的 MAH00186 视频的 46 分 25 秒截图

一对位于后方的滚轮

无纺布两个横向连接边没有从一对位于后方的压布滚轮中间穿过，而是位于其下方的

图 5-6 证据保全的 MAH00186 视频的 10 分 26 秒截图

从庭审播放 MAH00186 视频的 22 分 16 秒图像可以看出，在被诉产品静止停机的情况下，即便人为特意地将无纺布的横向连接边竖起，使得其穿过滚轮中间，只要被诉产品开机运行处于工作状态，横向连接边还是会处于滚轮下方，被滚轮展平。庭审播放 MAH00186 视频的约 46 分开始，展示被诉产品开机运行的动作状态。

由此可知，无论是在静止状态还是工作状态下，被诉产品无纺布的两个横向连接边都没有穿过一对位于后方的压布滚轮，与专利权利要求5限定的技术特征完全不同。

此外，在被诉产品中，虽然无纺布的横向连接边从一对前方滚轮中间穿过，但是位于前方的滚轮是用于提起、防止无纺布下滑，而不是"压布"的滚轮。由于被诉产品的无纺布包布方式是自下而上的，无纺布的开口是朝上的，因此无纺布的两侧布料边缘需要提起，否则在重力作用下无纺布容易下滑，如图5-7所示。

位于前方的滚轮　　　　　　无纺布由下向上进行包布，需要提起、扶持无纺布

图5-7　证据保全的 MAH00186 视频的 46 分 4 秒截图

4. 权利要求6不侵权抗辩

被诉产品不具备权利要求6限定的"所述的挡板与横杆滑块固定，横杆滑块装配在横杆上实现滑动"的技术特征，不落入涉案专利权利要求6的保护范围。

（1）确定权利要求6的保护范围

涉案专利说明书第【0029】段记载："护板18安装在皮带传送机构机架14上，覆盖在皮带17的外侧，可以防止皮带17和无纺布6的直接接触。"

涉案专利说明书第【0030】段记载："横杆25是固定横跨过弹簧输送机架19上方，挡板22与横杆滑块27连接，横杆滑块27装配在横杆25上，形成滑动，可以分别向两侧移动，配合弹簧输送机架19调整宽度。"

由此可知，涉案专利中的挡板能够滑动，目的在于，配合弹簧输送机架调

整。因为需要输送不同高度的弹簧，弹簧输送机架必须调整宽度，由于护板
18 是覆盖在皮带外侧的，弹簧输送机架连同皮带纵向移动调整宽度时，挡板
22 必然也要相对应移动，否则会干涉，因此，涉案专利中挡板 22 滑动是与护
板 18 配合动作的。具体可以参见图 5 - 8 和图 5 - 9。

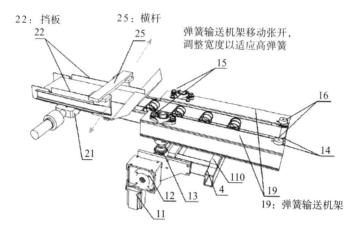

图 5 - 8   专利说明书附图 2

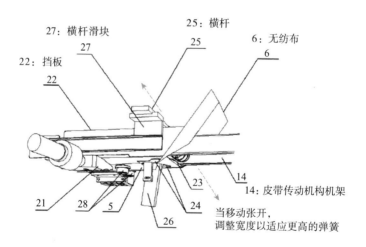

图 5 - 9   专利说明书附图 3

更为直观，可以参见示意图 5 - 10。

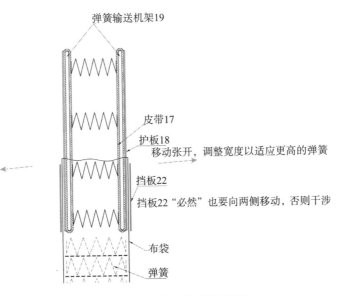

弹簧输送机架19

皮带17

护板18
移动张开，调整宽度以适应更高的弹簧

挡板22
挡板22"必然"也要向两侧移动，否则干涉

布袋

弹簧

图 5 - 10　涉案专利的原理示意图

（2）被诉产品与权利要求 6 的技术特征比对

被诉产品中的"三角形撑布板"与涉案专利的描述限定的"挡板"不同。

首先，被诉产品本身的弹簧输送机架是不需要纵向移动调整。由于 V 形布置弹簧输送机架的存在，不同高度的弹簧都能够顺利进入输送。弹簧输送机架是固定的，不能纵向移动，尤其是被诉产品"平直段"的弹簧输送机架更是完全固定不动。具体如图 5 - 11 和图 5 - 12 所示。

三角形撑布板　　　　"平直段"的弹簧输送机架，是完全固定不动的

图 5 - 11　证据保全的 MAH00186 视频的 44 分 56 秒截图

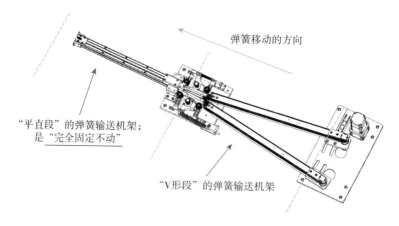

图 5 - 12　被诉产品方案机械设计图

　　被诉产品中"三角形撑布板"对应位置的弹簧输送机架本身固定不动，不存在所谓需要配合不同高度的弹簧来调整弹簧输送机架之间宽度，更不存在挡板向两侧移动为了配合弹簧输送机架调整。"三角形撑布板"向两侧移动与涉案专利中"挡板"向两侧移动的作用、目的明显不同。

　　其次，涉案专利说明书第【0030】段记载："无纺布 6 两侧从护板 18 和挡板 22 之间的间隙穿下。"涉案专利说明书第【0029】段记载："护板 18 安装在皮带机构传送机架 14 上，覆盖在皮带 17 的外侧，可以防止皮带 17 和无纺布 6 直接接触。"涉案专利中的挡板与护板配合动作，要实现两者之间的调整，方便无纺布 6 两侧从护板 18 和挡板 22 之间的间隙穿下，功能是有利于无纺布 6 形成袋体后进行定位。然而，被诉产品没有所谓的"护板"，也不存在所谓供无纺布穿过的"间隙"，之所以设置"三角形撑布板"是为了将无纺布由下向上转向撑开包覆在弹簧输送机架上。由于被诉产品的无纺布是由下向上进行包布，需要"三角形撑布板"（三角形斜边方便顺滑托起布料）将其向上转向撑开。

　　因此，被诉产品中的"三角形撑布板"与涉案专利的描述限定的"挡板"不同。

　　5. 生效判决书摘录

　　法院认为本案中，原告主张的涉案专利权保护范围为权利要求 3、5、6，均系从属权利要求，是在独立权利要求（即权利要求 1）技术方案的基础上增加附加技术特征形成的技术方案，因此，本案应以该从属权利要求记载的附加技术特征及其引用的独立权利要求 1 的技术特征共同确定涉案专利权的保护范围。在判断被诉侵权产品是否落入权利要求 3、5、6 的保护范围时，也要判断被诉侵权产品对应的技术特征是否落入权利要求 1 的保护范围。具体而言，对于权利要求 1 中的技术特征"在弹簧输送机架上安装有抵住弹簧端面的皮带"，经比对，被诉侵权产品的弹簧输送机架上安装的系"链条"，该链条在电机驱动带动的情况下在起始端未接触弹簧，在后部随着机架"V 形段部分"变窄而接触到弹簧。涉案专利说明书【0013】记载"输送时直接用皮带夹住弹簧向前运动，在输送末端，无纺布直接包覆在弹簧输送机架上，解决了由于弹簧过度压缩，使得弹簧入袋的稳定性不好的缺点"，由此可见，涉案专利"在弹簧输送机架上安装有抵住弹簧端面的皮带"这一技术特征实现的功能和效果为"解决了由于弹簧过度压缩，使得弹簧入袋的稳定性不好的缺点"。被诉侵权产品的弹簧输送机架上安装的系"链条"，该种方式在起始阶段对弹簧没有起到"夹住弹簧向前运动"的作用，在后端没有起到"解决弹簧过度压缩"的作用，故法院认为，被诉侵权产品的技术方案与原告专利技术特征"在弹簧输送机架上安装有抵住弹簧端面的皮带"没有以基本相同的手段，实现基本相同的功能，达不到基本相同的效果，两者不能认定为等同特征。

关于权利要求 3，被诉侵权产品的视频资料显示机架上有长条形孔，对此，原告认为该特征即为"机架上安装有用于弹簧输送机架纵向移动的轨道"，被告辩称因被诉侵权产品未采用"用皮带抵住弹簧向前运动"这一技术方案，其采用的"V 形"弹簧输送机架，不需要调整通过两链条之间的距离来解决不同高度的弹簧的输送问题，被诉侵权产品中的长条形孔是为了安装并调试位于电机下方的同步皮带。法院认为，基于被诉侵权产品与涉案专利权利要求 1 的区别技术特征，被告对于该长条形孔的解释符合被诉侵权产品的工作原理，法院认定被诉侵权产品不具有"机架上安装有用于弹簧输送机架纵向移动的轨道"这一技术特征。

关于权利要求 5，从视频资料中可以看出被诉侵权产品在运行过程中，无纺布在通过超声波横向封刀前从一对滚轮中间穿过，滚轮起到提起、防止无纺布下滑作用，在通过超声波横向封刀后无纺布系从滚轮下方通过，滚轮起到压平无纺布作用，因此，法院认定被诉侵权产品不具有"无纺布的两个横向连接边从每对压布滚轮中间穿过"这一技术特征。

关于权利要求 6，涉案专利中的挡板是跟护板配合动作，实现挡板之间间隔的调整以及无纺布的稳定输送，而被诉侵权产品的三角形顶部板是将无纺布由下到上地撑开，使其包在弹簧输送机架上，与权利要求 6 中的挡板的技术特

征不同。❶

从上述生效判决书可以看出，法院完全采信并支持了被告对于原告指控权利要求3、5、6的不侵权抗辩。首先，被告代理人从整体技术构思的角度，详细介绍并分析了被控产品与涉案专利二者要解决的技术问题、分别采用的技术方案、各自达到的技术效果均截然不同；然后，逐项对权利要求进行详细的技术方案介绍，从技术手段、实现的功能和达到的技术效果三个方面对二者的技术特征进行对比分析，绘制了大量技术原理示意图，结合庭审录像视频的截图，帮助法院查明二者不相同且不等同的技术事实；最后，法院准确适用专利侵权全面覆盖原则，判决被控侵权产品不落入专利的保护范围，驳回原告的诉讼请求。

（二）技术特征不等同抗辩

对于组合发明类的创新技术方案，发明点主要体现在多个现有技术中的技术特征的组合。如果被控侵权产品只是对其中一个或多个技术特征进行常规替代，那么二者构成等同技术特征的可能性较大。

对于非组合发明类的创新技术方案，发明点主要体现在某个技术特征的改进和创新，该技术特征本身不属于现有技术。如果被控侵权产品没有采用该创新技术特征，而是采用现有技术的技术特征，那么二者采用的技术手段并非基本相同，实现的功能和效果会存在一定的差异。该改进或创新的技术特征作为区别技术特征具备创造性而被授予专利权，相对于现有技术一般都具有突出的实质性特点和显著的进步，对于本领域普通技术人员不容易联想到，也不是显而易见的。因此一般不适宜认定该创新技术特征与现有技术特征构成等同技术特征。

案例5-2   佛山市速可达科技有限公司与广州市越秀区英杰电子经营部侵害发明专利权纠纷一案不侵权抗辩实例

1. 涉案专利分析

发明专利说明书第【0003】段记载："本发明提供一种结构简单、易组装维修、不易磨损且扭力调节更精准的电动螺丝刀。"

发明专利权利要求1：一种电动螺丝刀，包括手柄外壳（1）、手柄帽（2）、电动机（3）及控制电路、减速变扭箱、主轴（4）、螺丝批咀（5），所

---

❶ 参见：山东省济南市中级人民法院（2019）鲁01民初3647号民事判决书。

述电动机（3）及控制电路、减速变扭箱、主轴（4）均装置于所述手柄外壳（1）中，所述主轴（4）穿出手柄帽（2）与螺丝批咀（5）相连接，其特征在于：所述减速变扭箱包括箱体（20）、顶杆（201）、顶圈（202）、压圈（203）、扭力弹簧（204）、扭力座（205）、扭力调节套（206）、锁紧套（207）、锁紧套弹簧（208）、内齿圈（209）、行星轮组件（210），箱体（20）的后端为一圆柱形空腔，箱体（20）前端的箱壁上有二个沿圆周分布的轴向通孔，通孔从箱体（20）外贯穿到空腔内，二个顶杆（201）穿入二个通孔内，压圈（203）、扭力弹簧（204）、顶圈（202）、依次套在箱体（20）前端颈部，压圈（203）压在顶杆（201）前端，扭力座（205）后部压在顶圈（202）上，扭力调节套（206）套在扭力座（205）前端颈部并由锁紧套（207）锁紧，主轴（4）通过轴承安装在箱体（20）的颈部内，内齿圈（209）嵌入箱体（20）的空腔，顶杆（201）的后端有半圆形凹面，内齿圈（209）的前端面有二根滚柱（211）与顶杆（201）上的凹面相切，内齿圈（209）通过两级行星轮组件（210）与电动机（3）的输出齿轮连接。

发明专利说明书第【0007】段记载："本发明的有益效果是：本发明结构简单，采用双箱体结构（减速变扭箱包含的箱体扭力座），易组装和维修，两个顶杆设置半圆形凹面，与内齿圈前端面装置的滚柱相切，组成过载离合器，能使摩擦力在内齿圈端面上均匀分布，从而使螺丝批咀实际输出的扭力与设定值较为一致；由锁紧套内的三个顶针锁紧定位扭力调节套，使扭力调节更精准；本发明采用电动机，市电经控制电路转换成合适给电动机供电，使用时不需要外接变压装置，使用、携带方便。"

发明专利说明书第【0013】段记载："控制电路包括连接市电的电缆插头30、正反转开关31及开关套32、开关压杆33及压杆弹簧34、电路板35、启动开关36及指示灯。"❶

2. 技术对比

与权利要求1限定的"控制电路装置于所述手柄外壳"相比，被控侵权产品的"控制电路位于手柄外壳以外"的技术手段不同；权利要求1的技术方案使用时不需要外接变压装置，使用、携带方便，而被控侵权产品使用时需要外接变压装置，不具备使用和携带方便的技术效果，即二者的技术效果不同。因此，二者为不相同且不等同的技术特征。被控侵权产品没有落入专利权

---

❶ 吴亚定. 电动螺丝刀：CN103381584B［P］. 2016－06－29.

利要求 1 的保护范围，技术特征对比表如表 5 - 3 所示。

表 5 - 3　技术特征对比表

ZL201310280385.7 发明专利	被控侵权产品（TU801D/TU802D/HG802D）
权利要求 1 中记载：所述电动机（3）及控制电路、减速变扭箱、主轴（4）均装置于所述手柄外壳（1）中 在专利说明书第【0013】段中记载：控制电路包括连接市电的电缆插头 30、正反转开关 31 及开关套 32、开关压杆 33 及压杆弹簧 34、电路板 35、起动开关 36 及指示灯	控制电路位于手柄外壳以外 控制电路包括电源适配器和电压调节旋钮等，位于外壳以外
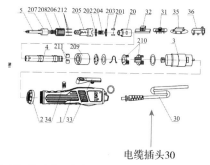电缆插头30	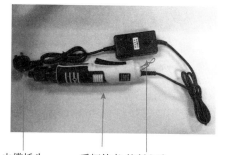电缆插头　　手柄外壳 控制电路
专利权利要求 1 方案是：控制电路等所有部件均装置于手柄外壳中，通过"电缆插头 30"直接连接市电，无须电源适配器	被控产品的技术方案是：控制电路在手柄外壳外，电缆插头 30 需要先连接电源适配器，然后再连接电动螺丝刀外壳

3. 生效判决书摘录

本案中，佛山市速可达科技有限公司主张被诉侵权技术方案落入涉案专利权利要求 1，双方对被诉侵权技术方案是否落入涉案专利权利要求 1 的争议问题主要在于被诉侵权技术方案是否具备"控制电路装置于手柄外壳中"的技术特征。英杰经营部主张，涉案专利权利要求 1 记载了"所述电动机（3）及控制电路……均装置于所述手柄外壳（1）中"的技术特征，而被诉侵权产品的变压器装置并未装置于手柄外壳中，因此，被诉侵权产品并未落入涉案专利该技术特征的保护范围。对此，法院认为，对于权利要求 1，可以运用说明书及附图进行解释，同时应注意发明目的对权利保护范围的限定作用，不应把不能实现发明目的、效果的技术方案解释到权利要求的保护范围中。根据涉案专利说明书第【0002】段、第【0003】段及第【0007】段的记载，涉案专利要克服的现有技术缺陷是"组装强度大、易磨损、难维修"，为此，涉案专利采用"电动机（3）及控制电路、减速变扭箱、主轴均装置于手柄外壳（1）中"以及"电动机，市电经控制电路转换成合适给电动机供电，使用时不需要外接变压装置，使用、携带方便"的技术特征，以实现"结构简单、易组装维修、不易磨损"的发明目的。因此，本领域普通技术人员在阅读权利要求、说明书及附图后，能清楚理解涉案专利权利要求1中记载"控制电路……装置于手柄外壳中"的含义是指，相关控制电路均装置于手柄外壳中，故在实际使用中，仅需要通过电缆插头直接连接市电即可转换成适合给电动机工作的供电电路，无须额外使用变压装置。根据本案查明的事实，被诉侵权产品并非通过手柄外壳中的"控制电路"直接转换市电并供给电动机，而是需要在手柄外壳之外另行接入变压装置，才能实现将市电转换成适合电动机工作的供电电路这一技术效果，即被诉侵权产品控制电路的所有部件并非均装置于手柄外壳中，此与涉案专利所追求实现的"结构简单、不易磨损、方便携带、使用时不需要外接变压装置"的发明目的及有益效果不相符合。因此，二者采用的技术手段和实现的功能效果均不相同，相关技术方案既不构成相同，亦不构成等同。❶

判决书显示，法院完全采信并支持被告的不相同且不等同的抗辩。首先，被告深入剖析发明专利的发明目的、权利要求1请求保护的技术方案和发明专利具备的有益效果；然后，在技术特征对比表中，以图文并茂的方式，指出被控产品与权利要求不相同且不等同的技术特征；最后，指出被控产品不能实现发明目的且不具备发明声称的有益效果，帮助法院正确地查明案件的技术事实，正确适用法律作出判决。

（三）禁止反悔原则限制等同原则的适用

专利诉讼的被告代理人，可以向国家知识产权局申请调取涉案专利的审查档案。审查档案包括原始专利申请文件、审查意见通知书、答复审查意见通知书的意见陈述书、权利要求修改替换页、驳回决定、复审请求、复审答辩意见陈述书、复审决定、无效宣告请求、无效宣告答辩意见陈述书、口头审理笔录、无效宣告审查决定等。

专利授权确权程序中，专利审查员或无效宣告请求人会进行查新检索，基

---

❶ 参见：广东省高级人民法院（2018）粤民终1211号民事判决书。

于在先对比文件指出涉案专利存在各种不符合《专利法》相关规定的缺陷，认为涉案专利应当被驳回或宣告无效，专利申请人或专利权人根据审查员或无效宣告请求人转送的证据和理由进行意见陈述。比如，原权利要求请求保护较大的保护范围，囊括了几个实施例，而在先对比文件已经公开了某个实施例，显然原权利要求缺乏新颖性；专利申请人或专利权人为了克服专利的缺陷，被迫放弃原囊括多个实施例较大的保护范围，通过权利要求的合并、权利要求补入新的技术特征等修改方式，或者通过意见陈述放弃技术方案限缩权利要求至较小的保护范围。而如果这种主动放弃原权利要求较大的保护范围、限缩为保护范围较小的权利要求一旦被国家知识产权局所接受，则这种限缩将不能反悔。此意味着在将来的专利侵权诉讼当中，专利权人试图将已经放弃的技术特征或技术方案重新纳入专利的保护范围，并主张与涉案专利的技术特征等同，法院不予支持。

🏵 案例 5-3　湖北午时药业股份有限公司与澳诺（中国）制药有限公司、王某社侵犯发明专利权纠纷案

1. 涉案专利

1995 年 12 月 5 日，孔某平向国家专利局申请"一种防治钙质缺损的药物及其制备方法"发明专利（以下简称"涉案专利"），2000 年 12 月 15 日，国家知识产权局授予其专利权，专利号为 ZL95117811.3，授权公告日为 2001 年 1 月 10 日。

（1）发明专利公开文本权利要求 1—2 为：

1. 一种防治钙质缺损的药物，其特征在于：它是由下述重量配比的原料制成的药剂：可溶性钙剂 4—8 份、葡萄糖酸锌或硫酸锌 0.1—0.4 份、谷氨酰胺或谷氨酸 0.8—1.2 份。

2. 如权利要求 1 所述的一种防治钙质缺损的药物，其特征在于所述的可溶性钙剂是葡萄糖酸钙、氯化钙、乳酸钙、碳酸钙或活性钙。❶

（2）授权专利权利要求 1 为：

一种防治钙质缺损的药物，其特征在于：它是由下述重量配比的原料制成的药剂：活性钙 4—8 份，葡萄糖酸锌 0.1—0.4 份，谷氨酰胺或谷氨酸 0.8—1.2 份。❷

---

❶ 孔彦平. 一种防治钙质缺损的药物及其制备方法：CN1153634 [P]. 1997 - 07 - 09.
❷ 孔彦平. 一种防治钙质缺损的药物及其制备方法：CN1060336C [P]. 2001 - 01 - 10.

（3）专利号为 ZL03104587.1（以下简称"587 号专利"）权利要求 1 为：

一种防止或治疗钙质缺损的口服溶液，其特征在于它是由下述重量比计的配方和原料制成的制剂：可溶性钙剂 4—9 份、葡萄糖酸锌 0.1—0.4 份、盐酸赖氨酸 0.8—1.2 份，口服液中，水与药物的重量比为 100：4—12，可溶性钙剂是指葡萄糖酸钙、乳酸钙。❶

2006 年 4 月 3 日，专利权人孔某平与澳诺公司签订《专利实施许可合同书》。该合同约定：孔某平将涉案专利许可澳诺公司独占实施，授权期限同专利期限，无地域和使用方式限制，如发生第三方实施对本专利的侵权行为，由被许可方独立向侵权行为人提起诉讼，相关法律后果（利益或损失）均由被许可方承担。

2006 年 9 月 28 日，经保定市第二公证处公证，澳诺公司在王某社经营的保定市北市区鑫康大药房购买了午时药业公司生产的新钙特牌"葡萄糖酸钙锌口服溶液" 2 盒。产品说明书载明的成分为：每 10ml 含葡萄糖酸钙 600mg、葡萄糖酸锌 30mg、盐酸赖氨酸 100mg。原国家食品药品监督管理局药品注册批件（批件号：2005S009711）中对该产品的规格也表明为 10ml：葡萄糖酸钙 0.6g、葡萄糖酸锌 0.03g 和盐酸赖氨酸 0.1g。

2006 年 11 月 25 日，澳诺公司起诉至河北省石家庄市中级人民法院称，澳诺公司发现午时药业公司生产并在河北等地广泛销售其产品新钙特牌"葡萄糖酸钙锌口服溶液"，并在王某社经营的保定市北市区鑫康大药房公证购买了被诉侵权产品，午时药业公司和王某社侵犯其发明专利权，请求法院判令：（1）午时药业公司和王某社停止生产、销售新钙特牌"葡萄糖酸钙锌口服溶液"；（2）午时药业公司、王某社在《中国医药报》上刊登致歉声明；（3）午时药业公司和王某社赔偿澳诺公司经济损失 1941371.44 元，并承担本案律师代理费、诉讼费。

2. 原审鉴定意见

为判断午时药业公司生产的"葡萄糖酸钙锌口服溶液"技术特征是否落入澳诺公司所主张的专利权保护范围，一审法院委托了第三方司法鉴定机构进行了技术鉴定。

鉴定报告认定："午时药业公司产品含有葡萄糖酸钙，而涉案专利是活性钙，活性钙与葡萄糖酸钙同样都是可食用的能被人体吸收的钙剂，作为补钙药

---

❶ 刘宏. 一种防止或治疗钙质缺损的口服溶液及其制备方法：CN1239156C［P］. 2006 – 02 – 01.

剂的原料两者是等同的，可供任意选择的；午时药业公司产品为盐酸赖氨酸，涉案专利为谷氨酰胺或谷氨酸，盐酸赖氨酸与专利的谷氨酸是不同的氨基酸，具有不同的营养价值，但在防治钙质缺损的药物中两者是与钙剂配伍使用，且均实现促进钙吸收的功能和效果，所以二者等同；除上述特征等同外，午时药业公司产品与涉案专利两者用途相同，其余原料相同，均为葡萄糖酸锌，各种原料的用量比例相同。"

鉴定报告结论为："湖北午时药业股份有限公司生产的'新钙特牌'葡萄糖酸钙锌口服溶液药品与涉案专利的技术方案相等同。"❶

3. 一审判决与二审判决

一审法院认为："午时药业公司生产、销售的'葡萄糖酸钙锌口服溶液'，经委托鉴定机构鉴定，其产品的技术特征与澳诺公司主张的涉案专利构成等同，午时药业公司未经专利权人许可生产、销售上述产品，已构成侵权。"❷

二审法院认为："涉案专利的申请人对权利要求书进行的修改只是为了使其权利要求得到说明书的支持，并非因此而使其申请的专利具有了新颖性或创造性，故此修改不产生禁止反悔的效果。涉案专利在其说明书中对'葡萄糖酸钙'提供了配制药物的实施例，所属技术领域的技术人员对'葡萄糖酸钙'和'活性钙'按该发明进行配方均能在人体中发挥相同的作用是显而易见的，说明活性钙与葡萄糖酸钙在用作补钙药物的制药原料方面不存在实质性差别，两者可以等同替换。根据 2000 年 4 月 10 日国家药品监督管理局国药管安〔2000〕131 号文件，即《关于公布呼吸系统用药和维生素及矿物质类药品地方标准品种再评价结果的通知》的附件《呼吸系统用药、维生素及矿物质类药品地方标准品种再评价结果》，直接载明了'锌钙特口服液'（澳诺公司产品）可以'用盐酸赖氨酸 10g 代替谷氨酸 10g'。且本案一审法院委托专业机构所作鉴定结论，也认为'活性钙'与'葡萄糖酸钙'、'谷氨酸或谷氨酰胺'与'盐酸赖氨酸'均构成等同。故午时药业公司生产的产品落入澳诺公司独占许可使用的专利权的保护范围，构成侵权。"❸

4. 再审判决

再审法院认为，本案争议的主要问题是：（1）权利要求 1 中记载的"活

---

❶　参见：最高人民法院（2009）民提字第 20 号民事判决书。
❷　参见：河北省石家庄市中级人民法院（2006）石民五初字第 00169 号民事判决书。
❸　参见：河北省高级人民法院（2007）冀民三终字第 23 号民事判决书。

性钙"应如何解释，活性钙与葡萄糖酸钙是否等同；（2）谷氨酰胺或谷氨酸与盐酸赖氨酸是否等同。

（1）关于权利要求1中记载的"活性钙"是否包含了"葡萄糖酸钙"的问题。涉案专利申请公开文本权利要求2以及说明书第2页明确记载，可溶性钙剂是"葡萄糖酸钙、氯化钙、乳酸钙、碳酸钙或活性钙"。可见，在专利申请公开文本中，葡萄糖酸钙与活性钙是并列的两种可溶性钙剂，葡萄糖酸钙并非活性钙的一种。此外，涉案专利申请公开文本说明书实施例1记载了以葡萄糖酸钙作为原料的技术方案，实施例2记载了以活性钙作为原料的技术方案，进一步说明了葡萄糖酸钙与活性钙是并列的特定钙原料，葡萄糖酸钙并非活性钙的一种。澳诺公司辩称，专利申请人在涉案专利的审批过程中，将"可溶性钙剂"修改为"活性钙"属于一种澄清性修改，修改后的活性钙包括了含葡萄糖酸钙在内的所有组分钙。然而，从涉案专利审批文档中可以看出，专利申请人进行上述修改是针对国家知识产权局认为涉案专利申请公开文本权利要求中"可溶性钙剂"保护范围过宽，在实质上得不到说明书支持的审查意见而进行的。同时，专利申请人在修改时的意见陈述中，并未说明活性钙包括了葡萄糖酸钙，故被申请人认为涉案专利中的活性钙包含葡萄糖酸钙的主张不能成立。

关于活性钙与葡萄糖酸钙是否等同问题。正如上述问题（1）中对"活性钙"是否包含了"葡萄糖酸钙"所阐述的那样，专利权人在专利授权程序中对权利要求1所进行的修改，放弃了包含"葡萄糖酸钙"技术特征的技术方案。根据禁止反悔原则，专利申请人或者专利权人在专利授权或者无效宣告程序中，对于通过对权利要求、说明书的修改或者意见陈述而放弃的技术方案，在专利侵权纠纷中不能将其纳入专利权的保护范围。因此，涉案专利权的保护范围不应包括"葡萄糖酸钙"技术特征的技术方案。被诉侵权产品的相应技术特征为葡萄糖酸钙，属于专利权人在专利授权程序中放弃的技术方案，不应当认为其与权利要求1中记载的"活性钙"技术特征等同而将其纳入专利权的保护范围。原审判决对禁止反悔原则理解有误，将二者认定为等同特征不当。

（2）关于谷氨酰胺或谷氨酸与盐酸赖氨酸是否等同问题。587号专利权人在该专利审批过程中提供的《意见陈述》中称，在葡萄糖酸锌溶液中加入盐酸赖氨酸，与加入谷氨酰胺或谷氨酸的配方相比，前者使葡萄糖酸钙口服液在理化性质上有意料之外的效果，在葡萄糖酸钙的溶解度和稳定性等方面都有显著的进步，并提供了相应的实验数据证明其上述主张。国家知识产权局也据此申辩主张授予了 587 号专利权。由于 587 号专利的权利要求 1 与涉案专利权利要求 1 的主要区别，就在于将涉案专利权利要求 1 记载的"谷氨酸或谷氨酰胺"变更为"盐酸赖氨酸"，可见，从专利法意义上讲，"谷氨酸或谷氨酰胺"与"盐酸赖氨酸"这两个技术特征，对于制造葡萄糖酸锌溶液来说，二者存在着实质性差异。被诉侵权产品的相应技术特征为盐酸赖氨酸，与涉案专利权利要求 1 记载的"谷氨酸或谷氨酰胺"技术特征相比，二者不应当属于等同的技术特征。国家药品监督管理局国药管安〔2000〕131 号《关于公布呼吸系统用药和维生素及矿物质类药品地方标准品种再评价结果的通知》附件中，虽然公布了可以"用盐酸赖氨酸 10g 代替谷氨酸 10g"，但这只是国家采用的一种行政管理措施，并非专利法意义上的等同替换，不能据此就认为被诉侵权产品的盐酸赖氨酸技术特征与涉案专利权利要求 1 记载的"谷氨酸或谷氨酰胺"技术特征等同。鉴于被诉侵权产品的"葡萄糖酸钙"和"盐酸赖氨酸"两项技术特征，与涉案专利权利要求 1 记载的相应技术特征"活性钙"和"谷氨酸或谷氨酰胺"既不相同也不等同，被诉侵权产品没有落入专利权的保护范围，因此，午时药业公司、王某社生产、销售被诉侵权产品的行为不构成侵犯专利权。[1]

这个案例提供了一种非等同技术特征的抗辩思路，即在判断两个技术特征是否构成等同技术特征时，如果被诉侵权人基于实施的技术特征形成的技术方案申请了专利并获得授权，证明其实施的技术特征与在先专利的技术特征相比具有突出的实质性特点和显著的进步，具备创造性，对于本领域的普通技术人员来说非显而易见，从而不符合等同技术特征的构成要件，不宜认定二者为等同技术特征。

这个是涉及药品组分等同原则法律适用的典型案例。一审鉴定意见、一审判决和二审判决均认定涉案专利权利要求 1 的"活性钙"与被控产品的"葡萄糖酸钙"构成等同技术特征，涉案专利权利要求 1 的"谷氨酸或谷氨酰胺"与被控产品的"盐酸赖氨酸"也构成等同技术特征。

被告向国家知识产权局申请调取涉案专利和相关联的 587 号专利的审查档案，以禁止反悔原则限定两组技术特征的等同适用。专利审查档案详细记载了专利权人为了克服涉案专利审查意见通知书指出的"可溶性钙剂"保护范围

---

[1] 参见：最高人民法院（2009）民提字第 20 号民事判决书。

过宽的问题，得不到说明书支持的缺陷，而放弃了原"可溶性钙剂"涵盖实施例 1"葡萄糖酸钙"与实施例 2"活性钙"的较大保护范围，限缩为实施例 2"活性钙"的较小范围。在专利侵权诉讼中却主张已经放弃的实施例 1"葡萄糖酸钙"与限缩后的实施例 2"活性钙"构成等同技术特征，明显属于违反禁止反悔原则的适用情形，应当限制适用等同原则，不宜认定专利权利要求 1 的"活性钙"与被控产品的"葡萄糖酸钙"构成等同技术特征。

587 号专利是专利权人在涉案专利的基础上进一步研发和创新，提出专利申请并获得授权的发明专利。587 号专利审查档案中，专利申请人提交的意见陈述书记载："在葡萄糖酸锌溶液中加入盐酸赖氨酸，与加入谷氨酰胺或谷氨酸的配方相比，前者使葡萄糖酸钙口服液在理化性质上有意料之外的效果，在葡萄糖酸钙的溶解度和稳定性等方面都有显著的进步，并提供了相应的实验数据证明其上述主张"。国家知识产权局也根据专利申请人的答辩意见授权了 587 号发明专利。587 号发明专利审查档案有力证明了"盐酸赖氨酸"与"谷氨酰胺或谷氨酸"相比，具有突出的实质性特点和显著进步而具备创造性，不符合等同技术特征的构成要件，二者不构成等同技术特征。587 号发明专利审查档案中显示，专利权人为了使 587 号专利授权，认为"盐酸赖氨酸"与"谷氨酰胺或谷氨酸"相比具有创造性，在专利侵权诉讼中却又认为二者属于等同技术特征，自相矛盾，同样属于违反禁止反悔原则的情形，违反了诚实信用原则，法院应当防止专利权人"两头得利"。专利授权创造性条件中的"非显而易见性"与等同原则中"本领域的普通技术人员容易联想得到的显而易见性"恰好相反。此案例提供了一种不等同侵权的抗辩思路，即检索相关授权专利，寻找能证明被控产品使用了授权专利的创新技术特征，调取专利审查档案并作为证据提交，以国家知识产权局认定具有突出实质性特点和显著进步的区别技术特征作为有力证据，能有效抗辩专利权人主张等同技术特征的认定。

（四）捐献原则限制等同原则的适用

捐献原则是指专利权人仅在说明书或者附图中描述该技术方案，而在权利要求中却未记载该技术方案。捐献原则的一种表现形式是专利权人在说明书中详尽地记载了所有技术方案，而在权利要求中只记载有上位概括的技术方案，却没有记载中位概括、下位概括或最小实施例的技术方案；捐献原则的另外一种表现形式是专利说明书中记载了多个并列的技术方案，而专利的权利要求中却只记载请求保护其中某一个技术方案。捐献原则的立法原意是维护专利的公示性，社会公众基于专利公示的权利要求的保护范围，只要经过侵权技术对比分析而合理避让涉案专利的保护范围，就能自由实施相关技术。公示、稳定、社会公众有合理预期的专利权利要求保护范围能够促进科技、经济和社会的健康发展。将专利权人已经捐献的技术特征作为等同技术特征予以适用，与专利公示、稳定、社会公众有合理预期的特性相违背，因此应当以优先级更高的捐献原则限制等同原则的适用。

🏛 案例5-4　昆山市朝阳轴承机电有限公司与慈溪市双凯轴承厂侵害实用新型专利权纠纷一案

1. 涉案专利

专利名称：一种轴承和转动结构，专利号：ZL201720952522.0。

涉案专利权利要求1：一种轴承，其特征在于，包括外圈、内圈、滚动体、保持架和定位件，所述外圈与所述内圈间隔设置，所述滚动体位于所述外圈和所述内圈之间，所述保持架安装于所述外圈与所述内圈之间，所述滚动体卡接于所述保持架，所述定位件安装于所述内圈，所述定位件沿所述内圈的轴心线方向凸出所述内圈，且所述定位件沿所述内圈的周向呈环形状，所述定位件形成定位孔。

涉案专利说明书第【0008】段记载："本实用新型提供的轴承在内圈、外圈或者内、外圈上设置定位件，在使用时，定位件可以对衬管进行辅助安装，防止衬管偏移轴心，结构简单，且安装方便，可以节省人工和材料成本，对产品的质量有大幅度提升。"

涉案专利说明书第【0052】段记载："本实施例提供的轴承111在内圈102、外圈101或者内外圈上设置定位件106，在使用时，定位件106可以对衬管112进行定位和固定，起辅助作用，防止过松，且能防止衬管偏移轴心，结构简单，且安装方便，可以节省人工和材料成本，对产品的质量有大幅度提升。"❶

2. 二审判决摘录

二审法院认为本案中，被诉侵权产品的侧面有一塑料凸起结构部。该凸起结构包围一孔，可供容纳衬管。可见被诉侵权产品具备权利要求1中的安装件及定位孔特征。原审法院对此认定错误，二审法院予以纠正。该凸起结构部内

---

❶ 程正才，张怡佳，张宏煊. 一种轴承和转动结构：CN107269685B［P］. 2023-06-13.

侧面设置于轴承外圈的内壁凹槽台阶部之上，其外径与轴承外圈卡接；经查验观察，其与轴承内径无任何安装关系。尤其考虑到朝阳轴承机电有限公司自认该凸起结构与内圈之间存在间隙这一事实，故应认定该塑料凸起结构部件安装于轴承外圈，而非轴承内圈。相应结构与涉案专利权利要求 1 所限定的特征"定位件安装于所述内圈"不同。

《最高人民法院关于审理侵犯专利权纠纷案件应用法律若干问题的解释》（法释〔2009〕21 号）第 5 条规定："对于仅在说明书或者附图中描述而在权利要求中未记载的技术方案，权利人在侵犯专利权纠纷案件中将其纳入专利权保护范围的，人民法院不予支持。"专利的权利要求具有公示性，专利权人申请专利时在权利要求中采用下位概念，而在侵权诉讼中又依据说明书及附图对其进行扩张解释的做法会造成专利权人与社会公众利益的失衡，人民法院不应支持。涉案专利说明书第【0008】段、第【0052】段（实施例 1）记载，该实用新型提供的轴承在内圈、外圈或者内、外圈上设置定位件，权利要求 1 仅限定了定位件安装于内圈的情形，并未要求保护定位件安装于外圈的情形，故应视为对"定位件安装于外圈的情形"的放弃。因此，被诉侵权产品未落入涉案专利权利要求 1 的保护范围。❶

（五）其他法律文书对专利侵权判定的影响

除了专利审查档案，在中国裁判文书网还可能检索到不服涉案专利复审决定或无效宣告审查决定而提起的行政诉讼一审判决、二审判决和再审判决。

对于驳回决定、复审决定和无效宣告审查决定，以及后续的行政诉讼一审判决、二审判决和再审判决，国家知识产权局或法院基于专利确权审查或审判的需要，均有可能在其中对涉案专利的技术特征作进一步的解释。往往这种解释是限缩解释，会限缩专利的保护范围。被诉侵权人在专利诉讼中及时将专利确权程序中的相关决定或法院判决提交给合议庭，对审理侵权的合议庭的合议结果可以起到决定性的作用。比如，专利原来的保护范围较大，经过对比被诉侵权产品落入专利原来的保护范围；而在专利确权程序，尽管专利权人没有对技术特征或技术方案进行放弃，而且国家知识产权局或法院维持了专利有效，但是基于现有技术对某些原权利要求的技术特征进行了解释，最终限缩了专利的保护范围，被诉侵权产品有可能就不落入限缩后的专利保护范围。

---

❶ 参见：最高人民法院（2021）最高法知民终 1576 号民事判决书。

二、外观设计专利不侵权抗辩

外观设计专利不侵权抗辩首先对比被诉侵权产品与外观设计专利是否属于相同或相近的产品类别，然后从具有一定知识水平和认知能力的一般消费者的角度对二者进行整体观察和综合判断，最后进行要部观察，充分阐释二者所有区别设计特征，重点指出区别于现有设计的区别设计特征和正常使用时容易被直接观察到的区别设计特征对整体视觉效果更具有影响力。

📖 **案例 5 – 5　伊某良诉广州市三项教学仪器有限公司侵害外观设计专利权纠纷案被告抗辩被控侵权产品与外观设计专利不相同且不相近似的实例**

1. 涉案专利分析

外观设计产品的名称：模块化皮带运输设备。

外观设计产品的用途：用于实验的设备。

外观设计的设计要点：产品形状。

最能表明设计要点的图片：立体图。

省略其他视图。❶

涉案外观设计专利的立体图如图 5 – 13 所示，其设计特征主要由以下部分构成：（1）传送带部件；（2）传送带部件两端的支撑脚；（3）传送带部件下方的电机及由电机驱动的传动件；（4）传送带部件上方的拱形门；（5）传送带部件两侧上方的护栏及连接件。

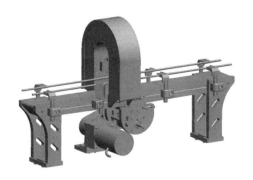

图 5 – 13　涉案外观设计专利立体图

---

❶ 伊洪良. 模块化皮带运输设备：CN302174687S ［P］. 2012 – 11 – 14.

被告经过检索，提交了以下输送带单元实物图的现有设计证据，如图5-14所示。

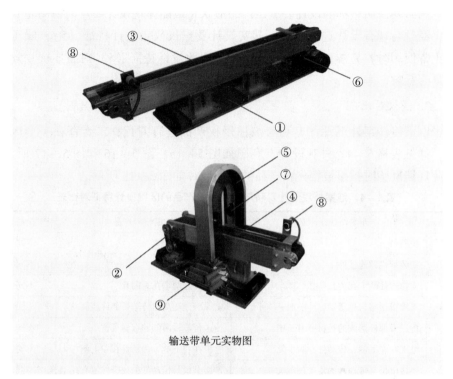

输送带单元实物图

编号	名称	编号	名称	编号	名称
①	模块固定底板	②	同步轮同步带传动装置	③	1#上料输送带
④	2#检测输送带	⑤	龙门检测机构	⑥	24V直流减速电机
⑦	液体检测传感器	⑧	光电反射传感器	⑨	单元接口板

图5-14 现有设计输送带单元实物图❶

现有设计输送带单元实物图与涉案外观设计专利都具备外观设计专利的设计特征（1）、（2）、（3）和（4），从而证明外观设计专利的设计特征（1）、

---

❶ 百度文库. SX-815P工业自动化实训考核设备使用说明书V1.0（广东三向教学仪器制造有限公司）[EB/OL]. (2012-10-29) [2023-07-19]. https://wenku.baidu.com/view/216bc41bfad6195f312ba6a0.html?_wkts_ = 1689833543786&bdQuery = SX-815P% E5% B7% A5% E4% B8% 9A% E8% 87% AA% E5% 8A% A8% E5% 8C% 96% E5% AE% 9E% E8% AE% AD% E8% 80% 83% E6% A0% B8% E8% AE% BE% E5% A4% 87% E4% BD% BF% E7% 94% A8% E8% AF% B4% E6% 98% 8E% E4% B9% A6.

（2）、（3）和（4）及其结合均属于现有设计，本案外观设计区别于现有设计的设计特征为：设计特征（5），即传送带部件两侧上方有护栏及连接件。涉案专利简要说明声称的设计要点是产品形状，最能体现设计要点的视图是立体图；经过与现有设计进行对比，其实设计要点仅仅为设计特征（5），属于产品正常使用时容易被直接观察到的部位，因此设计特征（5）对整体视觉效果更具有影响。

2. 侵权对比

以下将涉案外观设计专利与被控侵权产品进行对比，二者存在 7 个区别点，详见表格 5 - 4。外观设计专利图如图 5 - 15、图 5 - 16 和图 5 - 17 所示，法院现场勘验时拍摄被控侵权产品的实物照片如图 5 - 18 所示。

表 5 - 4　涉案外观设计专利与被控侵权产品的区别设计特征对比表

序号	涉案外观设计专利	被控侵权产品	对比结果
①	护栏	无	不同
②	安装护栏的连接件	无	不同
③	支撑脚处两个孔为长条孔	支撑脚处两个孔为圆孔	不同
④	支撑脚顶端与传送带部件表面基本平齐	支撑脚顶端高出传送带部件表面	不同
⑤	传送带部件两侧的板材开有长槽	传送带部件两侧的板材平整	不同
⑥	电机在左下侧，传动件在右上侧	电机在右下侧，传动件在左上侧	不同
⑦	连接电机与传动件的皮带外罩无孔	连接电机与传动件的皮带外罩有孔	不同

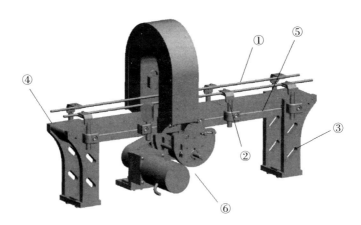

图 5 - 15　涉案外观设计专利立体图

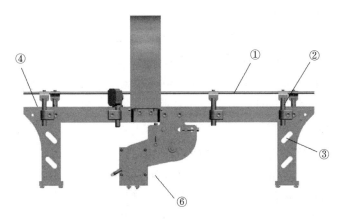

图 5 – 16 涉案外观设计专利主视图

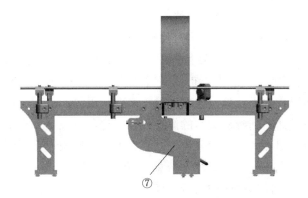

图 5 – 17 涉案外观设计专利后视图

图 5 – 18 被控侵权产品的实物照片

　　经对比可知，被控侵权产品缺少设计特征（5），即传送带部件两侧上方没有护栏及连接件，相当于缺少本外观设计专利的设计要点，同时护栏和连接件也是产品正常使用时容易被直接观察到的部位。根据司法解释，涉案外观设计专利的设计特征（5）对外观设计的整体视觉效果更具有影响。由于被控侵权产品缺少护栏及连接件，因此，二者既不相同，也不相近似。

　　3. 生效判决书摘录

　　法院经过开庭审理，采信了被告的不相同且不相近似的抗辩。法院认为涉案专利与被控侵权产品，两者均为"模块化皮带运输设备"，属于同类的产品。涉案专利与被控侵权产品整体设计均包括了两个支架支撑传输带，传输带下方有传动电机、滑动安装板，传送带上方有检测龙门。双方均确认的区别点是涉案产品上没有护栏；另外，被告还提出了支架的开孔形状不同、电动机和传动部件的位置不同，皮带罩具有透气孔等区别。法院进一步认为，涉案专利的设计要点在于产品形状，双方当事人均确认被控产品输送带旁没有护栏，从现场图片也可以看出被控产品的支架上的开孔形状是不同的，从原告的专利图片看，护栏是贯穿整个工作台的，有无护栏显然已经对产品的外观造成了明显的区别，足以影响整体视觉效果。被控侵权产品没有落入原告的专利的保护范围。❶

　　虽然外观设计专利授权文本的简要说明中记载有权利人声明的设计要点并且指定了最能表明或体现设计要点的图片，但是专利权人在简要说明中一般都声明设计要点是产品的整体形状，最能表明或体现设计要点的图片是立体图，即专利权人试图将产品整体作为设计要点，谋求较大的保护范围，因此简要说明的设计要点，其客观性存疑。被告进行不侵权抗辩之前，首先应当进行详细的现有设计检索和分析，检索出一个或多个现有设计后作为证据向法院提交；然后逐一分析对比涉案外观设计专利与现有设计的全部区别技术特征，基于客观的现有设计体系分析，能帮助法院查明涉案外观设计专利真正的设计要点；接着，将涉案外观设计专利与被控侵权产品进行整体观察和要部观察，重点分析被控侵权产品是否具备涉案外观设计专利的真正设计要点；最后，综合分析二者相同的设计要点和区别设计要点，综合判断区别设计要点是否对产品的整体视觉效果产生显著影响，从而得出二者是否构成相同或近似的判定结果。

　　司法实践中，一些被告代理人进行外观设计专利不侵权抗辩的时候，不进行现有设计的检索，不向法院提交现有设计的证据，而仅仅将二者进行对比并指出区别点，以此抗辩二者的区别点对整体视觉效果具有影响。这种做法导致

---

❶　参见：广州知识产权法院（2015）粤知法专民初字第 424 号民事判决书。

处于中立地位的法官对现有设计体系和情况并不明晰，在查看涉案专利简要说明中设计要点为产品形状的声明后，会误认为整个产品都是新设计，保护范围较大，被控侵权产品即便有一些区别设计特征，根据整体观察、综合判断的方法会很容易认定二者构成近似，二者的区别点在整体视觉效果中不具有影响。因此，若代理人不检索和不举证，法官无法得知外观设计专利真正的设计要点以及设计要点所在的部位，从而无法适用要部观察的对比方法，导致外观设计不侵权抗辩的成功率将大幅降低。

第二节　现有技术、现有设计抗辩

《专利法》第 67 条规定："在专利侵权纠纷中，被控侵权人有证据证明其实施的技术或者设计属于现有技术或者现有设计的，不构成侵犯专利权。"

《最高人民法院关于审理侵犯专利权纠纷案件应用法律若干问题的解释》（法释〔2009〕21 号）第 14 条规定："被诉落入专利权保护范围的全部技术特征，与一项现有技术方案中的相应技术特征相同或者无实质性差异的，人民法院应当认定被诉侵权人实施的技术属于专利法第六十二条❶规定的现有技术。被诉侵权设计与一个现有设计相同或者无实质性差异的，人民法院应当认定被诉侵权人实施的设计属于专利法第六十二条规定的现有设计。"

《最高人民法院关于审理侵犯专利权纠纷案件应用法律若干问题的解释（二）》（法释〔2020〕19 号）（2020 年修正）第 22 条规定："对于被诉侵权人主张的现有技术抗辩或者现有设计抗辩，人民法院应当依照专利申请日时施行的专利法界定现有技术或者现有设计。"

《北京市高级人民法院专利侵权判定指南（2017）》第 137 条规定："现有技术抗辩，是指被诉落入专利权保护范围的全部技术特征，与一项现有技术方案中的相应技术特征相同或者等同，或者所属技术领域的普通技术人员认为被诉侵权技术方案是一项现有技术与所属领域公知常识的简单组合的，应当认定被诉侵权人实施的技术属于现有技术，被诉侵权人的行为不构成侵犯专利权。"第 139 条规定："现有设计抗辩，是指被诉侵权外观与一项现有设计相同或者相近似，或者被诉侵权产品的外观设计是一项现有外观设计与该产品的惯常设计的简单组合，则被诉侵权外观构成现有设计，被诉侵权人的行为不构

---

❶　《专利法》第四次修正案已改为第六十七条。

成侵犯外观设计专利。"第 142 条规定："抵触申请不属于现有技术或现有设计，不能作为现有技术抗辩或现有设计抗辩的理由。被诉侵权人主张被诉侵权技术或被诉侵权设计与抵触申请相同的，可以参照本指南第 137 条或第 139 条的规定予以处理。"

澳大利亚等国家负责专利侵权审判的法院可以在同一个案件当中，同时审判专利的有效性和侵权是否成立。通过审判专利的有效性，先确定专利的保护范围，然后再进一步审判被诉侵权对象是否落入专利的保护范围。我国专利侵权和专利确权则是在不同的法院通过不同的法律程序处理的，一般审判专利侵权的法院在一个案号的专利案件中不会审理专利的有效性。虽然北京知识产权法院和最高人民法院知识产权法庭既审理专利侵权诉讼，也审理专利确权诉讼，但是毕竟是在不同的案件中由不同合议庭分别独立处理的，原因在于一种类型是专利民事诉讼，另一种类型是专利行政诉讼。

在专利侵权民事诉讼中，对于明显没有新颖性的专利权，既不突破专利民事诉讼不涉及审理专利确权的原则，又能避免认定被诉侵权对象落入该专利权的保护范围，参照《专利审查指南》中有关新颖性的规定，最高人民法院在司法解释中规定了现有技术抗辩和现有设计抗辩。另外，在专利新颖性的审查当中，抵触申请可以评价专利的新颖性，而不能评价专利的创造性。抵触申请不属于现有技术，不能作为现有技术抗辩的理由。但是，如果被诉侵权人主张实施的是属于抵触申请的专利并进行抗辩，可以参照现有技术抗辩进行处理。

现有技术抗辩是将被控侵权产品与现有技术进行技术对比，而对比的技术特征即被诉落入专利权保护范围的权利要求限定的全部技术特征。从最高人民法院的司法解释和《北京市高级人民法院专利侵权判定指南》可以看出，现有技术抗辩和现有设计抗辩本质上就是对专利的新颖性作司法判断。由于专利的新颖性相对于专利的创造性来说较为客观，一般不涉及主观判断，因而较容易查明案件的技术事实。

一、现有技术抗辩

案例 5-6　深圳市泰乐康科技有限公司诉江门市睿动康体医用科技有限公司侵害发明专利权纠纷案现有技术抗辩示例

1. 涉案专利权利要求 1

1. 一种电动医疗床，包括医疗床床架（1）和床垫，其特征在于：所述的床垫包括承托上身的背垫（2），背垫（2）位于床垫的前段，承托臀部的坐垫（3），坐垫（3）位于床垫的中段，坐垫（3）的底部有支撑坐垫（3）上升或下降的升降电机（4），升降电机（4）的上、下两端分别与坐垫（3）、床架（1）连接固定，床垫的后段是承托腿部和脚部的腿垫（5）。

专利申请日为：2012年9月21日。说明书附图1如图5-19所示。

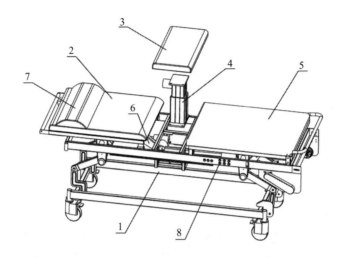

图5-19　ZL201210352304.5发明专利说明书附图1

发明专利的发明点是承托臀部的坐垫底部设置了升降电机以控制坐垫上升或下降，方便、快捷地配合医生进行各类检测，坐垫固定在医疗床的床垫中段，不会偏移、错位。❶

2. 证据1权利要求1

1. 一种产科检查床，其中包括床架（1）、固定安装在床架（1）上端的水平放置的床体，其特征是床体由左至右其中包括下肢部平板（2）、臀部平板（6）、头背部平板（7），头背部平板（7）下方的床架（1）上固定连接有头背部液压千斤顶（10），头背部液压千斤顶（10）上端接头背部平板（7）下面，头背部平板（7）左边与床架（1）在竖直面内相对旋转连接。

根据权利要求1所述的产科检查床，其特征是所述臀部平板（6）下方的床架（1）上固定连接有臀部液压千斤顶（12），臀部液压千斤顶（12）上端接臀部平板（6）下面，臀部平板（6）右边与床架（1）在竖直面内相对旋转连接。

证据1的公开日是：2008年12月24日，是涉案专利的现有技术。说明书附图1如图5-20所示。

---

❶　陈一红. 一种电动医疗床：CN102871814B［P］. 2015-10-14.

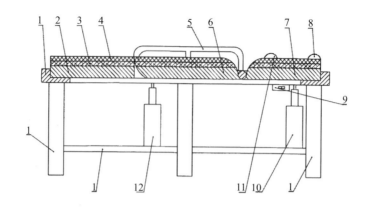

图 5 − 20　ZL200820018807.8 说明书附图 1❶

3. 以证据 1 作现有技术抗辩的法院生效判决书摘录

一审法院认为，江门市睿动康体医用科技有限公司（以下简称"睿动公司"）提交作为现有技术抗辩的 ZL200820018807.8 号实用新型专利技术在涉案专利申请日之前公开，与涉案专利技术领域相同，依法可采纳作为本案现有技术比对证据。经比对，现有技术没有公开被诉侵权产品设于床垫中段、用以承托臀部的坐垫底部有支撑坐垫上升或下降的升降电机的技术，从而也无法实现被诉侵权产品可以使其臀部平板上下升降的技术效果，而该技术手段和效果恰恰是涉案专利的发明点所在。睿动公司认为上述区别技术特征等同不能成立，其现有技术抗辩理据不足，不予采纳，一审法院依法认定涉案产品为侵权产品。

二审法院认为，原审法院审理中，睿动公司依据证据 1 主张现有技术抗辩，双方争议核心在于证据 1 是否公开了与本专利的"坐垫（3）的底部有支撑坐垫（3）上升或下降的升降电机（4）"的技术特征无实质差异的技术特征。经审查，涉案专利"坐垫（3）的底部有支撑坐垫（3）上升或下降的升降电机（4）"的技术特征能够实现支撑坐垫在竖直方向上上升或下降的技术功能，而现有技术系将臀部平板右边与床架在竖直面内相对旋转连接，导致其在底部连接液压千斤顶的作用下，仅能实现臀部平板左边一段上升或下降的功能和效果。证据 1 的该技术特征所承载的技术手段及所实现的功能和效果，与

---

❶　徐霞，徐敏，赵瑞莲，等. 产科检查床：CN201168054 ［P］. 2008 − 12 − 24.

涉案产品的技术方案相应特征区别明显，具有实质性差异，故该项现有技术抗辩不能成立，原审判决对此审查正确。❶

证据 1 与涉案专利权利要求 1 的技术特征对比，如表 5 - 5 所示。证据 1 公开的技术方案与涉案专利的权利要求 1 的发明点不同，二者存在实质性差异。现有技术抗辩不成立。

表 5 - 5　证据 1 与涉案专利权利要求 1 的技术特征对比

序号	涉案专利权利要求 1	证据 1	对比结果
1	床架（1）	床架（1）	相同
2	床垫包括背垫（2）、坐垫（3）和腿垫（5）	床体由左至右其中包括下肢部平板（2）、臀部平板（6）、头背部平板（7）	相同
3	承托上身的背垫（2），背垫（2）位于床垫的前段	头背部平板（7）	相同
4	承托臀部的坐垫（3），坐垫（3）位于床垫的中段	臀部平板（6）	相同
5	坐垫（3）的底部有支撑坐垫（3）上升或下降的升降电机（4），升降电机（4）的上、下两端分别与坐垫（3）、床架（1）连接固定	头背部平板（7）下方的床架（1）上固定连接有头背部液压千斤顶（10），头背部液压千斤顶（10）上端接头背部平板（7）下面，头背部平板（7）左边与床架（1）在竖直面内相对旋转连接臀部平板（6）下方的床架（1）上固定连接有臀部液压千斤顶（12），臀部液压千斤顶（12）上端接臀部平板（6）下面，臀部平板（6）右边与床架（1）在竖直面内相对旋转连接	不同，具体实施方式存在实质性差异。专利的臀部坐垫由升降电机驱动上升或下降。证据 1 是千斤顶与旋转连接方式
6	床垫的后段是承托腿部和脚部的腿垫（5）	下肢部平板（2）	相同

4. 证据 2 权利要求 1

二审中，作为原审被告新提交了证据 2（CN201171756Y），作现有技术抗辩。证据 2 的公开日是 2008 年 12 月 31 日，也是涉案专利的现有技术。

---

❶　参见：最高人民法院（2020）最高法知民终 1465 号民事判决书。

1. 一种升降分列式自动控制床，由床架及床板构成，其特征在于：床板为依次设置于床架上表面的背部倾斜起升板、臀部升降板及腿部对开平移板，在臀部升降板的中部位置嵌装有一可取放的臀部挡板，在臀部挡板和腿部对开平移板下方的床架上安装一水槽。

根据权利要求 1 所述的升降分列式自动控制床，其特征在于：所述的臀部升降板通过一升降架安装在床架上，且臀部升降板由均布安装于床架上的三个升降气缸驱动。

说明书附图 1 如图 5 - 21 所示。

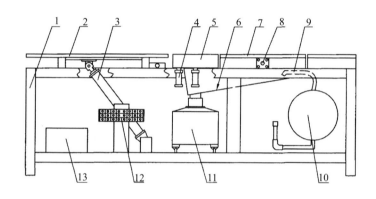

图 5 - 21　CN201171756Y 说明书附图 1❶

5. 以证据 2 作现有技术抗辩的法院生效判决书摘录

二审中，睿动公司又依据证据 2 主张现有技术抗辩。泰乐康科技有限公司（以下简称"泰乐康公司"）认为，证据 2 的技术方案涉及护理床而非医疗床领域，所实现的便利行动困难人群自主护理的技术功能和效果与涉案专利用于医疗检查的功能和效果不同。对此二审法院认为，发明或者实用新型的技术领域应当是要求保护的发明或者实用新型技术方案所属或者直接应用的具体技术领域。证据 2 的专利名称虽为"升降分裂式自动控制床"而非"电动医疗床"，但应用场景与涉案专利相同，两者均应用于相同的电动医疗床领域，泰乐康公司所主张的区别仅基于商业营销对象不同而产生，故其主张不能成立。睿动公司主张证据 2 公开了涉案产品落入涉案专利权利要求 1 保护范围的完整技术方案，经审查，二审法院认为证据 2 公开了床架和床板（相当于涉案专利

---

❶　安邦全，安小洲. 升降分裂式自动控制床：CN201171756［P］. 2008 - 12 - 31.

的床垫），床板包括背部倾斜起升板（相当于背垫）、臀部升降板（臀部坐垫）及腿部对开平移板（腿垫），其中臀部升降板位于中段并通过一安装架安装在床架上，由均布安于床架上的三个升降气缸驱动实现上下升降，通过电控箱和气动系统控制调整臀部升降板的位置。该技术方案所实现的技术功能和效果与涉案专利相同，区别仅在于以电控升降气缸实现臀部坐垫的上下升降，而涉案专利为升降电机。而电动升降气缸与升降电机均属于本领域常规技术手段。据此，证据2所公开的技术方案与被诉落入涉案专利保护范围的涉案产品技术方案无实质性差异，涉案产品因实施的是现有技术，不构成对涉案专利权的侵害。●

证据2与涉案专利权利要求1的技术特征对比，如表5-6所示。证据2公开的技术方案与涉案专利权利要求1的发明点实质相同，其他非发明点的技术特征相同，现有技术抗辩成立。

表5-6　证据2与涉案专利权利要求1的技术特征对比

	涉案专利权利要求1	证据2	对比结果
1	床架（1）	床架	相同
2	床垫包括背垫（2）、坐垫（3）和腿垫（5）	床板为依次设置于床架上表面的背部倾斜起升板、臀部升降板及腿部对开平移板	相同
3	承托上身的背垫（2），背垫（2）位于床垫的前段	背部倾斜起升板	相同
4	承托臀部的坐垫（3），坐垫（3）位于床垫的中段	臀部升降板	相同
5	坐垫（3）的底部有支撑坐垫（3）上升或下降的升降电机（4），升降电机（4）的上、下两端分别与坐垫（3）、床架（1）连接固定	所述的臀部升降板位于中段并通过一升降架安装在床架上，且臀部升降板由均布安于床架上的三个升降气缸驱动	实质相同，无实质性差异
6	床垫的后段是承托腿部和脚部的腿垫（5）	腿部对开平移板	相同

● 参见：最高人民法院（2020）最高法知民终1465号民事判决书。

二、现有设计抗辩

📖 **案例 5 - 7　冯某某诉阳东振兴实业有限公司侵害外观设计专利权纠纷案现有设计抗辩示例**

1. 涉案外观设计专利的简要说明

外观专利申请日：2013 年 5 月 8 日。

外观设计产品的名称：厨具手柄（130144）。

外观设计是厨房用具的手柄，用于抓握。

外观设计产品的设计要点：产品的形状。

最能表明外观设计设计要点的图片或照片：主视图。涉案外观设计专利的各视图如图 5 - 22 所示。

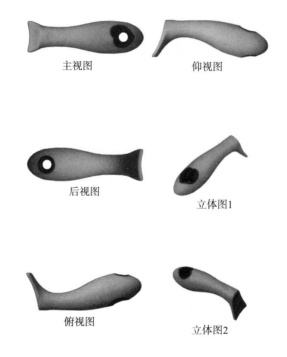

主视图　　　　　　　　　仰视图

后视图　　　　　　　　　立体图1

俯视图　　　　　　　　　立体图2

图 5 - 22　ZL201330164021.3 外观设计专利各视图❶

---

❶　冯仕盈. 厨具手柄（130144）：CN302532970S［P］. 2013 - 08 - 14.

2. 现有设计的简要说明

授权公告日：2012 年 11 月 7 日。

外观设计产品名称为：汤勺（厨房用具）。

外观设计的设计要点主要在于汤勺的形状设计；产品用途是作为厨房用具使用；最能表现设计要点的视图是立体图。现有设计的各视图如图 5 - 23 所示。

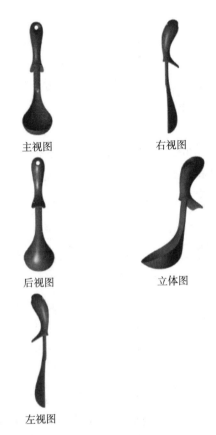

主视图　　　　　　　　右视图

后视图　　　　　　　　立体图

左视图

图 5 - 23　ZL201230143958.8 外观设计专利各视图❶

二者的产品分类号都是 07 - 02，类别相同，大体形状相同。两者的差异是被诉产品上端孔洞的形状。

---

❶　孙鹤津. 汤勺（厨房用具）：CN302162301S［P］. 2012 - 11 - 07.

3. 生效判决书摘录

法院经过比对，采信了被告的现有设计抗辩。法院认为将被诉产品与现有设计对比，现有设计为带柄的厨房用具汤勺，该汤勺的柄与被诉产品均为厨具手柄，都是前端椭圆形鼓起、下端鱼尾形设计，上端有贯穿的孔，孔的前面出口有往下倾斜的斜面；另外，被诉产品下端有用于连接厨具的孔，现有设计也显示其汤勺与手柄通过手柄下端的孔连接。两者的差异是被诉产品上端孔洞及其前面和后面出口处不同于其他部位的颜色。归纳之，两者的形状和图案是大体相同的，以上所述差异存在于细节，且为该产品正常使用时不容易被直接观察到，影响不显著。因此，两者在整体视觉效果上无实质性差异，应认定被诉产品的外观设计属于现有设计。由于被告制造被诉产品实施的设计属于现有设计，其行为不侵害原告的外观设计专利权。❶

涉案外观设计专利只涉及厨具手柄部件，而现有设计包含了手柄部件的汤勺，二者属于相同的产品分类。现有设计汤勺的手柄部分与涉案专利厨具手柄部件的形状和图案大体相同，至于孔洞形状仅仅属于细微差别，因此二者没有实质性差异，可见涉案专利不具备新颖性，因此，现有设计抗辩成立。

第三节   合法来源抗辩

《专利法》第 77 条规定："为生产经营目的使用、许诺销售或者销售不知道是未经专利权人许可而制造并售出的专利侵权产品，能证明该产品合法来源的，不承担赔偿责任。"

《最高人民法院关于审理侵犯专利权纠纷案件应用法律若干问题的解释（二）》（法释〔2020〕19 号）（2020 年修正）第 25 条规定："为生产经营目的使用、许诺销售或者销售不知道是未经专利权人许可而制造并售出的专利侵权产品，且举证证明该产品合法来源的，对于权利人请求停止上述使用、许诺销售、销售行为的主张，人民法院应予支持，但被诉侵权产品的使用者举证证明其已支付该产品的合理对价的除外。本条第一款所称不知道，是指实际不知道且不应当知道。本条第一款所称合法来源，是指通过合法的销售渠道、通常的买卖合同等正常商业方式取得产品。对于合法来源，使用者、许诺销售者或

---

❶ 参见：广州知识产权法院（2015）粤知法专民初字第 907 号民事判决书。

者销售者应当提供符合交易习惯的相关证据。"

合法来源抗辩的适用前提仅限于销售者、许诺销售者、使用者。产品制造者主导产品的设计、制造、测试、质检和销售全流程，对是否侵犯竞争对手的专利应当履行审慎、注意的义务，不能以不知道作为抗辩的理由，因此司法解释将产品制造者排除在外。而产品使用者、销售者和许诺销售者由于不直接制造被诉产品，对被诉产品的技术方案是否落入专利的保护范围确实存在实际不知道且不应当知道的情形，因此司法解释将产品的使用者、销售者和许诺销售者作为该条的适用对象，如果其提供合法来源证明其是善意第三人，只需要停止侵权，而不需要承担赔偿责任。对于被诉侵权产品的使用者如果能举证证明其已支付该产品的合理对价，还允许继续使用被诉侵权产品。

要证明合法来源的事实，一般需要向法院提交购销合同、付款凭证和发票、送货单等证据。这些证据互相印证形成完整的证据链证明涉案产品是正规合法渠道购买的，而且购销合同和发票上的单价不能严重偏离涉案产品的正常销售价，否则法院难以采信合法来源的事实。

合法来源抗辩需要同时满足来源清晰、渠道合法、价格合理的客观要件和无主观过错的主观要件。在上诉人宝蔻（厦门）卫浴有限公司与被上诉人馆陶县佩龙水暖安装维修门市侵害实用新型专利权纠纷案中，最高人民法院指出，"销售者合法来源抗辩的成立，需要同时满足被诉侵权产品具有合法来源这一客观要件和销售者无主观过错这一主观要件，两个要件相互联系。如果销售者能够证明其遵从合法、正常的市场交易规则，取得所售产品的来源清晰、渠道合法、价格合理，其销售行为符合诚信原则、合乎交易惯例，则可推定其无主观过错。此时，应由权利人提供相反证据。在权利人未进一步提供足以推翻上述推定的相反证据的情况下，应当认定销售者合法来源抗辩成立"。❶

第四节　先用权抗辩

《专利法》第 75 条规定："有下列情形之一的，不视为侵犯专利权：……（二）在专利申请日前已经制造相同产品、使用相同方法或者已经作好制造、使用的必要准备，并且仅在原有范围内继续制造、使用的；……"

---

❶　参见：最高人民法院（2019）最高法知民终 118 号民事判决书。

《最高人民法院关于审理侵犯专利权纠纷案件应用法律若干问题的解释》（法释〔2009〕21号）第15条规定："被诉侵权人以非法获得的技术或者设计主张先用权抗辩的，人民法院不予支持。有下列情形之一的，人民法院应当认定属于专利法第六十九条❶第（二）项规定的已经作好制造、使用的必要准备：

"（一）已经完成实施发明创造所必需的主要技术图纸或者工艺文件；

"（二）已经制造或者购买实施发明创造所必需的主要设备或者原材料。

"专利法第六十九条第（二）项规定的原有范围，包括专利申请日前已有的生产规模以及利用已有的生产设备或者根据已有的生产准备可以达到的生产规模。

"先用权人在专利申请日后将其已经实施或作好实施必要准备的技术或设计转让或者许可他人实施，被诉侵权人主张该实施行为属于在原有范围内继续实施的，人民法院不予支持，但该技术或设计与原有企业一并转让或者承继的除外。"

案例5-8　佛山市友强五金机械有限公司与佛山市浩麦食品机械有限公司侵害实用新型专利权纠纷一案

1. 先用权抗辩成立的基本条件

先用权抗辩需要举证证明符合以下四个构成要件：一是，涉案专利权利要求的技术方案与被控侵权人所主张实施的在先技术方案构成相同或等同，并且在先技术方案与被诉侵权技术方案也构成相同或等同；二是，在先实施行为发生在涉案专利申请日之前，包括已经制造相同产品、使用相同方法，或者已经作好制造、使用的必要准备；三是，先用权的制造或使用行为仅限于原有的范围之内，包括专利申请日前已有的生产规模以及利用已有的生产设备或者根据已有的生产准备可以达到的生产规模；四是，先用权人所实施的在先技术方案应该是其独立完成或者合法获得的技术方案。

2. 法院判决书摘录

佛山市友强五金机械有限公司（以下简称"友强公司"）是涉案专利的专利权人，该专利申请日为2017年12月21日，授权公告日为2018年5月29

---

❶ 《专利法》第四次修正案之后为第七十五条。

日。该专利最近一次缴费日期为 2021 年 1 月 5 日，至今合法有效。2020 年 1 月 14 日，国家知识产权局作出第 42871 号无效宣告请求审查决定书，维持专利权有效。

涉案专利权利要求 1：一种面团分切机，包括机架，该机架上安装有一电机，所述机架顶部安装有一下料斗，其特征在于：所述电机通过皮带带动一转动杆转动，该转动杆通过铰接有的第一曲柄连接一推块，所述推块水平方向滑动连接于所述机架并用于将所述下料斗下方的面料推出，所述推块前方设有一转筒，该转筒铰接于所述机架，所述转动杆通过铰接有的第二曲柄铰接于所述转筒并驱动其往复翻转，该转筒侧面设有多个通孔用于面料通道，每个所述通孔滑动配合地设有一压杆，所述转筒上方还转动地安装有一压块，所述转动杆通过铰接有的第三曲柄铰接于所述压块并驱动其压下所述压杆，所述转筒外侧配合地设有一刮刀，所述刮刀下方设有一输送带，所述输送带由一伺服电机驱动。

佛山市浩麦食品机械有限公司（以下简称"浩麦公司"）与案外人宣威市汇满圆食品有限公司（以下简称"汇满圆公司"）就连续面团分割机（型号：HM－4P）（以下简称"被诉侵权产品"）达成交易。浩麦公司与汇满圆公司签订《佛山市浩麦机械设备有限公司合约书》，约定浩麦公司销售一台被诉侵权产品给汇满圆公司，金额为 83000 元，该合约书加盖浩麦公司公章。汇满圆公司分两笔共支付 83000 元给浩麦公司。

友强公司于是向广州知识产权法院提起诉讼，法院于 2019 年 7 月 4 日立案受理。友强公司请求判令：（1）浩麦公司立即停止制造、销售侵害涉案专利权的产品，销毁库存产品及其模具。（2）浩麦公司赔偿友强公司经济损失及合理费用共 300000 元，并承担诉讼费用。

经原审比对，被诉侵权技术方案与涉案专利权利要求 1 技术方案构成相同，友强公司、浩麦公司对此均并无异议。针对浩麦公司的先用权抗辩是否成立，具体分析如下：

第一，关于涉案专利技术方案与浩麦公司主张先用权的技术方案是否构成相同或等同，以及在先技术方案与被诉侵权技术方案是否构成相同或等同。友强公司上诉主张，先用权产品没有完全披露涉案专利技术方案，两者存在显著技术差异。对此，最高人民法院认为：首先，原审技术调查官经比对认为，先用权产品的技术方案与被诉侵权技术方案构成相同。针对友强公司所主张先用权产品的转筒与刮刀的位置与被诉侵权产品不同，原审技术调查官认为，两者均为刮刀设置在转筒外侧，相对位置是一样的。最高人民法院对上述技术调查意见予以确认。根据《民事诉讼法》第64条第1款的规定，当事人对自己提出的主张，有责任提供证据。友强公司未提供其他证据，亦未明确指出涉案专利技术方案与在先技术方案具体存在哪些差异，最高人民法院对友强公司的相关上诉主张不予支持。其次，浩麦公司主张先用权的产品为连续面团分割机（型号HM-3P），被诉侵权产品为连续面团分割机（型号HM-4P），两者名称相同仅型号标注不同。根据该先用权产品铭牌所载信息，型号中P的数值代表所分割面团的重量，不涉及面团分割机的部件、结构、位置关系或作用方式等技术特征。因此，本案中，涉案专利技术方案与在先技术方案构成相同，且在先技术方案与被诉侵权技术方案亦构成相同。

第二，关于现有证据能否证明浩麦公司在涉案专利申请日之前已经制造相同产品。首先，原审已查明：涉案专利申请日为2017年12月21日。浩麦公司与自然之花公司于2017年4月24日签订销售合约，该合约书约定：浩麦公司出售给自然之花公司1台连续面团分割机（型号HM-3P）和1台锥形滚圆机（型号HM-800），价款分别为80000元和40000元。浩麦公司提交了其于2019年10月15日补制银行回单：2017年4月25日、2017年8月26日由自然之花公司许某某（付款人）支付给卢某某（收款人）金额均为40000元的顺德农商银行特种转账凭证2张。根据工商企业登记信息显示，许某某为自然之花公司工商登记的联络员。卢某某及收款账户信息与上述销售合约及浩麦公司所提交的账户交易明细中相应的流水信息相互印证。其次，浩麦公司向原审法院提交上述销售合约所涉的连续面团分割机一台，型号为HM-3P（2P）。根据原审法院查明，该面团分割机有明显使用痕迹，铭牌上标注有产品名称、型号及浩麦公司的企业名称等信息，且铭牌信息与合约书信息相互对应。综上，合约书的签订时间与银行转账凭证及账户交易明细显示的付款时间相契合，结合浩麦公司提交的先用权产品实物现状，并且前文已经论述在先技术方案与涉案专利技术方案构成相同，原审法院认定浩麦公司在涉案专利申请日前已经制造并销售给自然之花公司与涉案专利技术方案相同的产品，并无不当，最高人民法院予以支持。

第三，关于浩麦公司是否属于在原有范围内制造相关产品。原有范围是指专利申请日前已有的生产规模以及利用已有的生产设备或者根据已有的生产准备可以达到的生产规模。通常认为，在生产主体的住所地、注册资本和经营范围等未发生变化时，制造规模扩大的可能性较小。经审查浩麦公司提交的

《企业信用信息公示报告》，浩麦公司自 2016 年 9 月 9 日成立之日至 2019 年 7 月 4 日本案一审立案时止，其注册资本、住所地、经营范围及高级管理人员均未发生变更，友强公司也未提供证据证明浩麦公司的实际生产规模超出其原有范围，因此，可以认定浩麦公司至本案一审立案之日仍在原有范围内制造相关产品。

至于浩麦公司所实施的在先技术是否为合法获得，本案中友强公司未对此提出异议。同时，鉴于浩麦公司于 2016 年成立且自 2017 年起制造销售相关产品，且无证据显示浩麦公司非法获得在先技术。综合前文分析，最高人民法院认为，浩麦公司的先用权主张符合法律规定，其先用权抗辩成立。❶

从本案例可知，先用权抗辩的关键是举证证明在专利申请日之前已经实施专利保护的技术方案、设计或者已经做好相关的生产准备，一般需要合同、发票和对应的产品实物组成一条"带可信时间戳"的完整证据链，其中，对应的产品实物用于与涉案专利主张的权利要求进行技术对比或者与涉案外观设计专利的视图进行对比。企业在新产品销售之前办理公证封存是一种有效的先用权证据保全的方法，将来如果被起诉专利侵权，可以基于公证封存的产品及公证书，有效举证作先用权抗辩。

要证明先用权人制造或销售的行为是否超出原有的范围非常困难，一般专利权人应对先用权抗辩，都会试图主张先用权人制造或销售的行为超出原有的范围，但是却因为先用权人的经营规模涉及商业秘密，一般无法获取相关所需的信息。举证责任在专利权人一方，而经营规模信息却又由先用权人一方持有，导致专利权人举证不能。如无相反证据，一般只能推定先用权人的制造或销售行为没有超出原有的范围。

先用权人所实施的在先技术方案如果由其独立完成，则需要将研发、设计过程的文件作为证据提交法院予以证明；对于合法获得的技术方案或设计，则需要提供委托开发合同、委托设计合同、技术采购合同、企业并购继承等相关合法获得的证据。

第五节　诉讼时效抗辩

《专利法》第 74 条规定："侵犯专利权的诉讼时效为三年，自专利权人或

---

❶　参见：最高人民法院（2021）最高法知民终 1524 号民事判决书。

者利害关系人知道或者应当知道侵权行为以及侵权人之日起计算。

发明专利申请公布后至专利权授予前使用该发明未支付适当使用费的，专利权人要求支付使用费的诉讼时效为三年，自专利权人知道或者应当知道他人使用其发明之日起计算，但是，专利权人于专利权授予之日前即已知道或者应当知道的，自专利权授予之日起计算。"

诉讼时效抗辩是由诉讼当事人提出，法院不能主动适用或提醒一方当事人适用。对于一直持续未停止的侵权行为，不存在诉讼时效的问题，但是专利权人向被诉侵权人索赔的时间范围只能由法院立案之日开始倒推 3 年的时间周期内。对于非持续进行的侵权行为，即被诉侵权人实施了侵权行为后停止了侵权行为，专利权人通过公证购买等方式固定被诉侵权人的行为，应当在该公证购买日期起算 3 年内提起诉讼，否则如果被诉侵权人提出诉讼时效抗辩，则专利权人将丧失胜诉权。诉讼时效的规定旨在推动专利权人积极及时维权。

专利权人可以通过发警告函、向管理专利工作的部门提起行政查处请求或向法院提起侵权诉讼等方式，使得诉讼时效中断，诉讼时效期间重新计算。

第六节　中止程序、专利无效对诉讼的影响

一、中止程序

《最高人民法院关于审理专利纠纷案件适用法律问题的若干规定》（法释〔2020〕19 号）（2020 年修正）第 5 条规定："人民法院受理的侵犯实用新型、外观设计专利权纠纷案件，被告在答辩期间内请求宣告该项专利权无效的，人民法院应当中止诉讼，但具备下列情形之一的，可以不中止诉讼：

（一）原告出具的检索报告或者专利权评价报告未发现导致实用新型或者外观设计专利权无效的事由的；

（二）被告提供的证据足以证明其使用的技术已经公知的；

（三）被告请求宣告该项专利权无效所提供的证据或者依据的理由明显不充分的；

（四）人民法院认为不应当中止诉讼的其他情形。"

第 6 条规定："人民法院受理的侵犯实用新型、外观设计专利权纠纷案件，被告在答辩期间届满后请求宣告该项专利权无效的，人民法院不应当中止诉

讼，但经审查认为有必要中止诉讼的除外。"

第 7 条规定："人民法院受理的侵犯发明专利权纠纷案件或者经国务院专利行政部门审查维持专利权的侵犯实用新型、外观设计专利权纠纷案件，被告在答辩期间内请求宣告该项专利权无效的，人民法院可以不中止诉讼。"

第 8 条规定："人民法院决定中止诉讼，专利权人或者利害关系人请求责令被告停止有关行为或者采取其他制止侵权损害继续扩大的措施，并提供了担保，人民法院经审查符合有关法律规定的，可以在裁定中止诉讼的同时一并作出有关裁定。"

从上述司法解释来看，尽管处理实用新型、外观设计专利侵权诉讼案件时，对被告在答辩期内请求宣告该项专利无效的情形，法院应当中止诉讼，但是司法解释中还列举了多种不中止的情形，法院还可以根据各种案件案情的需要，自由行使裁量权，决定是否中止专利诉讼。专利诉讼的特点是专利侵权诉讼与专利无效"双线作战"，专利无效宣告审查决定、专利无效行政诉讼的判决对专利侵权诉讼产生非常关键的影响。我国实用新型与外观设计沿用初步形式审查制度，初审合格后即授权，但是毕竟没有经过实质审查，其权利处于很不稳定和不确定的状态。允许被告在答辩期内请求宣告专利权无效，法院应当中止诉讼，使得实用新型和外观设计专利在正式进入专利侵权诉讼审理前，由国家知识产权局专利局复审和无效审理部进行专利有效性的审理并作出决定，能有效节省审理专利侵权诉讼的司法资源。

被告虽然过了答辩期才请求宣告专利权无效，但是通过充分的举证和意见陈述，能够向法院证明涉案专利无效的可能性极大，法院可以行使自由裁量权裁定中止审理。

对于发明专利或者经国家知识产权局专利局复审和无效审理部审查维持专利权的实用新型专利、外观设计专利，要具体案情具体分析。尽管被告在答辩期间内请求宣告专利权无效的，但是如果明显属于被告恶意拖延诉讼的情况，法院可以行使自由裁量权裁定不中止诉讼。

二、专利无效

《最高人民法院关于审理侵犯专利权纠纷案件应用法律若干问题的解释（二）》（法释〔2020〕19 号）（2020 年修正）第 2 条规定："权利人在专利侵权诉讼中主张的权利要求被国务院专利行政部门宣告无效的，审理侵犯专利权纠纷案件的人民法院可以裁定驳回权利人基于该无效权利要求的起诉。有证据证明宣告上述权利要求无效的决定被生效的行政判决撤销的，权利人可以另行起诉。专利权人另行起诉的，诉讼时效期间从本条第二款所称行政判决书送达之日起计算。"

专利无效宣告程序及专利无效行政诉讼程序审理周期长，程序本身很复杂，比如专利无效宣告程序、专利无效一审程序、专利无效二审程序、专利无效再审程序、专利无效重审程序、专利无效重审一审程序、专利无效重审二审程序、专利无效重审再审程序等，且每一个程序都有可能完全推翻并撤销前一个程序所作出的决定或判决，这对于判决结果要以生效无效宣告审查决定和无效行政诉讼判决为基础的专利侵权诉讼极不稳定。由于专利无效宣告程序及专利无效行政诉讼漫长而复杂，如果专利侵权诉讼不等待最终结果而作出判决，则在无效宣告审查决定或无效行政诉讼判决中认定专利无效的情况下，认定专利侵权成立的判决将立即被撤销；如果专利侵权诉讼等待最终生效的无效宣告审查决定才作出审判，则无法满足我国《民事诉讼法》对于专利侵权诉讼一审程序和二审程序的审限要求。

最高人民法院为了解决这个问题，在司法解释中规定，只要权利人在专利侵权诉讼中主张的权利要求全部被国家知识产权局专利局复审和无效审理部宣告无效，法院就可以裁定驳回起诉，先结束专利侵权民事诉讼程序。如果无效宣告审查决定被行政判决撤销，权利人可以另行起诉。注意法院用民事裁定书的方式驳回原告的起诉，即只是程序上先行驳回起诉先结案，没有处理实体民事法律关系，而不是以民事判决书处理实体民事法律关系的判决形式驳回原告的诉讼请求。对于宣告上述权利要求无效的决定被生效的行政判决撤销的情况，权利人可以另行重新起诉，这样给专利权人保留在重新计算的诉讼时效内另行起诉的权利，避免当事人经历漫长专利侵权诉讼的诉累，充分平衡和兼顾专利权人和社会公众的利益。

第六章 普通商品专利维权案例

我国电商行业发展迅速，在电子商务平台内，消费者足不出户就能方便选购全国市场上流通的商品，经营者通过快递公司把商品配送到千家万户，确实给人们的生活带来极大的便利。然而，电子商务平台的知识产权问题越来越突出，一些以侵犯知识产权为业的经营者见有利可图，通过假冒、仿冒专利产品，再以低价进行倾销，牟取非法利益，给专利权人造成严重的经济损失。

假冒、仿冒普通商品专利类案件一般呈现以下几个特点：（1）侵权主体众多，分布地域广，以个体工商户，或者个人设立一个或多个空壳有限公司为主，在线上开设多个网店店铺，设置多个侵权产品销售链接。（2）这类空壳公司并非实体经营，其制假工厂非常隐蔽，调查取证困难，低成本进货再低价倾销。一旦被投诉或举报，就立即"金蝉脱壳"，注销原空壳公司，开设新的空壳公司继续销售侵权产品。（3）常以某专利产品同款或某专利产品适配的方式宣传推广，以线上低价倾销为主，个别还有线下实体店。（4）普通商品一般先通过网络下单再通过线下公证提货，或者线下实体店直接公证购买就能固定侵权产品实物，网店上显示的销售量和评价量可以作为侵权产品销量的佐证，但具体准确销售数量却没有直接证据可以证明。（5）重复侵权和恶意侵权的情况较多，专利权人维权成本高且侵权人赔付能力弱。

面对以侵权为业的空壳公司重复侵权和恶意侵权，专利权人面临取证难、维权周期长、判赔低、胜诉后不一定能强制执行获得赔付、维权成本高的困局。以下吉列剃须刀系列维权案和乒乓球自动发球机维权案可以作为专利权人针对普通商品专利侵权进行维权的参考和借鉴。

第一节　吉列剃须刀系列维权案

这是关于日用消费品的系列专利和商标维权诉讼案例。张某和徐某（以下简称"二人"）以侵权为业，侵权时间长、范围广、数量大、获利高，对宝洁公司和吉列公司的企业、品牌声誉和经济利益造成严重侵害。该案是宝洁公司和吉列公司运用专利和商标多项知识产权的"组合拳"维权成功的案例，严厉制止了通过互联网线上多壳体恶意重复侵权的侵权行为，维护了自身多项知识产权的合法权益；同时，也保护了广大消费者免受假冒、仿冒侵权产品的侵害，对同类案件具有较高的参考价值。

一、案件背景

吉列公司自 1901 年创办至今，已经拥有超过 120 年的历史，目前属于宝洁公司旗下子公司。按照市场占有率和品牌知名度，吉列公司位列全球手动剃须刀产品第一梯队，"吉列"和"Gillette"还被认定为中国驰名商标，"Fusion"品牌五刀片剃须刀产品更是全世界家喻户晓的明星产品。

判决书显示：2013 年 4 月以来，张某明知是假冒"Gillette""吉列""飞鹰"等品牌注册商标的剃须刀用品，为获得高额利润，先在浙江省东阳市白云街道摆地摊销售，后自 2015 年开始在某电商平台注册成立网店，进行剃须刀等日用小商品的网上销售，自 2016 年开始先后注册成立个体工商户和有限公司，主要从事剃须刀产品的网上销售，并有部分线下销售店。徐某明知是假冒"Gillette""吉列""飞鹰"等品牌注册商标的剃须刀用品，从 2016 年 4 月开始帮助张某进行销售。

至 2017 年 9 月 25 日案发，张某、徐某通过注册的 5 家网店，销售假冒"Gillette""吉列""飞鹰"等注册商标的双面刀片，销售金额共计人民币 91 万余元，其中徐某涉及的销售金额为人民币 35 万余元。同时在张某、徐某租住的东阳市白云街道某仓库内查获大量未销售的假冒"Gillette""吉列""GilletteMACH3""剑鱼牌""飞鹰牌"等品牌注册商标的剃须刀用品，货值共计人民币 22 万余元。

浙江省东阳市人民法院经审理认为："张某、徐某销售假冒注册商标的商品，销售金额数额巨大，其行为均已触犯刑律，构成销售假冒注册商标的商品罪。张某在共同犯罪中起主要作用，系主犯，依法应当按照其所参与的全部犯罪处罚；徐某在共同犯罪中起次要作用，系从犯，依法应当减轻处罚。法院判决张某犯销售假冒注册商标的商品罪，判处有期徒刑 3 年，缓刑 4 年，并处罚金人民币 50 万元；徐某犯销售假冒注册商标的商品罪，判处有期徒刑 1 年 6 个月，缓刑 2 年，并处罚金人民币 8 万元。扣押在案的假冒注册商标的商品，予以没收。"❶

被判处刑罚后，二人仍不收手，从假冒转变为仿冒，张某先后在第 8 类剃须刀商品注册"Giiulle""洁锐"等商标，并先后注册 A 公司和 B 公司等公司，徐某先后注册 C 公司和 D 公司等公司，张某和徐某共同在某电商平台利用多个关联公司线上、线下低价倾销仿冒吉列公司"Fusion"品牌五刀片剃须刀产品，继续恶意重复侵犯吉列公司多项知识产权，严重损害了宝洁公司和吉列公司的权益。

二、诉前分析

（一）诉前案情预分析

张某和徐某在已经被判处刑罚的情况下，仍然注册了多家关联的个体工商户和有限公司大量低价倾销仿冒吉列公司的"Fusion"品牌五刀片剃须刀产品，属于典型的恶意重复侵权行为。如果只起诉其中某一个侵权主体，即便该侵权主体被判决停止侵权，赔偿损失，则二人只需要注销该侵权主体，显然其他侵权主体可以不受任何影响并继续实施侵权行为，预判这样的维权效果并不理想。

如果使用一项专利权进行专利诉讼，由于侵权日用消费品的普遍价格都很低，准确的销量数据一般也无法获得，而专利权人的损失、被诉侵权人因侵权的获利、专利许可费等直接证据都难以举证，只能请求法院酌情判决赔偿，则预判单个专利诉讼案件的判赔金额并不会很高，对遏制被诉侵权人的效果也不理想。

（二）诉前技术对比分析

对二人许诺销售的仿冒五刀片剃须刀产品与吉列公司的发明专利附图以及"Fusion"品牌五刀片剃须刀产品进行初步分析对比，从外观上就可以看出二者相似度极高，构成相同侵权的可能性极大，如表 6 – 1 所示。

---

❶ 参见：浙江省东阳市人民法院（2018）浙 0783 刑初 457 号刑事判决书。

表6–1　吉列公司发明专利说明书附图、吉列公司专利产品、仿冒侵权产品对比表

涉案发明专利说明书附图❶	吉列专利产品❷	仿冒侵权产品❸

　　专利权人委托代理人网上购买涉嫌侵权产品，然后对涉嫌侵权产品剃须刀进行拆解和技术分析。经过技术对比确认，涉嫌侵权产品落入吉列公司以下四项发明专利权共99项权利要求的保护范围，如表6–2所示。

表6–2　涉嫌侵权产品落入吉列公司四项发明专利的权项表

序号	专利号	专利名称	侵权权项
1	ZL200580007865.X	剃须刀片单元	1—24、28—30、34—42
2	ZL200910203093.7	具有防护件的剃刀及剃须刀片架	1—6、8—9、11—14、17、19、22—30、33—34
3	ZL201210426643.3	剃须刀片架及剃刀和剃须方法	1—3、5—19
4	ZL201210427754.6	剃须刀片架及剃刀和剃须方法	1—20

---

❶　沃克，科贝伊，罗尔. 剃须刀片单元：CN1929963B［P］. 2012–04–18.

❷　图片来源于宝洁公司。

❸　图片来源于代理人拍摄。

虽然涉案四项专利权都是中国发明专利，已经经过国家知识产权局的实质审查，但专利权人非常认真细致，委托代理人对涉案四项发明专利再次进行检索和稳定性分析，确保发明专利权稳定。

三、维权策略

为了有效遏制被诉侵权人的重复恶意侵权行为，达到较理想的维权目标，经过分析研究，专利权人决定对二人的所有关联公司和关联个体工商户实体进行调查取证，固定所有侵权实体制造或销售被诉侵权产品的证据，同时运用四项发明专利权进行专利诉讼。

为了达到最优的维权效果，权利人还决定同时对二人之前犯销售假冒注册商标的商品罪对宝洁公司的商标侵权行为提起商标侵权民事诉讼，通过四项专利权系列侵权诉讼和一项商标权侵权诉讼"组合拳"联合打击二人的重复恶意侵权行为。

为了节省司法资源，提高法院的审判效率，专利权人对于同一个侵权人的两个关联主体侵犯同一项专利权归为同一个案件中进行合并起诉，同时请求法院安排同一个合议庭集中审判。

四、调查取证

国家企业信用信息公示系统显示张某和徐某二人成立了四个关联公司，分别是两个个体工商户和两个有限公司。根据相关法律规定，个体工商户在诉讼中由其经营者承担法律责任，这样可以使得二人直接成为专利诉讼的法律责任承担主体。

专利权人对每个关联公司分别进行网购下单和确认收货的网页公证，同时进行接收快递提货公证，八份公证书锁定二人的四个关联公司至少存在销售和许诺销售被诉侵权产品的侵权行为。此外，网购下单的时候，对二人许诺销售的多个型号和多种包装被诉侵权产品逐一进行网络购买。

为了寻找证明二人关联公司销售量巨大的证据，诉讼代理人通过检索分析，成功在某电商平台网页店铺内发现了二人销售被诉侵权产品的销售链接页面。页面上显示销售单价为 20 元，销量超过 10 万件，商品评价 6.4 万，其中精选晒图页面显示"制造商"等字样。代理人通过可信时间戳认证证书把侵权销售链接页面予以固定。

五、法律诉讼

（一）发明专利侵权诉讼

在对二人的销售和许诺销售被诉侵权产品的侵权行为进行公证并出具公证书后，专利权人吉列公司针对二人4个侵权主体在浙江省杭州市中级人民法院提起8件侵害发明专利权民事诉讼。

8件侵害发明专利权纠纷案的诉讼请求为：（1）判令各被告停止侵害4件发明专利权的行为，即停止制造、销售、许诺销售涉案剃须刀产品，并销毁库存产品、半成品及专用模具。（2）判令各被告赔偿原告经济损失及为制止侵权行为而支出的费用，共计人民币400万元。（3）判令各被告承担本案的全部诉讼费用。

（二）商标侵权诉讼

与此同时，商标被许可人广州宝洁有限公司针对二人犯销售假冒注册商标的商品罪的侵权行为在浙江省东阳市人民法院提起侵害商标权民事诉讼。

侵害商标权纠纷案的诉讼请求为：（1）判令二被告立即停止销售侵犯原告享有的注册商标专用权的剃须刀商品的行为。（2）请求法院适用惩罚性赔偿，判令二被告连带赔偿原告经济损失113万元及维权合理开支8.5万元，共计121.5万元。（3）判令二被告承担本案全部诉讼费用。

六、法院判决

（一）发明专利侵权诉讼

浙江省杭州市中级人民法院经开庭审理后作出（2021）浙01知民初394-401号民事判决，认定各被告制造、销售和许诺销售的五刀片剃须刀产品侵犯了吉列公司的4项发明专利权，判决各被告立即停止制造、销售、许诺销售落入4项发明专利权保护范围的产品，并立即销毁库存侵权产品，各被告于判决生效之日起10日内共同赔偿原告吉列公司经济损失及为制止侵权支出的合理费用共计人民币200万元。

（二）商标侵权诉讼

浙江省东阳市人民法院开庭审理后作出了（2021）浙0783民初8987号民事判决，认定案件虽经刑事案件判决，但并不影响原告提起民事侵权之诉，酌定张某赔偿原告经济损失（含合理维权费用）人民币25万元，被告徐某与被告张某共同实施销售行为，构成共同侵权，就人民币 10 万元承担连带赔偿责任。浙江省金华市中级人民法院作出了（2022）浙 07 民终 1915 号民事判决，驳回上诉，维持原判。

七、代理人办案总结

（一）宝洁公司与吉列公司强强联手，运用多项发明专利权和多项商标权作为武器，对张某、徐某实际控制的多个侵权壳体进行取证和法律诉讼

针对张某、徐某多侵权壳体线上重复恶意侵权的行为，吉列公司首先委托代理人对所有侵权壳体销售的侵权产品进行公证购买，然后以 4 项发明专利权为基础，针对张某、徐某本人及多个侵权壳体同步发起发明专利侵权系列诉讼，向法院提交详细的技术特征对比表，指控各被告侵犯吉列公司 4 项发明专利共 99 项权利要求，被控产品全部落入 4 项发明专利的保护范围。8 件系列发明专利侵权纠纷案对张某和徐某控制的 4 个侵权壳体"一网打尽"，成功维护了自身的合法权益。

宝洁公司依照生效的刑事判决向法院提起侵犯商标权民事诉讼，追诉张某和徐某销售假冒注册商标的商品侵权行为。商标侵权案与专利侵权案联动的"组合拳"策略，向二被告施加叠加的诉讼压力，彰显宝洁公司与吉列公司坚决维护自身知识产权的决心。

（二）充分举证证明各被告共同实施侵权行为，恶意重复的侵权情节严重，作为法院酌情判赔的考量因素

经过原告的充分举证，杭州市中级人民法院综合考虑涉案专利权的种类，侵权产品数量以及被告的主观过错，侵权行为的性质、持续的时间、规模、范围和其他侵权情节，以及吉列公司为制止侵权支出的合理费用，按照法定赔偿的方式酌情确定赔偿数额。法院在酌情判赔的时候注意到如下相关事实：（1）涉案专利系发明专利；（2）张某、徐某及其控制的关联公司在本案中实施了制造、销售、许诺销售的侵权行为；（3）吉列公司主张被诉侵权产品涉及侵害吉列公司 4 项发明专利权；（4）吉列公司提交的证据显示，其在天猫官方旗舰店销售的同类剃须刀产品销售单价为 145 元、169 元等；（5）涉案店铺页面显示被诉侵权产品销售链接繁多，销量较大；（6）张某、徐某曾因销售假冒吉列公司注册商标的商品被刑事处罚；（7）张某系第 34795456 号"Giiulle"注册商标申请人，该商标于 2021 年 7 月 23 日被国家知识产权局以与吉列公司的在先商标构成近似商标易导致公众混淆误认为由予以无效宣告；

（8）各被告公司的注册资本、成立日期、法定代表人、经营范围等；（9）吉列公司为本案共支出的公证费、律师费、购买侵权产品的费用等。最后判决各被告赔偿原告吉列公司经济损失及为制止侵权支出的合理费用共计人民币200万元。

浙江省东阳市人民法院综合考虑涉案注册商标的声誉及品牌影响力，两被告的主观过错，侵权行为的性质、经营时间、规模、销售数量、影响范围、后果，以及结合权利人为制止侵权行为的合理开支等因素，并考虑增强知识产权司法保护力度，酌定张某赔偿原告经济损失（含合理维权费用）人民币25万元，被告徐某与被告张某共同实施销售行为，构成共同侵权，就人民币10万元承担连带赔偿责任。

（三）各被告尝试以合法来源抗辩逃避法律责任，原告充分举证锁定了各被告构成制造行为，法院认定各被告合法来源抗辩不成立

《专利法》第77条规定："为生产经营目的使用、许诺销售或者销售不知道是未经专利权人许可而制造并售出的专利侵权产品，能证明该产品合法来源的，不承担赔偿责任。"《最高人民法院关于审理侵犯专利权纠纷案件应用法律若干问题的解释（二）》（法释〔2020〕19号）（2020年修正）第25条规定："为生产经营目的使用、许诺销售或者销售不知道是未经专利权人许可而制造并售出的专利侵权产品，且举证证明该产品合法来源的，对于权利人请求停止上述使用、许诺销售、销售行为的主张，人民法院应予支持，但被诉侵权产品的使用者举证证明其已支付该产品的合理对价的除外。本条第一款所称不知道，是指实际不知道且不应当知道。本条第一款所称合法来源，是指通过合法的销售渠道、通常的买卖合同等正常商业方式取得产品。对于合法来源，使用者、许诺销售者或者销售者应当提供符合交易习惯的相关证据。"

但是，原告举证：首先，被告在涉案被诉产品上标注为"制造商"，构成自认；其次，在涉案被诉产品上标注属于被告的"Giiulle"和"洁锐"等商标，根据相关司法解释，商标权人应推定为产品的制造者；再次，无论被告是对外采购零部件自行组装或者委托贴牌加工生产，都是由被告选定具体刀片型号、规格，并在出厂产品上标识商标、企业名称、地址等信息，这种行为主观上体现了制造的意思表示，客观上通过委托的加工企业完成生产行为，属于专利法意义上的制造行为；最后，被告不满足合法来源的客观要件和主观要件。法院经审理对各被告的合法来源抗辩不予采信。

这个案例成功制止了被诉侵权人重复恶意的侵权行为。被诉侵权人承诺不再侵犯权利人的任何知识产权，驰名商标和名牌产品的品牌声誉得以维护，充分体现了我国严格保护知识产权的态度和决心。

八、获评优秀涉外案例

美国吉列有限责任公司、广州宝洁有限公司诉张某、徐某等侵害发明专利权和商标权系列纠纷案被广东省知识经济发展促进会评为"2022岭南知识产权诉讼优秀涉外案例"，如图6-1所示。

图6-1 获评2022岭南知识产权诉讼优秀涉外案例

第二节 北美乒乓球有限公司维权案

这是一家美国公司与其中国区前员工之间的专利侵权纠纷案。科技创新型企业的离职员工林某学习并掌握了原单位的技术，快速复制出侵权产品，并进一步改良出新产品，抢先申请中国实用新型专利和外观设计专利，在电子商务平台低价倾销侵权产品，给专利权人造成严重的经济损失。这也是科技创新型企业经常遇到的困局和难题。本案中专利权人虽然最终胜诉，遏制了前员工的专利侵权行为，但是也付出了较高的维权成本。本案的成功维权对同类案件具有一定的参考价值，对科技创新型企业如何规范管理知识产权具有启示。

一、案件背景

由美籍华人创办的北美乒乓球有限公司是美国一家专业制造体育用品器材的高科技企业，拥有多项自主知识产权。2009 年该公司研发了一款全新的产品"乒乓球自动发球装置"。该款产品设计新颖，由底座、发球部、置球口三个部分组成，上下左右对称，中间窄两头宽呈圆弧形的"小蛮腰"设计，如图 6-2 所示。北美乒乓球有限公司于 2009 年 8 月 17 日向美国专利商标局提交了美国外观设计专利申请，2010 年 2 月 11 日北美乒乓球有限公司委托广州嘉权专利商标事务所有限公司提交了中国外观设计专利，要求美国在先优先权，2011 年 4 月 13 日国家知识产权局对中国外观设计专利进行授权公告。❶

图 6-2　乒乓球自动发球装置❷

乒乓球被誉为中国"国球"，中国是乒乓球体育用品市场的消费大国。北美乒乓球有限公司在中国上海设立了子公司，并在广东省设立生产基地，雇佣林某作为广东生产基地的负责人，向其提供了"乒乓球自动发球装置"的设计图纸，让林某专职负责"乒乓球自动发球装置"的制造和销售。

---

❶ 李. 乒乓球自动发球装置：CN301515651S［P］. 2011-04-13.
❷ 图片来源于北美乒乓球有限公司。

林某在职期间快速学习并掌握了"乒乓球自动发球装置"的制造窍门，在销售过程中掌握了北美乒乓球有限公司大量的客户资源。林某见有利可图，从北美乒乓球有限公司的中国子公司离职。离职后在广东省潮安县归湖镇成立了注册资本仅1万元的个体工商户，开始制造和销售与北美乒乓球有限公司完全相同的"乒乓球发球器（圆口型）"产品。为了规避可能存在的专利侵权风险，林某还进一步将底座和置球口的圆形改为带圆倒角的方形，改良出"乒乓球发球器（方口型）"产品。同时，抢先向国家知识产权局申请了"一种便携乒乓发球机"一项实用新型专利、"乒乓球发球器（圆口型）"和"乒乓球发球器（方口型）"两项外观设计专利。

二、诉前分析

（一）稳定性分析

代理人在专利库上检索国内外所有的乒乓球发球装置，确认在该中国外观设计专利优先权日之前没有相同或相近似的在先设计，"乒乓球自动发球装置"属于一款全新的外观设计，中国外观设计专利权利状态稳定。

（二）侵权分析

如前述第四章第三节的分析，基于稳定性分析结果，由于涉案"乒乓球自动发球装置"属于一款全新的外观设计，其保护范围较大。将涉案外观设计专利立体图、专利产品图、涉嫌侵权产品（圆口型）（方口型）进行对比，如表6-3所示。经过研究分析可以得出，林某制造和销售的"乒乓球发球器（圆口型）"与涉案外观设计专利形状实质相同，落入涉案外观设计专利的保护范围。虽然"乒乓球发球器（方口型）"的形状与涉案外观设计专利不相同，主要区别点是底座与置球口的外轮廓形状，但是代理人认为底座与置球口的外轮廓形状是圆形还是带圆倒角的方形是常规的形状设置选择，对一般消费者来说，该区别点对整体视觉效果不具有显著的影响，二者构成近似，仍然落入涉案专利的保护范围。

表6-3　外观设计专利立体图、专利产品、涉嫌侵权产品（圆口型）（方口型）对比表

涉案外观设计专利立体图❶	北美乒乓球有限公司的专利产品图❷	涉嫌侵权产品（圆口型）❸	涉嫌侵权产品（方口型）❹

（三）诉讼形势分析

林某是北美乒乓球有限公司中国子公司的前核心员工，熟悉原告的技术、产品和专利申请情况，抢先申请的"一种便携乒乓发球机"实用新型专利比北美乒乓球有限公司递交的实用新型专利申请早了2日，北美乒乓球有限公司制造和销售的"乒乓球自动发球装置"当然落入林某"一种便携乒乓发球机"实用新型专利的保护范围。一旦专利诉讼交战，拥有实用新型专利的林某将处于上风，而拥有外观设计专利的北美乒乓球有限公司将处于下风。

林某将"乒乓球发球器（方口型）"产品申请ZL201230177886.X外观设计专利的时候，还把北美乒乓球有限公司没进行专利申请的线控控制器作为其外观设计专利的组成部分。

林某为了规避北美乒乓球有限公司涉案外观设计专利，改良出"乒乓球发球器（方口型）"作为其主打产品，通过网上、门店、授权销售等多渠道低价倾销侵权产品。值得注意的是，林某的个体工商户注册资本仅1万元人民币，承担法律责任的赔付能力薄弱。

三、维权策略

一般用人单位与劳动者签订了劳动合同和保密协议，劳动者在劳动过程中

---

❶ 李．乒乓球自动发球装置：CN301515651S［P］．2011-04-13.
❷ 图片来源于北美乒乓球有限公司。
❸ 乒乓球自动发球器：CN301465744S［P］．2011-02-09.
❹ 不公告设计人．乒乓球自动发球器：CN302351796S［P］．2013-03-13.

为了完成用人单位工作任务进行的发明创造属于职务发明，知识产权归用人单位所有。本案中北美乒乓球有限公司与林某签订的合同是一份合作协议，现有证据没法支持基于专利权权属纠纷把实用新型专利的所有权变更回来。

经过研究分析，北美乒乓球有限公司决定分两步走：第一步先对林某持有的 1 件实用新型专利和 2 件外观设计专利提起专利无效宣告请求，待三件专利被宣告无效成功之后再启动第二步；第二步就是调查取证，基于中国外观设计专利对林某提起专利侵权诉讼。

四、专利无效宣告系列案

（一）ZL201030288768.6 外观设计专利无效宣告案

1. 需无效的专利

需要宣告无效的目标专利的专利号为 201030288768.6，申请日为 2010 年 8 月 19 日，授权公告日为 2011 年 2 月 9 日，名称为"乒乓球自动发球器"，专利权人为林某，涉案专利附图如图 6 - 3 所示。

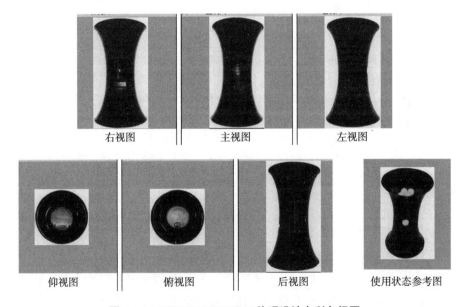

右视图　　　　主视图　　　　左视图

仰视图　　　俯视图　　　后视图　　　使用状态参考图

图 6 - 3　ZL201030288768.6 外观设计专利各视图

2. 对比设计

对比设计 1 为名称为"乒乓球自动发球装置"的 201030113792.6 号中国

外观设计专利，其申请日为 2010 年 2 月 11 日，授权公告日为 2011 年 4 月 13 日，如图 6 - 4 所示。

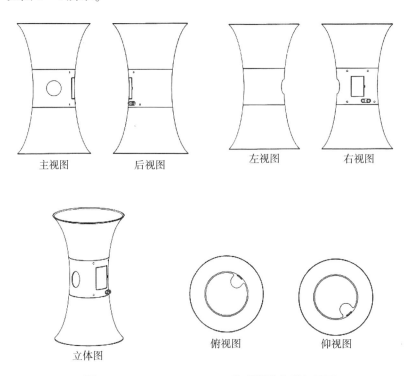

| 主视图 | 后视图 | 左视图 | 右视图 |

| 立体图 | 俯视图 | 仰视图 |

图 6 - 4   ZL201030113792.6 外观设计专利各视图

无效宣告的理由是《专利法》第 23 条第 1 款，即"授予专利权的外观设计，应当不属于现有设计；也没有任何单位或者个人就同样的外观设计在申请日以前向国务院专利行政部门提出过申请，并记载在申请日以后公告的专利文件中"。

3. 无效决定摘录

拟宣告无效的专利授权公告文本中公开了一种乒乓球自动发球器，包括主视图、后视图、仰视图、俯视图、右视图、左视图和使用状态参考图。从上述视图观察，所述发球器包括分别设置在两端均呈喇叭状的置球口和底座，在置球口和底座之间设有与置球口和底座平滑连接的筒体；筒体上设有一圆形出球口；筒体的侧壁设有一可开启的长方形侧门，侧门下面有一长条形拨动开关；发球器的置球口底部边缘设有一入球口。（详见该专利附图）

附件 1 中公开了一种"乒乓球自动发球装置"的外观设计（下称"对比

设计"），与该专利的用途相同，属于类别相同的物品，具有可比性，可以将二者进行对比。

对比设计记载的发球装置包括主视图、后视图、仰视图、俯视图、右视图、左视图和立体图。从上述视图观察，所述发球装置同样包括分别设置在两端均呈喇叭状的置球口和底座，在置球口和底座之间设有与置球口和底座平滑连接的筒体；筒体上设有一圆形出球口；筒体的侧壁设有一可开启的长方形侧门，侧门下面有两个立柱式开关；发球装置的置球口底部边缘设有一入球口，底座顶部边缘也设有一缺口。（详见对比设计附图）

将对比设计与被比设计相比较可知，二者的相同点在于：产品的组成部分以及连接关系均相同，形成了相同的整体形状，筒体上均设有相同形状的侧门和出球口；二者的不同点在于：（1）该专利的拨动开关呈长条形，对比设计的开关为立柱式；（2）该专利底座的顶部无缺口，而对比设计的底座顶部边缘设有一缺口；（3）该专利的筒体由左右两块半圆柱面对接而成，而对比设计的筒体为一个整体的圆柱筒。对此，合议组认为，不同点（1）—（3）在整体设计中所占比例很小，明显属于一般消费者施以一般注意力不易察觉到的局部细微差异，并且不同点（2）处于使用时不容易看到的部位，因此均对整体视觉效果不具有实质性影响。综上，在置球口、底座和筒体相同，筒体上的出球口、侧门的设计相同的情况下，二者已然形成整体上实质相同的外观设计，所述不同点属于一般消费者施以一般注意力不易察觉到的局部细微差异，对整体视觉效果没有产生实质性影响。因此，该专利与对比设计属于同样的外观设计，不符合《专利法》第23条第1款的规定。

决定宣告201030288768.6号外观设计专利权全部无效。❶

4. 代理人办案总结

要宣告无效的目标专利是乒乓球自动发球器，对比设计是目标专利的抵触申请，也是乒乓球自动发球装置，二者产品主分类号都是21-02，属于相同的产品。将对比设计作为最接近的现有设计证据，无效宣告的理由选择适用《专利法》第23条第1款。对比目标专利和对比设计，二者都是分三个组成部分且连接关系相同，筒体上均设有相同形状的侧门和发球口，因此整体形状相同。整体形状在整个外观设计图片中所占的比例最大，对整体视觉效果最具有显著的实质性影响。而拨动开关的形状、底座顶部边缘是否设有一半圆形缺

❶ 参见：国家知识产权局专利复审委员会第20267号无效宣告请求决定书。

口、筒体一体成型还是半圆柱面对接而成在整个外观设计中所占的比例很小，均属于一般消费者施以一般注意力不易察觉到的局部细微差异，半圆形缺口属于产品正常使用时不容易观察到的部位。综上所述，二者属于实质相同的外观设计。

由此可见，外观设计专利无效宣告中涉案专利与对比设计的对比方法，与外观设计专利侵权诉讼中涉案专利与被诉设计的对比方法类似。首先，对比二者是否属于相同或相近的产品类别，是否具有可比性；其次，分析对比二者的相同点和不同点，并进一步分析二者相同点和不同点在外观设计整体视图中所占的比例；再次，逐一分析二者的不同点是否属于一般消费者施以一般注意力不易察觉到的局部细微差异，是否属于产品正常使用时不容易观察到的部位，如果二者的不同点属于局部细微差异或不容易观察到的部位，则对整体视觉效果不具有实质影响；最后，综合判断二者是否构成相同、实质相同或近似。

（二）ZL201230178863. X 外观设计专利无效宣告案

1. 需无效的专利

需要宣告无效的目标专利是专利号为 201230177886. X、名称为"乒乓球自动发球器"的外观设计专利，申请日为 2012 年 5 月 17 日，专利权人为林某。涉案专利附图如图 6 - 5 所示。

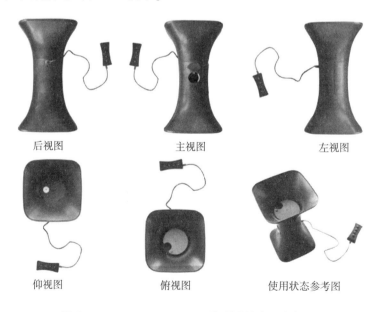

后视图　　　　　　　　主视图　　　　　　　　左视图

仰视图　　　　　　　　俯视图　　　　　　使用状态参考图

图 6 - 5　ZL201230177886. X 外观设计专利各视图

2. 对比设计

对比设计 1 的名称为"乒乓球自动发球器"，申请号为 201030288768.6，申请日为 2010 年 8 月 19 日，授权公告日为 2011 年 2 月 9 日，如图 6-6 所示。

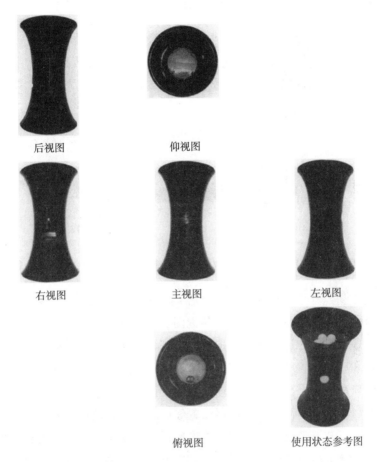

后视图　　　　　　　　仰视图

右视图　　　　　　　　主视图　　　　　　　　左视图

俯视图　　　　　　　　使用状态参考图

图 6-6　ZL201030288768.6 外观设计专利（对比设计 1）各视图

对比设计 2 名称为"遥控器"，申请号为 201130028567.7，申请日为 2011 年 2 月 25 日，授权公告日为 2011 年 8 月 31 日，如图 6-7 所示。

无效宣告的理由是《专利法》第 23 条第 2 款，即"授予专利权的外观设计与现有设计或者现有设计特征的组合相比，应当具有明显区别"。

3. 无效宣告审查决定摘录

证据 2 显示了一种乒乓球自动发球器的外观设计（下称对比设计 1）专

利，涉案专利请求保护的也是一种乒乓球自动发球器的外观设计，用途相同，属于相同种类的产品。证据 6 显示了一种遥控器的外观设计（下称对比设计2）专利，涉案专利请求保护的乒乓球自动发球器的外观设计包含有线控盒，遥控器和线控盒都是用于远控器械的装置，用途相近，属于相近种类的产品。

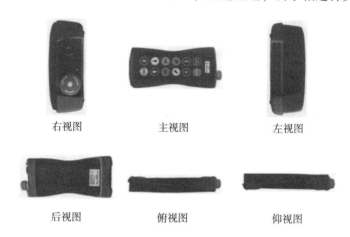

　右视图　　　　　　　主视图　　　　　　　左视图

　后视图　　　　　　　俯视图　　　　　　　仰视图

图 6 - 7　ZL201130028567.7 外观设计专利（对比设计2）各视图❶

涉案专利公开了乒乓球自动发球器的主视图、后视图、左视图、俯视图、仰视图以及使用状态参考图。综合各视图，所述发球器由发球器主体、线控盒两部分组成，两部分通过连接线连接，发球器主体分别设置有两端均呈喇叭状的置球口和底座，置球口和底座的外轮廓呈圆角方形，在置球口和底座之间设有与置球口和底座平滑连接的筒体；筒体上设有一圆形出球口；筒体的侧壁设有一可开启的长方形侧门，发球器的置球口底部边缘设有一入球口，筒身背面设有一接线口并通过连接线与线控盒连接；线控盒整体为类似矩形且两头宽中部逐渐变窄并平滑过渡的形状设计，其中间设有一列四个小圆形按钮。（详见涉案专利附图）

对比设计1公开了乒乓球自动发球器的六面正投影视图以及使用状态参考图。综合各视图，所述发球器包括分别设置有两端均呈喇叭状的置球口和底座，置球口和底座的喇叭口的外轮廓呈圆形，在置球口和底座之间设有与置球口和底座平滑连接的筒体，筒体上设有一圆形出球口，筒体的侧壁设有一可开启的长方形侧门，发球器的置球口底部边缘设有一入球口。（详见对比设计1

---

❶　不公告设计人. 遥控器：CN301659833S［P］. 2011 - 08 - 31.

附图)

对比设计2公开了一种遥控器的六面正投影视图。综合各视图,所述遥控器整体为类似矩形且两头宽中部逐渐变窄并平滑过渡的形状设计,其中间设有两列按钮,每列设有五个小圆形按钮。除此之外还有一些细节设计。(详见对比设计2附图)

将涉案专利与对比设计1相比较可知,二者之间的相同点主要在于:两者的主体设置相同,筒体形状相同。二者之间的区别仅在于:(1)置球口和底座的喇叭口的外轮廓不同,涉案专利为圆角方形,对比设计1为圆形;(2)涉案专利有线控盒的设计,对比设计1没有。

对比设计2公开的遥控器的形状与涉案专利中的线控盒基本相同,其上按键的排列和设置不同,涉案专利线控盒上有一列按键,由4个圆形按键组成,对比设计2上设有两列按键,每列由5个圆形按键组成。

合议组认为,对比设计1、对比设计2与涉案专利的产品均为相同或相近用途的产品;根据自动发球器类产品的一般消费者对该类产品的了解,采用线控遥控器的方式来控制发球机的发球是该类产品的常见设计形式。对比设计1和对比设计2具有组合的启示,两者组合后与涉案专利的发球器主体以及遥控器形状均基本相同。在二者发球器主体设置相同,筒体形状相同的情况下,二者在置球口和底座喇叭口的外轮廓形状上虽存在区别,但圆形或圆角方形的设计属于简单的几何形状变化,对整体视觉效果不具有显著影响。而在涉案专利线控盒与对比设计2遥控器整体形状基本相同的情况下,按键设置均属于此类产品中常见的排列和设置方式,并且相对于产品整体而言,两者的上述区别属于一般消费者施以一般注意力不易察觉的局部细微差异,对整体视觉效果不具有显著影响。综上,对比设计1和对比设计2直接拼合可以获得涉案专利的外观设计,且两者的结合并未产生独特的视觉效果。

决定宣告201230178863.X号外观设计专利权全部无效。❶

4. 代理人办案总结

需要宣告无效的目标专利由发球器主体和线控盒两部分组成。因此,应当针对每一个组成部分分别进行检索,举证各个组成部分的现有设计,无效宣告请求人以林某在先的"圆口型乒乓球发球器"外观设计专利作为在先对比设计1,另外,针对线控盒整体为类似矩形且两头宽中部逐渐变窄并平滑过渡的

---

❶ 参见:国家知识产权局专利复审委员会第23295号无效宣告请求决定书。

形状设计，检索出形状相同的"遥控器"作为在先对比设计 2，而且对比设计 1 和对比设计 2 可配套使用，二者具有较强的结合启示。这样对比设计 1 和对比设计 2 各自公开了发球器主体和线控盒的形状，二者整体形状相同或近似在整个外观设计中所占的比例很大，对整体视觉效果具有显著影响，而不同点仅为底座和置球口的喇叭口的外轮廓形状为圆形还是圆角方形的区别，以及遥控器上按钮的排列布局区别。其中圆形与圆角方形属于简单几何图形的变换，"一排 4 个按钮"与"两排各 5 个按钮"更是在面板上对按钮排列布局的常规设置，这两个区别点在整个外观设计中占的比例较小，对整体视觉效果不具有显著影响。在举证在先对比设计以后，还要准确适用《专利法》第 23 条第 2 款作为无效宣告的理由，论述授权外观设计与现有设计的组合不具有明显区别。遥控器和线控盒虽然不是相同的产品，但均属于用途相近的产品。遥控器与发球器本体有组合使用或销售的启示，因此遥控器与发球器可以组合作为证据链联合公开涉案外观设计专利。

（三）ZL201220441017.7 实用新型专利无效宣告案

1. 需无效的专利

需要宣告无效的目标专利的专利号为 201220441017.7、名称为"一种便携乒乓发球机"的实用新型专利，申请日为 2012 年 9 月 1 日，专利权人为林某。涉案专利说明书附图如图 6 - 8 所示。涉案实用新型专利的权利要求如下：

1. 一种便携乒乓发球机，包括一底座和设在底座上的发球座，其特征在于所述发球座的上端部为一喇叭状集球盆，发球座的下端部中设一输送乒乓球的球道槽，球道槽的一端通过进球孔与集球盆相导通，球道槽的另一端设有相夹设置的双发球转轮和发球口。

2. 根据权利要求 1 所述的一种便携乒乓发球机，其特征在于所述发球座通过轴承架置在底座上，并通过连接轴为活动连接，发球座中设有摇摆机构，包括一电机和与电机传动连接的摆轴，摆轴插接在底座上的滑槽中。

3. 根据权利要求 1 所述的一种便携乒乓发球机，其特征在于所述进球孔边上设有阻球挡板，集球盆设有一与电机相接的转盘，转盘的边缘设有一乒乓球位的空缺，空缺边上设有一阻球凸缘。

4. 根据权利要求 1 所述的一种便携乒乓发球机，其特征在于所述球道槽由一槽底板和侧护板组成。❶

---

❶　一种便携乒乓发球机：CN202777706U［P］. 2013 - 03 - 13.

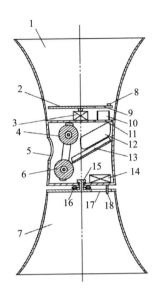

图6-8　ZL201220441017.7实用新型专利说明书附图

2. 证据2和证据6概述

证据2（附件2）的申请号为02277057.7，申请日为2002年8月8日，公告日为2003年12月24日，名称为乒乓球发球机，关键说明书附图如图6-9所示。

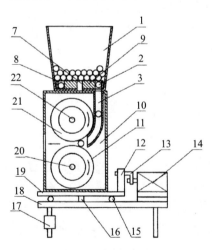

图6-9　ZL02277057.7乒乓球发球机的说明书附图❶

---

❶　何国华. 乒乓球发球机：CN2593846［P］. 2003 - 12 - 24.

证据 6（附件 6）的申请号为 200920279746．5，申请日为 2009 年 11 月 14 日，公告日为 2010 年 8 月 25 日，名称为台球桌。

3．无效决定摘录

（1）需无效的专利权利要求 1 的新颖性

合议组经审查后认为，权利要求 1 请求保护一种便携乒乓发球机，附件 2 也公开了一种乒乓球发球机，包括一个底座 18（相当于权利要求 1 中的底座）以及设在底座上的抛球机构，抛球机构上有供球机构，该抛球机构中可设置摇头机构（这里的抛球机构、抛球机构中的摇头机构以及供球机构相当于权利要求 1 中的发球座）。其中的供球机构由球桶 1（相当于集球盆）、转盘 9、导球管 3 和转盘轴 7 组成。其中的抛球机构由抛球箱 10、下柔性轮 11、上柔性轮 21 组成，抛球箱 10 中有输送乒乓球的导球管 3（相当于球道槽），导球管 3 的一端通过进球孔与球桶 1 相导通，导球管 3 的另一端导到上下柔性轮 21、11，其中的上下柔性轮 21、11 将从导球管 3 中落下的乒乓球夹住并从左侧的开口抛射出去（相当于公开了相夹设置的双发球转轮和发球口）。从附图 2 中可以看出球桶 1 为上大下小的喇叭状（参见附图 2 及说明书第 1、2 页）。附件 2 的发球机结构简单、造价低廉，并且从附图 2 的图示可以看出其同样便携，由此可见权利要求 1 的技术方案已被附件 2 完全公开，两者在技术领域、技术方案、技术效果相同并且能够解决同样的技术问题，因此不具有新颖性。

专利权人在口头审理中强调该专利的喇叭状为抛物线状。对此合议组认为所谓抛物线状在该专利中没有记载，因此专利权人的这一主张不成立。此外，即使考虑到该专利说明书附图所示的集球盆为曲线开口这一情形，也需考虑权利要求 1 中并未将这一点限定到所要保护的技术方案中，因此不应将权利要求 1 中的喇叭状理解为曲线状的喇叭口。

（2）需无效的专利权利要求 2 的创造性

权利要求 2 的附加技术特征是"所述发球座通过轴承架置在底座上，并通过连接轴为活动连接，发球座中设有摇摆机构，包括一电机和与电机传动连接的摆轴，摆轴插接在底座上的滑槽中"。

请求人认为权利要求 2 相对于附件 2 或附件 1 与常用技术手段的结合不具有创造性。专利权人认为该专利的摇摆装置设置的位置不同于附件 1 和 2，设置在底座和发球座之间或发球座之内，能够便携。

合议组经过审查认为，附件 2 在公开抛球机构中在设置一个摇头装置的基础上进一步公开该摇头装置由底板 19、槽板 12、拨杆 13、电机 14、滚球 15

和底轴 16 组成，槽板 12 中开有槽，拨杆 13 成 L 形，其一端伸入槽板 12 的槽中，另一端与电机 14 连接，组成偏心传动机构，将电机 14 的转动变为槽板 12 的左右移动。滚珠 15、底轴 16 起定位和支撑作用，其中滚球 15 相当于该专利的轴承。权利要求 2 与之相比存在如下区别：发球座中设有摇摆机构，包括一电机和与电机传动连接的摆轴，摆轴插接在底座上的滑槽中。换言之，权利要求 2 中的电机是设置在发球座中的，附件 2 的电机设置在底座 18 上的。此外权利要求 2 中摆轴是插接在底座上的滑槽中的，而附件 2 相对于拨杆 13 则是伸入槽板 12 的槽中，而非底座中。但两者均是通过电机带动拨杆 13（或摆轴 18）从而使发球座相对于底座产生摆动改变发球的左右角度，其工作原理相同，而且这两种位置设置方式均是机械领域公知的方式，即电机既可以设置在底座上通过传动机构带动发球座，也可以设置在发球座上通过传动机构传动至底座，由于底座不动由电机带动发球座运动。在此基础上，将电机设置在具体的发球座中，摆轴插接在底座上的滑槽中是容易想到的，因此请求人关于权利要求 2 相对于附件 2 与常用技术手段的结合不具有创造性的主张成立。

（3）需无效的专利权利要求 3 的创造性

权利要求 3 的附加技术特征是"所述进球孔边上设有阻球挡板，集球盆设有一与电机相接的转盘，转盘的边缘设有一乒乓球位的空缺，空缺边上设有一阻球凸缘"。请求人认为权利要求 3 不具有创造性，在空缺（球洞）旁设有凸缘是本领域的常用结构。专利权人认为所有附件均没有公开阻球凸缘及其搅动作用。

合议组经过审查认为，附件 2 公开的供球机构由球桶 1、转盘 9、导球管 3 和转盘轴 7 组成，转盘 9 边缘上设有一个乒乓球位的空缺，使用时，电机动力装置通过转盘轴 7 带动转盘 9 转动。附件 2 中没有具体公开权利要求 3 中的阻球挡板和阻球凸缘，结合附图可知转盘 9 具有一定厚度，其从空缺一直延伸至导球管 3 的进球孔，因此具有阻球功能，相当于权利要求 3 中的阻球挡板。当转盘很薄并且转盘与导球管 3 的进球孔之间存在空间时，本领域技术人员会想到在此设置挡板对球进行限制。对于阻球凸缘及其搅动作用而言，本领域技术人员均知道附件 2 中球会在球桶 1 中散落，有时不易落入空缺中，因此需要对其进行搅动从而提高其落入空缺的可能，而在转盘上设置凸缘、凸块这类扰动结构对本领域技术人员而言是能够想到的手段之一，因此权利要求 3 不具有创造性。

（4）需无效的专利权利要求 4 的创造性

权利要求 4 的附加技术特征是"所述球道槽由一槽底板和侧护板组成"。

请求人认为权利要求 4 相对于附件 2 与附件 6 的结合不具有创造性。

合议组经审查后认为，附件 6 公开了一种台球桌，参考权利要求 1 和附图 1、2 可知其中的内挡板、外挡板和底斜板围合形成导球斜槽。虽然附件 6 公开的是台球桌与本专利技术领域不同，但是由侧挡板加上底板形成球道槽属于本领域公知技术，因此本领域技术人员能够想到用这样的手段代替附件 2 的导球管 3 从而得到权利要求 4 的技术方案，故权利要求 4 是显而易见的，不具有创造性。

宣告 201220441017.7 号实用新型专利权全部无效。❶

4. 代理人办案总结

需要宣告无效的目标实用新型专利仅有 4 项权利要求，每项权利要求包含的技术特征较少，而且没有充分挖掘"圆口型乒乓球发球器"有价值的创新发明点，其权利要求的保护范围较大。经过检索分析，举证现有技术，通过新颖性和创造性理由无效的可能性较大。

目标专利权利要求 1 记载的技术特征非常简单有限，包括底座和底座上的发球座，发球座上端部为喇叭状集球盘，发球座下端部设有球道槽，球道槽一端通过进球孔与集球盘导通，另一端设有相夹设置的双发球转轮和发球口。对于上位且抽象的权利要求技术方案，关键是结合证据 2 的说明书及附图，分析匹配出对应关系，技术特征对比表如表 6 - 4 所示。

表 6 - 4 涉案专利权利要求 1 与证据 2 的技术特征对比表

涉案专利权利要求 1	证据 2	对比
底座	底座 18	相同
底座上的发球座	底座上的抛球机构、摇头机构、供球机构	相同
发球座的上端部为一喇叭状集球盆	附图显示设在上端的球桶 1 也是呈喇叭状	相同
发球座的下端部中设一输送乒乓球的球道槽	抛球箱 10 中有输送乒乓球的导球管 3	相同
球道槽的一端通过进球孔与集球盆相导通	导球管 3 的一端通过进球孔与球桶 1 相导通	相同
球道槽的另一端设有相夹设置的双发球转轮和发球口	导球管 3 的另一端导到上下柔性轮 21、11，其中的上下柔性轮 21、11 将从导球管 3 中落下的乒乓球夹住并从左侧的开口抛射出去	相同

---

❶ 参见：国家知识产权局专利复审委员会第 21769 号无效宣告请求决定书。

将林某的 1 件实用新型专利和 2 件外观设计专利全部宣告无效，解除了北美乒乓球有限公司所有后顾之忧，林某不再可能用抢注的实用新型专利反诉北美乒乓球有限公司专利侵权。

五、调查取证

将林某的 1 件实用新型专利和 2 件外观设计专利全部宣告无效以后，北美乒乓球有限公司委托代理人对林某进行调查取证。代理人以一般消费者的名义在广州市通过电商平台向林某经营的某网上店铺进行第一次尝试购买。收到快递货物后发现，该乒乓球自动发球装置没有印刷任何商标，仅仅用一个没有任何印刷的"白盒子"包装，里面有一本产品质保维修手册，质保维修手册记载的制造商并未在工商系统登记备案，即一个不存在的公司。通过网购方式购买到的产品无法关联到林某及林某的个体工商户。

代理人进一步深入调查，带着公证员到广东省潮州市林某的实体店铺对"乒乓球发球器（圆口型）"和"乒乓球发球器（方口型）"两款产品进行公证购买，支付货款，并获取到"收款收据"和"名片"，公证员见证整个购买过程，出具公证书，至少证明林某销售被诉侵权产品的行为。本次公证购买的乒乓球自动发球装置产品上还印刷着林某持有的商标，证明林某制造被诉侵权产品的行为。

开庭前，代理人在天猫和淘宝多个网店上搜索到多个展示被诉侵权产品的侵权链接。这些侵权链接除了展示被诉产品的外观照片以外，还展示有林某个体工商户授权销售的授权书，证明林某许诺销售的行为。侵权链接上还记载被诉侵权产品的销售单价、销售数量、库存和累计评价等信息。

六、法律诉讼

（一）立案及财产保全

固定好证据以后，代理人准备启动法律诉讼。考虑到林某承担法律责任的能力薄弱，代理人在向广东省汕头市中级人民法院提起外观设计专利侵权诉讼立案的同时，请求对林某的银行账号采取财产保全措施。

法院经过审查认为，原告的财产保全申请符合法律规定，作出了（2013）汕中法知民初字第 17 号之一民事裁定，依法裁定冻结被告林某银行存款或查封其财产，价值以人民币 10 万元为限。法院成功冻结林某的 10 万元银行存款财产，为专利侵权诉讼胜诉后申请法院强制执行奠定坚实的基础。

（二）被告的不侵权抗辩和现有设计抗辩

1. 不侵权抗辩

被告对于乒乓球发球器（圆口型）主张不同点是：乒乓球发球器（圆口型）的入球口呈圆状，而本案专利的入球口呈半圆状；乒乓球发球器（圆口型）筒体的出球口下方有一椭圆形的"汇乓"牌商标；乒乓球发球器（圆口型）的筒体与底座连接处有一黑色框圈。

被告对于乒乓球发球器（方口型）主张不同点是：除具有乒乓球发球器（圆口型）的区别性设计以外，乒乓球发球器（方口型）与本案专利的最大区别之处仅在于：置球口和底座的截面是带圆角的方形。

原告提交了国家知识产权局专利复审委员会第23295号无效宣告请求决定书，该决定书认为"二者在置球口和底座的喇叭口的外轮廓形状上虽存在区别，但圆形或圆角方形的设计属于简单的几何形状变化，对整体视觉效果不具有显著影响"。这份由国家知识产权局出具的无效宣告请求审查决定证明力大，法院采信后认定乒乓球发球器（方口型）与涉案专利相近似。

2. 现有设计抗辩

被告提交了三份证据，分别是"广州塔"照片、"巴黎雪完美祛去痘无印爽肤水图片"和"竹鸟图花瓶图片"，详见表6-5，主张现有设计抗辩。

表6-5　现有设计抗辩对比表

涉案外观设计专利立体图❶	广州塔照片❷	巴黎雪完美祛去痘无印爽肤水图片❸	竹鸟图花瓶图片❹

❶ 李. 乒乓球自动发球装置：CN301515651S［P］. 2011 - 04 - 13.
❷ 图片来源于作者拍摄。
❸❹ 图片来源于（2013）汕中法知民初字第17号案被告提交的证据。

七、法院判决

（一）本案的争议焦点一：被告生产、销售的乒乓球发球器（圆口型）和乒乓球发球器（方口型）是否落入本案专利的保护范围

将乒乓球发球器（圆口型）与本案专利进行比对，两者同属于一种乒乓球发球装置，相同点是：（1）发球器包括分别设置在两端均呈喇叭状的置球口和底座，在置球口和底座间设有截面小于置球口和底座喇叭口截面的圆柱形筒体；（2）在筒体上设有一圆形出球口，置球口内侧设有一入球口；（3）发球器整体呈"小蛮腰"状，中间窄两头宽圆滑过渡，置球口和底座上下对称，筒体、置球口和底座的截面为圆形。不同点是：乒乓球发球器（圆口型）的入球口呈圆状，而本案专利的入球口呈半圆状；乒乓球发球器（圆口型）筒体的出球口下方有一椭圆形的"汇乒"牌商标；乒乓球发球器（圆口型）的筒体与底座连接处有一黑色框圈。经过比对可见，乒乓球发球器（圆口型）在设计上采用了本案专利的全部设计要点，虽然其自身在入球口、筒体与底座连接处等也有一些区别性设计，但是这些区别性设计或者是作为商标起到识别性功能而非装饰性功能，或者过于细微，无法在整体视觉效果上产生显著影响。根据整体观察、综合判断的原则，乒乓球发球器（圆口型）与本案专利构成实质性相似，落入本案专利的保护范围，构成对本案专利权的侵权。

将乒乓球发球器（方口型）与本案专利进行比对，两者同属于一种乒乓球发球装置，除具有乒乓球发球器（圆口型）的区别性设计外，乒乓球发球器（方口型）与本案专利的最大区别之处仅在于：置球口和底座的截面是带圆角的方形。除此之外，两者设计基本相同。虽然乒乓球发球器（方口型）的置球口和底座采用了与本案专利不同的设计，但是其仅是将原先的圆形替换成了带圆角的方形，属于采取简单的几何图形替换，结合其他区别性设计，仍无法在整体视觉效果上产生显著差异。根据整体观察、综合判断的原则，乒乓球发球器（方口型）与本案专利同样构成实质性相似，落入本案专利的保护范围，构成对本案专利权的侵权。被告答辩称乒乓球发球器（方口型）的外观设计依法被授予专利权，专利证号为 ZL201230178863.X，该专利权至今有效，原告指控依据不足。法院认为，被告的专利权申请日为 2012 年 5 月 17日，晚于本案专利的申请日 2010 年 2 月 11 日。根据《专利法》保护在先的原则，被告在后专利的法律状态并不影响其专利产品侵犯本案专利事实的认定。被告的不侵权抗辩缺乏法律依据，不予采纳。

（二）本案的争议焦点二：被告提出的现有设计抗辩是否成立

被告答辩提出其乒乓球发球器（圆口型）是基于对著名建筑物广州塔的模仿设计而来，属于《专利法》中规定的对现有设计的转用。转用是 2010 年版《专利审查指南》中新增的规定，是指将产品的外观设计应用于其他种类的产品，通过对属于明显存在转用手法的启示的情形得到的外观设计与现有设计相比不具有明显区别。转用是在专利审查授权阶段判断外观设计专利权是否具有新颖性的标准，并非专利侵权纠纷中现有设计抗辩的标准。根据《最高人民法院关于审理侵犯专利权纠纷案件应用法律若干问题的解释》（法释〔2009〕21 号）第 8 条的规定，现有设计抗辩必须在相同或相近似种类产品上进行比对，而广州塔作为建筑物与乒乓球发球器显然不属于同一产品种类。被告的这一现有设计抗辩缺乏法律依据，予以驳回。被告还提出在本案专利申请日前，已有日常化妆品、工艺品的外观与本案专利一样，原告的外观设计专利属于《专利法》第 23 条第 4 款规定的现有设计。被告据此提供证据 2 "巴黎雪完美祛去痘无印爽肤水图片"和证据 3 "竹鸟图花瓶图片"予以证明。但判断本案专利是否属于现有设计属于国家知识产权局专利复审委员会的职权范围，法院无权对此问题进行审查。故对被告的这一抗辩主张，法院不予置评。退一步说，即使被告将证据 2、证据 3 作为现有设计抗辩的证据，同样因化妆品、花瓶与乒乓球发球器属于不同种类的产品，无法与被控侵权产品进行比对，被告的这一现有设计抗辩亦缺乏法律依据。

（三）本案的争议焦点三：被告应承担的法律责任

关于被告应承担的法律责任问题。被告未经专利权人许可，以生产经营为目的，生产、销售落入专利保护范围的产品，其行为已经侵犯了 ZL201030113792.6 号外观设计专利权，应承担停止侵权、赔偿损失的法律责任。原告要求被告停止生产、加工、销售、许诺销售侵权产品并销毁库存侵权产品及模具，理由成立，被告应立即停止制造、许诺销售、销售侵权产品行为并销毁库存侵权产品及模具。对于被告应当承担的赔偿损失的数额，由于原告没有举证证明其因被侵权所受到的实际损失或者被告因侵权所获得的利益，故法院根据本案专利权的类型、侵权行为的性质和情节等因素予以酌定。从法院认定的事实看，被告产品的售价较高，从人民币 500 元到人民币 800 元不等，且在天猫网、淘宝网上予以销售，销售范围广，给原告造成一定影响。同时考虑原告为制止本案被告侵权行为支出的合理费用。综合这两方面的情况，法院酌定被告赔偿原告人民币 8 万元并负担本案诉讼费用。

（四）判决

一审判决：（1）被告林某应立即停止制造、许诺销售、销售侵犯原告北美乒乓球有限公司 ZL201030113792.6 号"乒乓球自动发球装置"外观设计专利权的乒乓球发球器（圆口型）和乒乓球发球器（方口型）的行为，并销毁库存侵权产品及模具。（2）被告林某应在本判决发生法律效力之日起十日内向原告北美乒乓球有限公司支付赔偿金人民币 8 万元。❶

本案被告不服一审判决，向广东省高级人民法院上诉，广东省高级人民法院经过审理作出了终审判决，驳回上诉，维持原判。❷

判决生效后，北美乒乓球有限公司代理人申请法院强制执行，基于一审程序已经冻结被告的银行存款，法院直接划拨已冻结的银行存款至原告指定账户。

八、案件启示

对于侵权产品是普通商品的情况，通过网络平台购买侵权产品以固定实物证据的方式确实十分便捷。但是，通过网络平台购买侵权产品的各个环节，如下单付款、快递提货、确认收货完成交易，都要分别进行对应的公证，如下单购买并付款的网页公证、在公证员见证下到快递物流点现场提货的公证、在网络平台确认收货的网页公证。而现场公证购买则只需要在公证员见证下现场购买侵权产品实物即可。本案取证过程较为曲折，第一次通过网购平台购买侵权产品却未能有效锁定侵权主体，但之后通过线下实体门店购买，迅速固定了侵权产品实物，并有效锁定了侵权主体。

被告是个体工商户等小侵权主体，注册资本仅 1 万元，存在胜诉后执行不能的高风险。在诉前或起诉的同时，应当及时向法院申请进行财产保全，为将来的执行程序顺利进行、最终有效遏制侵权行为打下坚实的基础。

本案是发生在用人单位与劳动者之间的专利侵权纠纷，带来的深刻启示是用人单位和劳动者要签订严谨的劳动合同、保密协议和竞业限制协议，而且协议中要包括职务发明、知识产权归属、遵守保密义务等相关规定的条款，切实保护用人单位的合法权益。若用人单位自主研发创新，一定要及时进行专利挖掘与布局；经过检索后，对各个有价值的发明点充分申请发明、实用新型和外

---

❶ 参见：广东省汕头市中级人民法院（2013）汕中法知民初字第 17 号民事判决书。
❷ 参见：广东省高级人民法院（2014）粤高法民三终字第 547 号民事判决书。

观设计各种类型的专利，抢占专利申请日；在递交专利申请之前，技术方案和设计方案要严格保密，严禁发表论文或公开销售专利产品，慎防专利被恶意抢注。国家标准《企业知识产权管理规范》（GB/T 29490—2013）对企业的各项知识产权管理有详细的规范。企业可以通过贯彻知识产权管理规范标准，提高自身的知识产权管理水平，规避经营管理过程中可能出现的各种知识产权风险。

第七章　大型设备专利维权案例

大型设备一般具有体积大、重量重、价格昂贵、搬运和仓储不便的特点。被诉侵权人往往没有现货，需要接到订单才生产制造。大型设备的使用方也是专利权人的客户，如果把大型设备的使用方列为被告，则将影响专利权人与客户的合作关系；如果不把大型设备使用方列为被告，请求法院到设备使用方作证据保全，法院认为是案外人一般不予准许。这些特点都对专利侵权诉讼的证据固定带来巨大的挑战，因此，大型设备专利维权一直都是取证难度最大的案件。专利诉讼的原告前期调查摸底，获取被诉侵权设备所在的准确仓储位置，请求法院作证据保全固定侵权实物证据是大型设备常用的证据固定方式之一。另外一种证据固定方式就是直接公证购买大型设备。

第一节　发明专利临时保护期纠纷案

《专利法》第 13 条规定："发明专利申请公布后，申请人可以要求实施其发明的单位或者个人支付适当的费用。"

专利权人一般在专利授权公告日之后通过公证购买的方式固定证据，然后向法院提起专利侵权诉讼。本节介绍的案例是涉及大型机械设备。本来原告指控被告侵犯其发明专利权，但诉讼过程中被告举证其实施销售被诉大型机械设备的时间在发明专利授权之前，因而专利侵权不成立。于是专利权人变更诉讼案由，改为发明专利临时保护期纠纷案。

一、案件背景

（一）专利申请、答复 OA 简要介绍

联柔公司 2014 年 3 月 5 日委托广州嘉权专利商标事务所有限公司代理撰

写和申请专利，名称为"一种袋装弹簧生产压缩输送机构"，专利号为 ZL201410079173.7，授权公告日为 2016 年 1 月 27 日。由于该专利技术贯穿应用于整台"袋装弹簧生产设备"，因此是联柔公司的一件高价值核心发明专利，如图 7 - 1 所示。

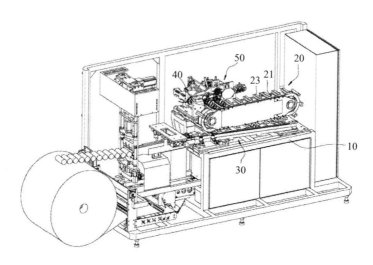

图 7 - 1　ZL201410079173.7 发明专利说明书附图 1

原涉案专利公开文本的权利要求 1 为：一种袋装弹簧生产压缩输送机构，其特征在于包括机架、弹簧输送机构、弹簧压缩输送机构，所述弹簧压缩输送机构承接弹簧输送机构输送来的弹簧并进行压缩，所述弹簧压缩输送机构包括两对设于机架上的挡板和绕设于挡板外侧的输送带，两所述挡板之间的距离从一头到另一头逐渐减小，弹簧输送机构输送弹簧至两挡板之间并带动弹簧移动使弹簧从两挡板间距离较大的一头移动至两挡板间距离较小的另一头，弹簧平移时随两所述挡板间距离的逐渐减小而逐渐受压缩，弹簧压缩到一定程度后脱离所述弹簧输送机构由弹簧压缩输送机构进行输送。❶

国家知识产权局下发第一次审查意见通知书指出，权利要求 1 - 4 不具备创造性，不符合《专利法》第 22 条第 3 款的规定。

为了克服第一次审查意见通知书指出的缺陷，在权利要求 1 中增加技术特征"所述弹簧输送机构设置在两挡板之间的上方"，且将"弹簧压缩到一定程度后脱离所述弹簧输送机构由弹簧压缩输送机构进行输送"适应性修改为

---

❶　谭治铭. 一种袋装弹簧生产压缩输送机构：CN103879604A［P］. 2014 - 06 - 25.

"弹簧压缩到一定程度后脱离所述弹簧输送机构由两挡板外的输送带夹持输送"。

修改后授权公告的权利要求1为：一种袋装弹簧生产压缩输送机构，其特征在于包括机架、弹簧输送机构、弹簧压缩输送机构，所述弹簧压缩输送机构承接弹簧输送机构输送来的弹簧并进行压缩，所述弹簧压缩输送机构包括两对设于机架上的挡板和绕设于挡板外侧的输送带，两所述挡板之间的距离从一头到另一头逐渐减小，所述弹簧输送机构设置在两挡板之间的上方，弹簧输送机构输送弹簧至两挡板之间并带动弹簧移动使弹簧从两挡板间距离较大的一头移动至两挡板间距离较小的另一头，弹簧平移时随两所述挡板间距离的逐渐减小而逐渐受压缩，弹簧压缩到一定程度后脱离所述弹簧输送机构且继续由两挡板外的输送带夹持输送。❶

（二）联柔公司的客户压价反馈某智能装备公司低价竞争

联柔公司为研发高速率高性能的"袋装弹簧生产设备"投入了大量研发成本，其销售的袋装弹簧生产设备售价高昂。联柔公司的客户在购买"袋装弹簧生产设备"的商业谈判过程中大幅压价，并反馈某智能装备公司可以低价销售同类产品，因而联柔公司得到某智能装备公司可能制造落入发明专利保护范围的大型设备线索。

二、调查取证

联柔公司委托代理人尝试向某智能装备公司公证购买涉案的"袋装弹簧生产设备"，但某智能装备公司非常谨慎，只愿意将货物直接出口或仅销售给其熟悉的老客户。公证购买大型设备的方案行不通。

联柔公司的维修保养人员在一客户某金属科技有限公司的生产厂房意外发现了3台某智能装备公司制造的"某型号数控袋装卷簧机"，然后做了初步证据的固定。

在固定初步证据之后，联柔公司向山东省济南市中级人民法院请求诉前证据保全。济南市中级人民法院经审理认为，"因情况紧急，在证据有可能灭失或以后难以取得的情况下，利害关系人可以在提起诉讼前向证据所在地、被申请人住所地或者对案件有管辖权的人民法院申请证据保全。申请人广州市联柔机械设备有限公司的申请符合法律规定。依照《民事诉讼法》第81条第2款、

---

❶　谭治铭. 一种袋装弹簧生产压缩输送机构：CN103879604B［P］. 2016 – 01 – 27.

第 3 款，第 154 条第 1 款第 4 项规定，裁定如下：对被申请人某金属科技有限公司、某智能装备公司涉嫌侵犯 ZL201410079173.7 号'一种袋装弹簧生产压缩输送机构'发明专利权的行为进行诉前证据保全"。❶

济南市中级人民法院作出（2016）鲁 01 证保 45 号民事裁定书后，前往某金属科技有限公司的生产厂房"活封"了 3 台某智能装备公司制造的"某型号数控袋装卷簧机"，对证据保全的全过程进行了拍摄照片和录像。联柔公司的代理人提前向承办法官提交了拍摄指引，指引承办法官对"某型号数控袋装卷簧机"中与 ZL201410079173.7 号"一种袋装弹簧生产压缩输送机构"发明专利权利要求相对应的技术特征进行重点拍照和录像，为后续庭审法院和各方进行侵权技术对比打下坚实的基础。后续各级法院根据诉前证据保全拍摄的照片和视频就能查明案件的技术事实，无须各方再前往某金属科技有限公司的生产厂房现场勘验，节省了时间，提高了庭审效率。

所谓"活封"大型设备，就是指某金属科技有限公司仍然可以使用涉案 3 台"某型号数控袋装卷簧机"正常生产产品，但是，任何人未经法院许可，不能搬移被封存的 3 台"某型号数控袋装卷簧机"，更不能拆卸或更换里面的零部件，否则将承担相应的法律责任。"活封"大型设备，不影响正常生产等经济活动，不会对大型设备使用方造成任何经济损失，是一项灵活且能同时平衡专利权人和被诉设备使用方等各方利益的法院证据保全措施。

三、一审程序与一审判决

法院证据保全固定了 3 台"某型号数控袋装卷簧机"。联柔公司针对某智能装备公司和某金属科技有限公司侵害发明专利权的行为向济南市中级人民法院提起了发明专利侵权诉讼。在专利侵权诉讼证据交换环节，某智能装备公司提交了一份购销合同证据，显示销售时间为 2015 年 12 月 21 日，比联柔公司的发明专利授权公告日早了 37 日。此意味着该销售行为发生在发明专利授权之前，不构成专利侵权行为。联柔公司主动撤回了该发明专利侵权诉讼。

经过研究分析，基于法院证据保全固定了 3 台"某型号数控袋装卷簧机"，联柔公司虽然不能主张某智能装备公司侵犯发明专利权的行为，但是仍然可以追诉某智能装备公司发明专利临时保护期的使用费。启动发明专利临时保护期纠纷需要法院审判某智能装备公司制造的"某型号数控袋装卷簧机"

---

❶　参见：山东省济南市中级人民法院（2016）鲁 01 证保 45 号民事裁定书。

落入发明专利权的保护范围，这对于遏制某智能装备公司今后的制造和销售"某型号数控袋装卷簧机"，确立联柔公司技术领先和技术垄断地位具有关键性作用。于是联柔公司针对某智能装备公司和某金属科技有限公司向济南市中级人民法院提起了发明专利临时保护期使用费诉讼。

本案中，被告某智能装备公司作不侵权抗辩，认为被控产品不具有原告要求保护的权利要求中的以下特征：（1）权利要求1中的"弹簧压缩到一定程度后脱离所述弹簧输送机构且继续由两挡板外的输送带夹持输送"；（2）权利要求2中的"所述输送带体运转使处于平直段内由磁性吸块吸住的弹簧在两挡板之间进行移动受压缩，当弹簧压缩到一定程度后，两所述挡板外的输送带对弹簧产生摩擦力大于磁性吸块对弹簧的吸附力，弹簧脱离所述磁性吸块由两挡板外的输送带夹持输送"。

济南市中级人民法院认为，（1）被控技术方案中显示的特征为"弹簧脱离上方的弹簧输送机构后，由输送带继续夹持向前输送"，涉案专利权限定的技术特征为"弹簧压缩到一定程度后脱离所述弹簧输送机构且继续由两挡板外的输送带夹持输送"，该方案并未限定具体的弹簧脱离位置，脱离位置可以为 V 形区域、平行区域、V 形区域与平行区域的交界处等，故被控方案与涉案专利限定特征相一致。（2）被控技术方案为"在平直段的挡板上镶嵌了磁铁"，该设置仅是增加了弹簧与皮带间的压力。由于弹簧与皮带间压力的增大，相应地输送带对弹簧产生摩擦力也随之增大，被控方案的这种设置并未改变涉案专利权限定的"输送带对弹簧产生摩擦力大于磁性吸块对弹簧的吸附力"特征，因此，被控方案与涉案专利权限定的特征相一致。综上，被控技术方案与涉案专利保护的全部技术特征一一对应，落入涉案专利权的保护范围。《专利法》第13条规定："发明专利申请公布后，申请人可以要求实施其发明的单位或者个人支付适当的费用。"在涉案发明专利申请公开后，被告某智能装备公司生产、销售与原告联柔公司涉案专利权相同的产品，应当支付费用。关于数额，法院考虑被告某智能装备公司的生产规模、销售产品的价格及涉案专利对被控产品的贡献等因素，予以酌情确定。

济南市中级人民法院判决被告某智能装备公司于本判决生效之日起10日内支付原告广州市联柔机械设备有限公司发明专利临时保护期使用费15万元；驳回原告广州市联柔机械设备有限公司其他诉讼请求。❶

---

❶ 参见：山东省济南市中级人民法院（2017）鲁01民初132号民事判决书。

四、二审程序与二审判决

上诉人某智能装备公司不服一审判决，向山东省高级人民法院提起了上诉，认为被诉产品缺少"弹簧压缩到一定程度后脱离所述弹簧输送机构且继续由两挡板外的输送带夹持输送"技术特征。涉案专利该技术特征是弹簧在 V 形挡板间压缩到一定程度，脱离弹簧输送机构后，继续夹持在上述 V 形挡板间，由两挡板处的输送带夹持输送，并继续对弹簧进行压缩。被诉产品的弹簧在 V 形两挡板间的区域并不脱离弹簧输送机构，一直进入平行输送带时，受到设置在平行输送带两侧的磁铁吸力，弹簧与弹簧输送机构脱离。联柔公司在专利授权审查时将"弹簧压缩到一定程度后脱离所述弹簧输送机构由弹簧压缩输送机构进行输送"改为"弹簧压缩到一定程度后脱离所述弹簧输送机构且继续由两挡板外的输送带夹持输送"，弹簧压缩输送机构范围大于两挡板外的输送带夹持输送，本案应适用"禁止反悔"原则，被诉技术方案与涉案专利不构成等同，被诉技术方案未落入涉案专利权的保护范围。专利权利要求中的"弹簧压缩到一定程度"是功能性技术特征。专利是将输送带设置成 V 形，利用弹簧与其之间夹持产生的摩擦力使弹簧与弹簧输送机构分离；被诉产品采取的方案是在压缩输送平行区域增加两块磁铁，利用磁铁的吸附使弹簧与弹簧输送机构分开。

山东省高级人民法院认为，根据当事人的诉辩主张，本案的争议焦点为某智能装备公司应否向联柔公司支付发明专利临时保护期使用费。《专利法》第 13 条规定，发明专利申请公布后，申请人可以要求实施其发明的单位或者个人支付适当的费用。《最高人民法院关于审理侵犯专利权纠纷案件应用法律若干问题的解释（二）》（法释〔2016〕1 号）❶ 第 18 条第 2 款规定，发明专利申请公布时申请人请求保护的范围与发明专利公告授权时的专利权保护范围不一致，被诉技术方案均落入上述两种范围的，人民法院应当认定被告在发明专利临时保护期内实施了该发明。本案中，当事人对某智能装备公司被诉制造销售被诉产品的行为发生在涉案专利临时保护期内均无异议。根据某智能装备公司的上诉意见，其对被诉技术方案是否具备专利权利要求 1 及 2 的相应技术特征有异议，具体在于被诉技术方案缺少"弹簧压缩到一定程度后脱离所述弹簧输送机构且继续由两挡板外的输送带夹持输送"等技术特征，某智能装备

---

❶ 该司法解释在 2020 年进行了修正，法释号改为"法释〔2020〕19 号"，考虑到相关案例时间，故未对法释号进行修改，以下类似情况不再赘述。

公司认为"弹簧压缩到一定程度"是功能性技术特征，并且被诉技术方案是在压缩输送平行区域增加两块磁铁，利用磁铁吸附使弹簧与弹簧输送机构分开，与涉案专利利用摩擦力不同。关于上述争议技术特征，山东省高级人民法院认为，首先，《最高人民法院关于审理侵犯专利权纠纷案件应用法律若干问题的解释（二）》（法释〔2016〕1号）第8条规定，功能性特征，是指对于结构、组分、步骤、条件或其之间的关系等，通过其在发明创造中所起的功能或者效果进行限定的技术特征，但本领域普通技术人员仅通过阅读权利要求即可直接、明确地确定实现上述功能或者效果的具体实施方式的除外。本案专利所涉"弹簧压缩到一定程度"只是对弹簧压缩状态的一种描述，并不属于上述规定中的功能性技术特征，且涉案专利无效宣告请求审查决定亦认为，弹簧从两挡板间距离较大的一头向两挡板间距离较小的一头移动，在此过程中弹簧逐渐被压缩，因此弹簧与挡板之间的摩擦力越来越大，在此过程中存在某一"一定程度"，此时摩擦力增大到大于弹簧输送机构与弹簧之间的力，使得弹簧能够脱离弹簧输送机构，故此处"一定程度"是清楚的。其次，涉案专利权利要求并未对弹簧脱离的位置进行限定，且某智能装备公司未能提交有效证据显示弹簧系在V形挡板区域外脱离弹簧输送机构，通过一审法院证据保全时的视频可见，被诉技术方案亦为弹簧压缩到一定程度后脱离所述弹簧输送机构且由两挡板外的输送带夹持输送，所以，被诉技术特征与涉案专利相应技术特征构成相同。

虽然联柔公司在涉案专利授权程序中对专利申请进行过修改，限缩了保护范围，但被诉技术方案与限缩后的保护范围相同，且专利权保护范围与专利申请修改后的保护范围一致，所以，联柔公司不存在将专利授权程序中放弃的技术方案又在本案专利侵权诉讼中将其纳入专利权保护范围的情况，本案不适用禁止反悔原则，被诉技术方案落入涉案专利权利要求1的保护范围。二审庭审中，某智能装备公司表示不需要再对被诉技术方案是否具备涉案专利权利要求2的技术特征进行调查。综上，被诉技术方案落入涉案专利权的保护范围，虽然联柔公司在涉案专利申请公布后对权利要求1进行过限缩修改，但是被诉技术方案落入申请人限缩修改后请求保护的范围必然落入申请公开时的保护范围。所以，被诉技术方案同时落入了涉案发明专利申请公布时申请人请求保护的范围与发明专利公告授权时的专利权保护范围，根据上述司法解释规定，应当认定某智能装备公司在发明专利临时保护期内实施了该发明。至于发明专利临时保护期使用费的数额，一审法院综合考虑某智能装备公司的生产规模、涉案产品的价格等因素确定的赔偿数额并无不当。

山东省高级人民法院驳回上诉，维持原判。❶

五、再审裁定

再审申请人某智能装备公司不服二审判决，向最高人民法院提起了再审申请，辩称其产品采取的技术方案没有落入本案专利权利要求 1 的保护范围，被诉侵权技术方案中的技术特征与权利要求 1 的两项技术特征不相同：一是弹簧压缩到一定程度后脱离所述弹簧输送机构；二是弹簧脱离所述弹簧输送机构且继续由两挡板外的输送带夹持输送。具体意见：（1）关于技术特征"弹簧压缩到一定程度后脱离所述弹簧输送机构"的比对。权利要求 1 的技术特征是弹簧压缩到一定程度后脱离所述弹簧输送机构，而被诉侵权产品采用的技术特征是弹簧压缩后脱离所述弹簧输送机构，两技术特征不同。①权利要求 1 中"弹簧压缩到一定程度后脱离所述弹簧输送机构"技术特征是功能性技术特征，该技术特征的表述方式为弹簧"压缩一定程度"的状态以及"脱离"的动作，并无具体结构、方法和技术手段。②被诉侵权产品采用的技术特征与其不同，二者区别是：首先，被诉侵权产品中的弹簧虽然也进行了压缩，但并不具备权利要求 1 中的"一定程度"。其次，被诉侵权产品弹簧"脱离"采用的技术手段是在"非挡板段"的位置处加设了磁铁，通过磁铁的吸引使得弹簧与弹簧输送机构的端部分离。（2）关于技术特征"弹簧脱离所述弹簧输送机构且继续由两挡板外的输送带夹持输送"的比对。①本案专利争议技术特征的含义是，弹簧与弹簧输送机构分离的位置位于"两挡板段（V形段）"的范围内，而后继续由"两挡板段（V形段）"夹持输送。②被诉侵权产品采用的技术特征是：弹簧脱离所述弹簧输送机构且继续由"非挡板段（平直段）"的输送带夹持输送，与本案专利不同。③专利权利要求 1 的保护范围从"由弹簧压缩输送机构进行输送"，改变为"且继续由两挡板外的输送带夹持输送"，专利权人放弃了"弹簧脱离弹簧输送机构后由非挡板段（平直段）的输送带夹持输送"的技术方案。二审法院又将其纳入权利要求 1 的保护范围，违背了关于"禁止反悔"的法律规定。故依据《民事诉讼法》第 200 条第 2 项的规定申请再审，请求依法再审改判，撤销原审判决，驳回联柔公司的诉讼请求。

联柔公司答辩称，（1）某智能装备公司提出被诉侵权产品不落入本案专

---

❶ 参见：山东省高级人民法院（2018）鲁民终 220 号民事判决书。

利保护范围的各项理由均不能成立。①关于"弹簧压缩到一定程度后脱离所述弹簧输送机构"的技术特征比对。"弹簧压缩到一定程度"只是弹簧压缩状态描述，不属于功能性技术特征。权利要求1的技术方案中不存在摩擦系数、摩擦力与磁力比较等技术概念，而是权利要求2中限定的附加技术特征，某智能装备公司对"弹簧压缩到一定程度脱离弹簧输送机构"的解释错误。根据证据保全得到的被诉侵权产品的相片和视频，可以观察得出，被诉侵权产品的技术特征与专利技术特征相同。被诉侵权产品无论是否增加磁铁，弹簧仍然还是脱离弹簧输送机构，并由输送带夹持输送，与该项技术特征限定完全相同。被诉侵权产品是否增加磁铁是其另外解决的技术问题，与本案无关。②关于"弹簧压缩到一定程度后脱离所述弹簧输送机构且继续由两挡板外的输送带夹持输送"的技术特征比对。输送带是绕圈循环移动，挡板外的输送带不局限于紧贴挡板绕设的一小段部分，弹簧脱离位置也不局限挡板区域的部分。涉案专利权利要求1对弹簧脱离的具体位置没有限定，在哪个位置脱离均落入本案专利权利要求1的保护范围。某智能装备公司认为本专利弹簧只在V形段处脱离，是对本专利保护范围刻意限缩的错误理解。被诉侵权产品中的技术特征与专利技术特征相同。（2）本案专利权利要求1修改前的保护范围与修改后公告授权的保护范围一致，某智能装备公司关于违反"禁止反悔"规定的主张不能成立。修改前的权利要求1只是笼统描述。为表述更加准确，对文字言语的描述表达进行了修改，不涉及技术方案实质修改和保护范围的改变，修改前和修改后保护范围一致，不存在放弃保护范围的问题。请求依法驳回某智能装备公司的再审申请。

最高人民法院经审查认为，本案争议焦点是某智能装备公司的被诉侵权技术方案中是否缺少"弹簧压缩到一定程度后脱离所述弹簧输送机构且继续由两挡板外的输送带夹持输送"的技术特征，即是否落入本案专利保护范围。

关于技术特征的划分，应该结合发明的整体技术方案，考虑能够相对独立地实现一定技术功能并产生相对独立的技术效果的较小技术单元。如果划分技术特征时未恰当考虑该技术特征是否能够相对独立地实现一定技术功能并产生相对独立的技术效果，导致技术特征划分过细，则在侵权比对时容易因被诉侵权技术方案缺乏该技术特征而错误认定侵权不成立，不适当地限缩专利保护范围。因此，恰当划分技术特征是进行侵权比对的基础。本案某智能装备公司在向最高人民法院申请再审时将该技术特征划分为"弹簧压缩到一定程度后脱离所述弹簧输送机构"及"弹簧脱离所述弹簧输送机构且继续由两挡板外的输送带夹持输送"两个技术特征并进行比对，不符合客观实际，也不符合本专利发明的目的，且与原审诉讼中"弹簧压缩到一定程度后脱离所述弹簧输送机构且继续由两挡板外的输送带夹持输送"作为一个技术特征进行比对不符。

关于"弹簧压缩到一定程度"是否为功能性技术特征问题。《最高人民法院关于审理侵犯专利权纠纷案件应用法律若干问题的解释（二）》（法释〔2016〕1号）第8条第1款规定，功能性特征，是指对于结构、组分、步骤、条件或其之间的关系等，通过其在发明创造中所起的功能或者效果进行限定的技术特征，但本领域普通技术人员仅通过阅读权利要求即可直接、明确地确定实现上述功能或者效果的具体实施方式的除外。本案专利所涉"弹簧压缩到一定程度"只是对弹簧压缩状态的一种描述，并不属于上述规定中的功能性技术特征，且本案专利无效宣告请求审查决定亦认为，弹簧从两挡板间距离较大的一头向两挡板间距离较小的一头移动，在此过程中弹簧逐渐被压缩，因此弹簧与挡板之间的摩擦力越来越大，在此过程中存在某一"一定程度"，此时摩擦力增大到大于弹簧输送机构与弹簧之间的力，使得弹簧能够脱离弹簧输送机构，故此处"一定程度"是清楚的。其次，根据本案专利技术方案，弹簧脱离弹簧输送机构的位置包括V形区域段、平直区域段或者两者的交界处，即本案专利权利要求并未对弹簧脱离的具体、特定位置进行限定。通过一审法院证据保全时的视频可见，被诉侵权技术方案亦为弹簧压缩到一定程度后脱离所述弹簧输送机构且由两挡板外的输送带夹持输送，因此，被诉侵权技术特征与本案专利相应技术特征构成相同。对于某智能装备公司主张"被诉产品增加磁铁，通过磁铁的吸引使得弹簧与弹簧输送机构的端部分离"，以此认为其采用的技术手段不同，其此项主张没有依据。虽然被诉侵权技术方案增加磁铁，但其弹簧仍然脱离弹簧输送机构，由输送带夹持输送，被诉技术特征与本专利技术特征限定相同。在具备本案专利权利要求1全部技术特征的情况下，被诉侵权技术方案增加的技术特征对侵权判定不产生影响。

关于联柔公司在本案专利授权程序中对专利申请进行过修改的问题。虽然联柔公司在修改中将"弹簧压缩到一定程度后脱离所述弹簧输送机构且继续由弹簧压缩输送机构夹持输送"修改为"弹簧压缩到一定程度后脱离所述弹簧输送机构且继续由两挡板外的输送带夹持输送"，但因专利权利要求1中已表明"弹簧压缩输送机构包括挡板和绕设在挡板外的输送带"，因此，弹簧压缩输送机构就是由挡板和输送带组成将弹簧继续压缩并输送，由弹簧压缩输送机构来对弹簧夹持输送实际就是由输送带对弹簧夹持输送，因此修改后的技术方案没有限缩专利保护范围。被诉侵权技术方案与限缩前及限缩后的本案专利保护范围相同，联柔公司并不存在将专利授权程序中放弃的技术方案在本案专利侵权诉讼中又将其纳入专利权保护范围的情形，本案不适用禁止反悔原则，被诉侵权技术方案落入本案专利权利要求1的保护范围。

最高人民法院驳回某智能装备有限公司的再审申请。❶

六、获评典型案例

（一）山东法院2018年十大知识产权案件

山东省高级人民法院公布了"2018年山东法院十大知识产权案件"，本案联柔公司的"一种袋装弹簧生产压缩输送机构"发明专利临时保护期使用费一案入选其中。

【典型意义】本案系一起涉及发明专利临时保护期的典型案例。发明专利临时保护期是发明专利特有的期间，指发明专利申请公布日至授权公告日之间的期间。他人在该期间内实施发明的，权利人可以要求支付适当费用。当发明专利申请公布时申请人请求保护的范围与发明专利公告授权时的专利权保护范围不一致时，只有被诉技术方案均落入上述两个范围的，才能认定被告在前款所称期间内实施了该发明。本案的裁判，通过准确界定发明专利在临时保护期内的保护范围，将对专利权人权益的保护提前到专利被授权以前，实现了对专利权的延伸保护。❷

（二）2018年度济南法院十大知识产权案件

济南市中级人民法院公布了2018年度济南法院十大知识产权案件，本案联柔公司诉某智能装备公司发明专利临时保护期使用费纠纷案同时入选其中。

【典型意义】法院经审理认为，《最高人民法院关于审理侵犯专利权纠纷案件应用法律若干问题的解释（二）》（法释〔2016〕1号）第18条第2款规定，发明专利申请公布时申请人请求保护的范围与发明专利公告授权时的专利权保护范围不一致，被诉技术方案均落入上述两种范围的，人民法院应当认定被告在发明专利临时保护期内实施了该发明。联柔公司在涉案专利授权程序中

---

❶ 参见：最高人民法院（2018）最高法民申4398号民事裁定书。

❷ 山东省高级人民法院. 2018年山东法院十大知识产权案件［EB/OL］.（2019－04－25）［2023－07－19］. http：//www.sdcourt.gov.cn/nwglpt/_2343835/_2532828/3974422/index.html.

对专利申请进行过修改，限缩了保护范围，而被诉技术方案的全部技术特征与限缩后的专利技术特征相同，因此被诉技术方案同时落入了涉案发明专利申请公布时申请人请求保护的范围与发明专利公告授权时的专利权保护范围，应当认定某智能装备公司在发明专利临时保护期内实施了该发明，依法应当向联柔公司支付适当的费用。判决被告某智能装备公司支付原告联柔公司发明专利临时保护期使用费15万元。❶

（三）广东知识产权保护协会2018年度知识产权典型案例

本案还入选了广东知识产权保护协会2018年度知识产权典型案例，如图7-2所示。

图7-2　获评广东知识产权保护协会2018年度知识产权典型案例

【广东知识产权保护协会专家点评】本案是发明专利临时保护期使用费纠纷，司法实践中在先同类型案例极少。本案作为发明专利临时保护期使用费的成功案例，是对《专利法》第13条的成功实践及《最高人民法院关于审理侵犯专利权纠纷案件应用法律若干问题的解释（二）》（法释〔2016〕1号）第18条的适用。本案为专利权人获得了一定的经济补偿。更重要的是，法院把

❶　大众日报. 2018年济南中院十大知识产权典型案件发布［EB/OL］.（2019-04-25）〔2023-07-19〕. https：//baijiahao. baidu. com/s？ id =1631793340763697690&wfr = spider&for = pc.

被告制造和销售的机械设备认定为落入涉案发明专利的保护范围内，迫使被告立即停止进一步制造、销售和许诺销售涉案型号的机械设备，成功维护了专利权人的合法权益。❶

第二节 发明专利侵权纠纷案

对于大型设备专利侵权，维权取证方式包括公证购买和证据保全。这两种取证方式各具有优缺点：比如公证购买能封存整个大型设备因而证据稳定性较好，缺点是购买成本高且操作流程复杂；证据保全的优点是取证成本较低，缺点是很难掌握到大型设备的准确仓储位置，诉讼代理人需要根据具体案情灵活选择适用。以下介绍的两个案例分别采用公证购买和证据保全的证据固定方式。

一、公证购买大型设备维权案例

（一）基本案情

联柔公司一直致力于自主研发，对自身研发的每一款产品都进行深入的专利挖掘与专利布局，使得每一款专利产品都有多项专利权保驾护航。联柔公司在某展会上获取到某机械公司的产品宣传册，发现其宣传册上展示的产品与联柔公司产品宣传册上的产品一一对应，侵权风险和侵权可能性较高。

经研究分析，联柔公司决定选择某机械公司宣传册上一款床垫卷压包装机，对其进行发明专利侵权诉讼，希望通过法院判决，警示某机械公司尊重和注意规避联柔公司拥有的专利权。

（二）调查取证

经调查，某机械公司接到床垫卷压包装机订单才生产，生产完就马上出货，即在某机械公司的展厅和厂房内没有现成生产好的床垫卷压包装机，申请法院证据保全固定证据的方式行不通。联柔公司只能通过公证购买的方式固定证据。

---

❶ 广东知识产权保护协会. 2018 年度广东知识产权保护协会知识产权典型案例报告会会议材料，2019.

联柔公司的代理人跟某机械公司进行商务洽谈，购买某机械公司产品宣传册上展示的床垫卷压包装机，双方签订床垫卷压包装机的购销合同，约定床垫卷压包装机价格为人民币 15 万元，联柔公司的代理人向某机械公司支付了 5 万元首期合同款项。45 天以后，某机械公司制造出完整的床垫卷压包装机，床垫卷压包装机的铭牌上记载的制造商就是某机械公司。联柔公司的代理人在公证员的见证下，首先确认床垫卷压包装机完整装配并能正常运转，然后向某机械公司支付了 10 万元剩余合同款项，最后安排叉车搬上运输货车，运输货车将床垫卷压包装机转运到联柔公司的仓库里进行拍照和封存，如图 7 – 3 所示。公证处出具了（2013）粤江蓬江第 004649 号公证书，固定了某机械公司制造和销售的侵权行为。

图 7 – 3　某机械公司制造和销售的床垫卷压包装机在联柔公司仓库内封存❶

联柔公司的代理人还进一步对某机械公司在其官网上展示和许诺销售床垫卷压包装机的网页进行公证保全，固定了某机械公司许诺销售的侵权行为。

（三）一审程序与一审判决

固定证据以后，联柔公司针对某机械公司侵犯发明专利独占实施许可权的行为向广东省佛山市中级人民法院提起了侵害发明专利独占实施许可权诉讼。

谭某某向国家知识产权局申请名称为"软垫压卷包装机脱料装置"的发明专利，2008 年 3 月 5 日获得公告授权，专利号为 ZL200510034926.3，该专

---

❶　照片来源于作者拍摄。

利权至今有效。后谭某某与联柔公司就涉案专利签订了《专利实施许可合同》，许可方式为独占实施许可，有效期至 2025 年 5 月 30 日。该合同已于 2013 年 11 月 29 日向国家知识产权局登记备案。

涉案发明专利权利要求 1-4 的内容如下：

1. 一种软垫压卷包装机脱料装置，包括机架（1）、上捆轴机构（2）、上捆轴（3）和可开合支承门（4），其特征在于：在上捆轴（3）上装有输送带（5），在上捆轴（3）内装有输送带推进机构，输送带推进机构与输送带（5）相连。

2. 根据权利要求 1 所述的装置，其特征在于：装于上捆轴（3）上的输送带（5）为两条或两条以上。

3. 根据权利要求 1 所述的装置，其特征在于：上捆轴（3）为空心轴，其轴壁上装有滚轮（6），输送带（5）环绕在两个滚轮上，其中一部分位于上捆轴（3）内侧，另一部分位于上捆轴（3）的外侧，贴于轴壁上，构成回路。

4. 根据权利要求 1 所述的装置，其特征在于：输送带推进机构包括螺纹杆（7）、推进块（8）和轴承（9），螺纹杆（7）的一端伸入上捆轴（3）内，由轴承（9）承托，推进块（8）螺接于螺纹杆（7）上，并与位于上捆轴（3）内侧的输送带（5）连接，螺纹杆（7）的另一端伸出上捆轴（3）外，与动力机构联接。❶

首次开庭地点在佛山市中级人民法院，合议庭和诉讼双方进行了证据交换、证据质证、法庭调查和法庭辩论，完成了除侵权技术对比以外的全部法律程序。二次开庭地点在联柔公司的仓库，双方确认公证封存封条完好，即场打开封存设备，合议庭法官组织双方将涉案发明专利权利要求 1—4 与被诉床垫卷压包装机进行侵权技术对比。

被诉侵权产品实物对应的被诉侵权技术方案为：一种床垫卷压包装机。包括机架、上捆轴机构、上捆轴和可开合支承门。在上捆轴上装有 6 条输送带，在上捆轴内装有输送带推进机构，输送带推进机构与输送带相连。上捆轴为空心轴，其轴壁上装有滚轮，每条输送带环绕在两个滚轮上，其中一部分位于上捆轴内侧，另一部分位于上捆轴的外侧，贴于轴壁上，构成回路。输送带推进机构包括螺纹杆、推进块和轴承。螺纹杆的一端伸入上捆轴内，由轴承承托，推进块螺接于螺纹杆上，并与位于上捆轴内侧的输送带连接，螺纹杆的另一端

---

❶ 谭治铭. 软垫压卷包装机脱料装置：CN100372739C［P］. 2008-03-05.

伸出上捆轴外，与动力机构联接。

将被诉侵权技术方案与涉案专利的权利要求 1—4 对比可知，被诉侵权技术方案完全覆盖涉案专利的权利要求 1—4 的全部技术特征。一审法院认定被诉侵权技术方案落入涉案专利权利要求 1—4 的保护范围。

佛山市中级人民法院判决：（1）某机械公司于判决发生法律效力之日起立即停止制造、销售、许诺销售侵害联柔公司被独占许可实施的涉案的名称为"软垫压卷包装机脱料装置"、专利号为 ZL200510034926.3 的发明专利权的侵权产品的侵权行为，并销毁库存的侵权产品；（2）某机械公司于判决发生法律效力之日起 10 日内向联柔公司赔偿经济损失及合理费用合计人民币 40 万元；（3）驳回联柔公司的其他诉讼请求。❶

（四）二审程序与二审判决

某机械公司不服一审判决，向广东省高级人民法院提起上诉，请求：撤销原审判决第二项，本案诉讼费由联柔公司负担。事实和理由为：（1）被诉侵权产品与本案专利不相同，未落入本案专利的保护范围；（2）某机械公司不应该承担赔偿责任，一审判决赔偿数额过高。①某机械公司不知道其侵害了他人的专利权，主观上没有侵权的故意，其行为也没有过错，不应该承担赔偿责任；②某机械公司只生产了一台侵权产品，且由于该产品为第一次生产，生产过程中报废了很多零件，并未实际获利。

广东省高级人民法院经过审理认为：某机械公司认为被诉侵权产品的技术方案与本案专利不同，但是并未指明具体的不同之处，其该点上诉理由依据不足，法院不予采纳。原审判决根据专利权的类型、侵权性质、侵权产品的销售价格、联柔公司为制止侵权所支出的合理费用等因素酌情判决并无不当，且其酌情数额符合法律规定的范围，合理适当，法院予以维持。某机械公司认为其不知道侵害了他人的专利权、某机械公司主观上没有侵权的故意、其行为也没有过错，故不应该承担赔偿责任的上诉意见没有事实和法律依据，法院不予采纳。某机械公司上诉认为只生产了一台侵权产品且并未实际获利，但并未提供证据予以证明，该上诉理由亦依据不足，法院不予采纳。

广东省高级人民法院判决驳回上诉，维持原判。❷

（五）代理人办案心得

本案是侵犯发明专利独占实施许可权纠纷案。涉及的大型机械设备体积

---

❶ 参见：广东省佛山市中级人民法院（2014）佛中法知民初字第 21 号民事判决书。

❷ 参见：广东省高级人民法院（2014）粤高法民三终字第 798 号民事判决书。

大，重 4 吨，搬运和仓储都不方便，发明专利涉及大型机械设备的内部结构，不容易作侵权技术对比，需要装配工人拆卸外部结构才能查明技术事实，涉案被诉侵权大型机械设备货值为人民币 15 万元。

整个商务洽谈、签订合同、付款订货、提货付款、转运封存等取证流程复杂且操作难度较大，代理人通过公证购买的方式成功购买到被诉侵权大型机械设备，为诉讼的胜利打下坚实的基础。虽然联柔公司为购买被诉侵权大型机械设备支付了 15 万元购货费用，但是这属于维权的合理费用，在法院判决的赔偿中会考虑原告的维权成本支出。通过公证购买的方式把被诉侵权产品存放在联柔公司仓库内封存，证据处于稳定、可靠的环境。二次开庭在联柔公司仓库内进行，现场安排了 5 位技术工人随时待命，听从合议庭法官的指挥，拆卸一些外部零件，方便合议庭法官快速清楚地看到被诉侵权大型机械设备的内部结构，从而高效查明技术事实，作出一审判决。

二、证据保全大型设备维权案例

（一）基本案情

某机械公司曾因侵犯联柔公司的发明专利独占实施许可权被佛山市中级人民法院一审和广东省高级人民法院二审判决停止侵权，赔偿经济损失人民币 40 万元。联柔公司发现某机械公司制造、销售和许诺销售的"某型号全数控高速布袋弹簧机"涉嫌侵犯联柔公司 ZL201410079173.7 号"一种袋装弹簧生产压缩输送机构"发明专利权，给联柔公司造成严重的经济损失。

（二）调查取证

联柔公司经过调查发现，某机械公司曾销售 8 台"某型号全数控高速布袋弹簧机"给某家具公司。联柔公司委托代理人固定某家具公司使用某机械公司制造的 8 台"某型号全数控高速布袋弹簧机"用于袋装弹簧的生产的初步证据。

（三）一审程序与一审判决

联柔公司针对某机械公司制造、销售、许诺销售"某型号全数控高速布袋弹簧机"和某家具公司使用行为向广州知识产权法院提起侵害发明专利权纠纷诉讼，在立案的同时请求法院对某家具公司经营场所内的袋装弹簧生产机产品采取拍照、录像、清点等证据保全措施，并复制某家具公司购买上述袋装弹簧生产机产品的合同、发票及相关购销凭证等材料。在联柔公司同意缴纳保证金的前提下，广州知识产权法院准许了其证据保全申请，现场勘验中确认某家具公司厂房内有正在运行的8台袋装弹簧生产机产品，技术调查官对涉案袋装弹簧生产机进行拍照和录像，并制作光盘，作为证据提供给各方当事人。

法院归纳的争议焦点包括：（1）某机械公司是否实施了许诺销售被诉侵权产品的行为；（2）被诉侵权产品是否落入涉案专利权的保护范围；（3）某机械公司的先用权抗辩能否成立；（4）民事责任应如何承担。

对于第一个争议焦点，法院认为本案中，根据某机械公司在其微信公众号上发表的文章内容，可知某机械公司在家具博览会上展示了被诉侵权产品，也在其官网以广告方式宣传被诉侵权产品，认定其具有销售商品的意思表示，符合许诺销售行为的规定。某机械公司抗辩称其宣传的产品与被诉侵权产品虽然型号相同，但内部结构不完全相同。法院认为，根据日常经验法则，相同型号的产品通常为结构相同的产品，某机械公司也未能举证证明其相同型号的产品存在不同结构的情况，对此不予采信，认定某机械公司实施了许诺销售被诉侵权产品的行为。

对于第二个争议焦点，某机械公司认为被诉侵权产品不具备涉案专利的"挡板""输送带"以及"两所述挡板之间的距离从一头到另一头逐渐减小"的技术特征。法院认为结合本案保全的被诉侵权产品的照片及视频来看，某机械公司所称的"框架"与涉案专利"挡板"的技术特征相同，亦具备"两所述挡板之间的距离从一头到另一头逐渐减小"的技术特征。虽然被诉侵权产品使用的是链条，但链条与涉案专利的输送带都起到了挤压并输送弹簧的作用，输送链与输送带都属于本领域常规的技术手段，输送链可以被看作对输送带的等同替换。因此，某机械公司的该项抗辩，法院不予采信。被诉侵权产品的技术特征完全覆盖了涉案专利权利要求1—3的全部技术特征，落入了涉案专利的保护范围。

对于第三个争议焦点，法院认为有些专利申请晚于本案专利的申请日，有些证据虽然申请日早于涉案专利，但所涉技术方案与涉案专利技术方案不同，而专利初稿、图纸等均为打印件，也未标注日期，真实性难以确定，且内容涉及不同产品的零部件，无法确定是否与被诉侵权产品相关。对该组证据，法院不予采纳，某机械公司先用权主张不成立，法院不予支持。

对于第四个争议焦点，本案中，某家具公司向某机械公司采购被诉侵权产品，双方遵从正常、合法的市场交易规则签订了销售合同，并实际履行合同内容，联柔公司亦对此确认。因此，在某家具公司已举证证明其实际支付了产品合理对价的情况下，根据司法解释的规定，某家具公司在本案中依法不应承担停止使用行为的民事责任。

而某机械公司未经许可，制造、销售、许诺销售侵害原告涉案专利权的产品，依法应当承担停止侵权及赔偿损失的民事责任。为确定赔偿数额，法院在考虑上述侵权获利赔偿方式的基础上，还考虑如下因素：（1）涉案专利在实现被诉侵权产品利润时作出了主要贡献。首先，涉案专利为发明专利，多次经过无效程序仍被维持有效，专利创造性及稳定性较高；其次，被诉侵权的是整机产品，而非该产品的某个部件，产品所涉技术方案落入涉案专利3项权利要求的保护范围。（2）某机械公司作为原告同行业的生产经营者，在此前已侵犯原告其他专利权，应有更高的规避侵犯同行业经营者知识产权注意义务的情况下，仍实施同类侵权行为，主观恶意较大。（3）某机械公司实施了制造、销售、许诺销售的侵权行为，并通过其官网及博览会对外展示宣传产品，侵权性质严重，侵权影响较大等。

广州知识产权法院一审判决：被告某机械公司自本判决发生法律效力之日起立即停止制造、销售、许诺销售侵害原告联柔公司名称为"一种袋装弹簧生产压缩输送机构"、专利号为 ZL201410079173.3 的发明专利权的产品；被告某机械公司自本判决发生法律效力之日起10日内赔偿原告联柔公司的经济损失80万元及合理费用4万元；驳回原告联柔公司的其他诉讼请求。❶

（四）二审程序与二审判决

某机械公司不服一审判决，向最高人民法院提起了上诉，还是主张不侵权抗辩和先用权抗辩。其中不侵权抗辩中，其认为被诉侵权技术方案的"输送链"与涉案专利权利要求1中的"输送带"不构成等同特征。被诉侵权技术方案中的"带若干小圆柱的挡板"与涉案专利权利要求1中的"挡板"不构成等同特征。

最高人民法院经审理认为被诉侵权技术方案的"输送链"与涉案专利权利要求1中的"输送带"构成等同特征，被诉侵权技术方案中的"带若干小圆柱的挡板"与涉案专利权利要求1中的"挡板"同样构成等同特征。被诉侵权技术方案落入涉案专利权利要求1—3的保护范围。某机械公司先用权抗

---

❶　参见：广州知识产权法院（2020）粤73知民初2183号民事判决书。

辩的理由也不成立。

最高人民法院判决驳回上诉，维持原判。❶

（五）代理人办案心得

前期通过调查取证，精准地掌握被诉侵权制造方将大型设备出售给使用方生产经营的线索并固定初步证据，是大型设备专利诉讼案件成功的关键。在固定初步证据之后，专利权人提供担保，请求法院作诉前证据保全或起诉的同时申请法院作诉中证据保全，能极大地节省专利权人的维权成本，降低维权取证的操作难度，一定程度上解决了专利权人对涉嫌侵权的大型设备取证难的问题。

侵犯发明专利权的诉讼案件中涉及侵权指控与不侵权抗辩，现有技术抗辩或先用权抗辩等多个技术特征对比环节，还涉及侵权成立如何主张侵权赔偿的问题。代理人应当提前钻研案件，查阅相关教科书和技术文献作为证据或参考资料提交给法院，充分陈述技术事实和理由，帮助合议庭法官查明案件的技术事实，尽力使得法官审判合议后全面支持我方的各项主张。

第三节　专利确权程序限缩保护范围的应对

发明专利侵权诉讼一般伴随着专利无效宣告程序及专利无效行政诉讼的"双线作战"情况。被诉侵权人试图通过专利无效宣告程序及专利无效行政诉讼，请求国家知识产权局宣告专利权人指控侵权的权利要求全部无效；或者在专利无效宣告程序及专利无效行政诉讼过程中迫使专利权人限缩保护范围，导致被诉侵权产品或方法不再落入限缩后的专利保护范围；或者在专利无效宣告程序及专利无效行政诉讼过程中由国家知识产权局或各级法院对专利权利要求中的技术特征进行限缩解释，使得被诉侵权产品或方法不落入限缩解释后的专利保护范围。

联柔公司名称为"一种袋装弹簧生产压缩输送机构"、专利号为ZL201410079173.3的发明专利权经历了两个无效宣告请求人三轮无效宣告程序及无效行政诉讼挑战，依然被维持全部权利要求有效，而且生效无效宣告审查决定和生效行政诉讼判决最终结果显示未曾限缩发明专利的保护范围。

---

❶ 参见：最高人民法院（2022）最高法知民终1073号民事判决书。

值得注意的是，在第二轮专利无效行政诉讼一审程序中，虽然法院作出的（2018）京73行初6323号行政判决，驳回了原告某智能装备公司的诉讼请求，即维持了国家知识产权局专利复审委员会作出的第35231号无效宣告请求审查决定，认为涉案专利的权利要求1—4具备创造性而维持有效。但是（2018）京73行初6323号行政判决对涉案专利权利要求1的理解有以下一段描述记载：

"对比权利要求1和证据1的技术方案：A.两者在弹簧脱离输送机构时的压缩程度不同。权利要求1为'弹簧压缩到一定程度后脱离所述弹簧输送机构'，此后由于弹簧还将继续由两（V形）挡板外的输送带夹持输送，即意味着弹簧还将继续被压缩，因此，弹簧与输送机构脱离时尚未压缩完成。"

即一审法院认为：本案专利权利要求1中，弹簧脱离弹簧输送机构后，弹簧还会继续压缩，即权利要求1的技术方案中弹簧的脱离位置被限定在"V型区域段"。对此，联柔公司的代理人认为：弹簧脱离弹簧输送机构后，弹簧既可以继续受到压缩，也可以不继续受到压缩，权利要求1的技术方案对此并没有限定；一审法院对于权利要求1的技术特征存在错误的理解认定。因此，联柔公司向最高人民法院提起了上诉，上诉请求在纠正原审法院部分事实认定错误的基础上，维持（2018）京73行初6323号行政判决。

为此，上诉人联柔公司提交了最高人民法院在先作出的（2018）最高法民申4398号民事裁定书作为证据，最高人民法院在该案中认为"根据本案专利技术方案，弹簧脱离弹簧输送机构的位置包括V形区域段、平直区域段或者两者的交界处，即本案专利权利要求并未对弹簧脱离的具体、特定位置进行限定"。

最高人民法院在（2019）最高法知行终2号案中，经审理认为，根据本专利权利要求及说明书，尚不足以得出区别技术特征（3）仅限定了"弹簧与输送机构脱离时尚未压缩完成"的结论，对此，最高人民法院（2018）最高法民申4398号民事裁定已有相同的认定，联柔公司关于原审判决错误认定本专利权利要求1"弹簧与输送机构脱离时尚未压缩完成"的上诉理由成立，最高人民法院对原审判决该部分的认定予以纠正。判决驳回上诉，维持原判。

历经7年，在本专利无效及无效行政诉讼系列案中，代理人严谨、认真、一丝不苟，时刻保持头脑清醒，在答辩过程中从未不当限缩发明专利的保护范围。对于作出对己方有利的行政判决，还坚持认真阅读一审行政判决书，细致分析判断法院是否对专利权利要求有不当的理解或者不当的限缩解释；对于一审法院在行政判决中出现不当理解且不当限缩专利权利要求的保护范围时，果断向二审法院提起上诉，请求二审法院纠正原审判决对专利权利要求的不当理解和保护范围的限缩解释，维护专利原有的保护范围。

第八章　发明专利侵权系列应诉案例

华南新海（深圳）科技股份有限公司（以下简称"华南新海公司"）是一家主要从事智能物流传送分拣系统设备及其核心部件研发、生产及销售的高科技企业，主要产品为自动化传送分拣系统设备、模组带等。2016—2021年，华南新海公司积极应诉某传送带公司先后发起的3件发明专利侵权诉讼，总诉讼标的额为人民币4000万元。华南新海公司通过灵活运用不侵权抗辩，并与专利无效宣告程序相结合，针对专利侵权诉讼和专利无效宣告程序及无效行政诉讼多年双线作战，历经波折，最终应诉的3件发明专利侵权系列诉讼均胜诉。

第一节　　"塑料传送带模块"专利案

塑料传送带模块作为传送带技术领域的基础核心部件，广泛应用于各行各业的分拣系统设备、各类输送机设备等，如图8-1所示。如果华南新海公司制造、销售和许诺销售的"塑料传送带模块"产品被法院生效判决侵权成立，则将影响华南新海公司的所有产品生产线。

一、案件背景

美国某公司基于美国的在先优先权（10/707,888 2004.01.21 US），在2005年1月14日提交了PCT国际申请（PCT/US2005/001464），该PCT国际申请于2006年7月20日进入中国国家阶段，申请号为200580002789.3，名称为"其中保持有嵌入滚子的传送带模块及传送带"。基于上述母案，美国某公司于2010年提出了申请号为201010150349.5、名称为"塑料传送带模块"的中国发明专利分案申请，授权公告日为2012年6月27日。某传送带公司系上述"塑料传送带模块"发明专利在中国境内的独占被许可人。

图 8-1 圆柱形滚子塑料传送带模块和球形滚子塑料传送带模块❶

2016 年 10 月 13 日，某传送带公司向上海知识产权法院起诉，称华南新海公司制造、销售及许诺销售型号为 HS901C 的传送带模块产品的行为侵害其发明专利权，请求判令被告停止侵害 ZL201010150349.5 号发明专利权，即停止制造、销售、许诺销售型号为 HS901C 的传送带，判令被告赔偿原告经济损失及为制止被告的侵权行为所支出的合理费用，共计人民币 100 万元，判令被告承担本案的全部诉讼费。

某传送带公司明确指控华南新海公司侵犯其发明专利权利要求 3、4 和 5。权利要求 3—5 具体如下：

3. 一种带嵌入滚子的塑料传送带模块，所述模块包括：

模块本体，其沿厚度方向从第一面延伸到第二面，并包括内壁结构，所述内壁结构形成开口在第一面和第二面的至少之一上的腔；

滚子，其被接收在所述腔中，并被设置成绕旋转轴线旋转；

用于将滚子可旋转地保持在所述腔中的保持件，所述保持件被接收在所述腔中并具有与第一面和第二面的其中之一齐平的顶面；以及

形成在所述内壁结构和保持件的至少之一上的键锁结构，所述键锁结构固定旋转轴线的方位。

---

❶ 图片来源于华南新海公司。

4. 根据权利要求 3 所述的传送带模块，其特征在于，所述键锁结构提供滚子的旋转轴线的可选键锁方位。

5. 一种带嵌入滚子的塑料传送带模块，所述模块包括：

模块本体，其沿厚度方向从第一外表面延伸到第二外表面，并包括内壁结构，所述内壁结构在模块本体中形成腔，所述内壁结构包括：

第一闭合壁，其从内边缘延伸到在模块本体的第一外表面处终止的外边缘，第一闭合壁具有第一直径；

第二闭合壁，其与第一闭合壁同轴，并从内边缘延伸到在第二外表面处终止的外边缘，第二闭合壁的直径比第一闭合壁的第一直径小；

托架，其设置在第一闭合壁的内边缘和第二闭合壁的内边缘之间；

滚子，其位于所述腔中；以及

保持环，其被设计为接收在所述腔中并安放在由第一闭合壁围绕的托架上以便将滚子可旋转地保持在腔中，其中滚子的突出部穿过保持环延伸到第一外表面的外部。

ZL201010150349.5 发明专利主要有两个实施例：第一个实施例是圆柱形滚子结合旋转轴的塑料传送带模块，如图 8-2 所示；第二个实施例是球形滚子的塑料传送带模块，如图 8-3 所示。

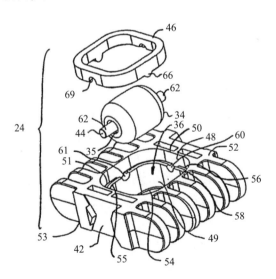

图 8-2　圆柱形滚子结合旋转轴的塑料传送带模块

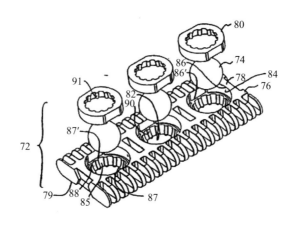

图 8-3   球形滚子的塑料传送带模块❶

二、不侵权抗辩

（一）被控产品不落入涉案专利权利要求 3、4 的保护范围

涉案专利的权利要求 3 中限定了"形成在所述内壁结构和保持件的至少之一上的键锁结构，所述键锁结构固定旋转轴线的方位"。

其中，键锁结构属于功能性限定的技术特征，其理由如下：首先，键锁结构并不是一种结构限定，本领域技术人员无法得知其结构形式如何，"键锁"也不是本领域技术人员所熟悉、明白的技术术语，本领域的技术手册、词典均无法查知"键锁"二字的技术含义。

本领域的技术手册、词典只有"键、键连接"这一技术术语的描述记载，参见附录 1《现代机械手册》，"键"是一种标准零件，用来连接轴及轴上的传动件，如齿轮、皮带轮，起到传递扭矩的作用。实际上，"键"是一个专业的机械传动术语，是专门用在轴和轴上的传动件（如齿轮）之间以传递扭矩，涉案专利中，完全不存在"键"这个单独的零部件，更不存在传递扭矩等技术概念，即涉案专利中的"键锁"与本领域的技术术语"键、键连接"是完全不同的两个概念。如果不依据说明书解释，本领域技术人员无法得知涉案专利权利要求书中"键锁结构"的含义。

其次，权利要求中已经明确记载了其功能是固定旋转轴线的方位，这是对

---

❶ 索弗拉尼克，劳. 塑料传送带模块：CN101804906B［P］. 2012 - 06 - 27.

键锁结构功能、效果的表述，而"形成在所述内壁结构和保持件的至少之一上的键锁结构"只是对该键锁结构的位置关系进行限定，并不涉及结构限定。

涉案专利说明书第【0025】段的倒数第3行，已经清楚、明确地记载了"这样，保持环上的突起和托架中的凹口形成保证保持环与滚子在腔中正确对齐的键锁结构"，即键锁结构是由保持环上的突起66与托架的凹口60配合构成（结合说明书附图2A和2B可以清楚得到），是一凹一凸相互配合才构成键锁结构。

根据说明书和附图记载的技术内容，键锁结构实际上就是由保持环的突起和托架的凹口配合构成，涉案专利呈矩形的保持环的四个边中，两个边中部是缺口64，两个边中部是突起66（结合说明书附图2A和2B可以清楚理解）；然而，被控产品的保持环四个边的中部都是缺口，被控产品的保持环上明显是不存在突起这一结构特征，参见附录2（本书略）涉案专利保持环与被控产品保持环的技术对比，如表8－1所示。

表8－1　涉案专利保持环与被控产品保持环的技术对比

涉案专利说明书附图	被控产品图片
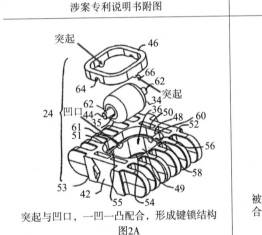 突起与凹口，一凹一凸配合，形成键锁结构 图2A	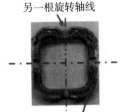 被控产品不存在突起，不存在突起与凹口配合形成的键锁结构

需要特别指出的是，原告某传送带公司通过说明书第【0025】段第9—11行来解释键锁结构的含义没有任何依据。首先，说明书第【0025】段第9—11行完全没有文字记载"键锁"，只有说明书第【0025】段倒数第3行才有明确记载"键锁"。其次，说明书第【0025】段第9—11行只是描述轴的固定方式，是描述保持环具有半圆形的缺口，托架上具有半圆形的凹口，半圆形的缺口与半圆形的凹口对应构成一个完整的圆形的孔洞，从而支承轴的端部，即对

轴的端部进行固定，从而防止轴脱出，并不涉及固定轴的旋转轴线的方位问题。

固定轴和固定轴的旋转轴线方位是两个完全不同的技术概念，涉案专利中轴的旋转轴线方位有横、竖两种方位，其旋转轴线方位的调整固定是通过说明书第【0026】段第3行记载"保持环46也旋转90°以使得其突起与键锁凹口60咬合而不是与凹口61咬合"来实现的，其中，也就是突起与两种方向不同的凹口实现不同的配合，从而实现固定两种方位的旋转轴线。

说明书第【0025】段的倒数第3行和第【0026】段第3行都已经非常明确地记载描述了突起与凹口配合形成键锁结构，是功能性限定键锁结构的具体实施方式。《最高人民法院关于审理侵犯专利权纠纷案件应用法律若干问题的解释》（法释〔2009〕21号）第4条规定："对于权利要求中以功能或者效果表述的技术特征，人民法院应当结合说明书和附图描述的该功能或者效果的具体实施方式及其等同的实施方式，确定该技术特征的内容。"键锁结构应解释为保持环上的突起和托架的凹口相互配合的结构。

此外，根据《最高人民法院关于审理侵犯专利权纠纷案件应用法律若干问题的解释（二）》（法释〔2016〕1号）第6条第1款的规定，人民法院可以运用与涉案专利存在分案申请关系的其他专利及其专利审查档案、生效的专利授权确权裁判文书解释涉案专利的权利要求。

附录3（本书略）是涉案专利的母案专利（专利号：ZL200580002789.3），即涉案专利是一份分案专利，涉案专利的说明书第【0001】段也明确记载了"本发明是2006年7月20日提交的申请号为200580002789.3的中国发明专利'其中保持有嵌入滚子的传送带模块及相关方法'的分案申请"，因此，附录3专利与涉案专利存在分案申请关系，附录3母案专利的权利要求7中还明确限定了"键锁结构包括在支座中的凹口和在保持件上的安装在所述凹口中的突起"，即该母案专利的权利要求中也是明确、清楚地限定了键锁结构是突起与凹口相互配合的结构。由此可知，键锁结构也应解释为保持环上的突起和托架的凹口相互配合的结构。

被控产品不存在涉案专利权利要求3所述的键锁结构，更不具有用键锁结构来固定旋转轴线的方位，因此，被控产品不落入涉案专利权利要求3的保护范围内。

由于权利要求4是引用权利要求3，进一步限定"所述键锁结构提供滚子的旋转轴线的可选键锁方位"，基于上述的理由，被控产品也不落入涉案专利权利要求 4 的保护范围。

（二）被控产品不落入涉案专利权利要求 5 的保护范围

根据权利要求书及说明书可以清楚得知，涉案专利请求保护的传送带产品具有两种结构形式：一种是圆柱形滚子结合旋转轴的传送带模块，另一种是球形滚子的传送带模块。

实际上，权利要求 3 的技术方案是对"圆柱形滚子结合旋转轴的传送带模块"的限定描述，权利要求 5 的技术方案是对"球形滚子的传送带模块"的限定描述。理由如下：

首先，权利要求 3 中滚子是被设置成绕旋转轴线旋转，旋转轴线是针对圆柱形滚子才存在的，即绕圆柱形滚子的中心轴线；而权利要求 5 中，球形滚子是可旋转地保持在腔中，没有限定旋转轴线，也不存在所谓的旋转轴线，与此对应的是，球形滚子也是 360 度沿各个方向转动，没有绕特定的旋转轴线转动，故权利要求 5 的技术方案是限定"球形滚子的传送带模块"。

其次，权利要求 3 和权利要求 5 的主题名称都是"带嵌入滚子的传送带模块"，说明书第【0025】—【0027】段是针对圆柱形滚子结合旋转轴实施例的描述，该滚子一定是具有穿过中心的轴，滚子是绕旋转轴线转动，与权利要求 3 的技术方案相对应；说明书第【0029】—【0030】段是针对球形滚子实施例的描述，尤其是第【0029】段第 1 行记载了"图 5 示出了另一种嵌入滚子模块"，由于说明书第【0025】—【0027】段前面部分已经描述了圆柱形滚子实施例，该处指出的另一种，指的是球形滚子的结构形式，与权利要求 5 的技术方案相对应。

更重要的是，涉案专利权利要求 5 中清楚地限定了第一闭合壁具有第一直径，第二闭合壁具有第二直径，第二直径比第一直径小，第一闭合壁又与第二闭合壁同轴。《辞海》中关于直径的解释为连接圆周两点并通过圆心的直线称为圆的直径；连接球面两点并通过球心的直线称为球的直径。由此可知，直径是针对圆形或球形才具备的技术概念，第一闭合壁和第二闭合壁实际上是圆形闭合壁，与说明书第【0030】段第 3 行中描述的第一圆形壁、第二圆形壁相对应，说明书第【0030】段又是描述球形滚子传送带模块实施例的结构形式的，即说明书第【0030】段描述的球形滚子传送带模块实施例是用以支持权利要求 5 的技术方案。

由此可知，被控产品是一种圆柱形滚子结合旋转轴的传送带模块，与权利要求 5 请求保护的球形滚子传送带模块的技术方案不同；而且，被控产品也不存在涉案专利权利要求 5 中限定的直径、同轴等技术特征，因此，被控产品不落入涉案专利权利要求 5 的保护范围内。

三、第一次专利无效及行政诉讼

华南新海公司于 2016 年 12 月 16 日向国家知识产权局专利复审委员会对涉案专利权利要求 1—5 提出第一次专利无效宣告请求。

（一）第一次专利无效宣告请求

1. 无效宣告证据

附件 1：公开日为 2001 年 11 月 29 日、公开号为 US20010045346A1 的美国发明专利申请公开说明书及其中文译文的复印件，共 20 页（下称"证据 1"）。

附件 2：公开日为 2003 年 5 月 8 日、公开号为 US20030085106A1 的美国发明专利申请公开说明书及其中文译文的复印件，共 23 页（下称"证据 2"）。

附件 3：公开日为 1996 年 9 月 24 日、公开号为 JP 特开平 8 - 244939A 的日本公开特许公报的复印件，共 7 页。

附件 4：附件 3 的部分中文译文的复印件，共 1 页（下面将附件 3 和附件 4 合称为"证据 3"）。

附件 5：公开日为 2003 年 12 月 4 日、公开号为 US20030221932A1 的美国发明专利申请公开说明书的复印件，共 14 页。

附件 6：附件 5 的部分中文译文复印件，共 1 页（下面将附件 5 和附件 6 合称为"证据 4"）。

附件 7：授权公告日为 1995 年 7 月 5 日、授权公告号为 CN2202945Y 的中国实用新型专利说明书的复印件，共 18 页（下称"证据 5"）。

附件 8：授权公告日为 1993 年 10 月 20 日、授权公告号为 CN2144031Y 的中国实用新型专利说明书的复印件，共 7 页（下称"证据 6"）。

2. 无效宣告理由

本专利权利要求 3 相对于证据 2 图 6A 和 6B 所示实施例、证据 1 图 7—8 所示实施例和本领域公知常识的结合，或证据 2 图 6A 和 6B 所示实施例、证据 3 和本领域公知常识的结合，或证据 1 图 16—17 所示实施例和本领域公知常识的结合，或证据 1 图 16—17 所示实施例、证据 3 和本领域公知常识的结合不具备《专利法》第 22 条第 3 款规定的创造性。从属权利要求 4 的附加技术特征被证据 2 公开，在其引用的权利要求不具备创造性的情况下，权利要求

4 不具备《专利法》第 22 条第 3 款规定的创造性。本专利权利要求 5 相对于证据 2 图 5A—5D 所示实施例、证据 1 图 7—9 所示实施例、证据 5 和本领域公知常识的结合，或证据 2 图 6A—6B 所示实施例、证据 3、证据 6 和本领域公知常识的结合不具备《专利法》第 22 条第 3 款规定的创造性。

（二）国家知识产权局第一次专利无效宣告审查决定

1. 关于独立权利要求 3

请求人认为：本专利权利要求 3 相对于证据 2 图 6A—6B 所示实施例、证据 1 图 7—8 所示实施例和本领域公知常识的结合不具备《专利法》第 22 条第 3 款规定的创造性。

将证据 2 图 6A、6B 所示实施例公开的技术内容与本专利权利要求 3 要求保护的技术方案进行技术比对可获知，证据 2 公开的"滚子 366""凹槽 360"分别对应于本专利的"滚子""键锁结构"；证据 2 公开的"分体模块 322"和"分体模块 323"对应于本专利的"模块本体"，"开口 355"和"开口 354"形成的腔对应于本专利的"腔"，"开口 355"和"开口 354"的"内壁 356"对应于本专利的"内壁结构"，证据 2 公开的"滚子 366"绕其"轴 362"的轴线旋转，即该轴线对应于本专利的"旋转轴线"。

通过比较可知，本专利权利要求 3 所要求保护的技术方案与证据 2 图 6A、6B 所示实施例公开的技术方案的区别在于：本专利限定了还包括保持件被接收在所述腔中，该保持件将滚子可旋转地保持在所述腔中，并具有与模块本体第一面和第二面的其中之一齐平的顶面；而证据 2 由模块本体的一部分——"分体模块 323"将滚子 366 保持在模块本体中，其没有公开保持件及其相关技术特征。

证据 2 的该实施例没有单独设置保持件实施滚子可旋转地保持在腔中的作用，其通过模块本体的一部分来实施所述作用，本专利相对于证据 2 的该实施例实际要解决的技术问题在于：面临传送带模块的零件出现损坏而需要更换时，如何减少浪费，便于更换。

证据 1 图 7—8 所示实施例公开了设置整体的模块本体、在该模块本体上设置单独的盖子，以实现将滚子可旋转地保持在腔中的技术方案。当所述盖子需要更换时，只需要更换单独的盖子而不影响其他盖子的使用，本领域技术人员能知晓，这种结构可以达到减少浪费、便于更换的效果。因此，在证据 1 该实施例公开技术内容的基础上，本领域技术人员容易想到将证据 2 公开的上述"分体模块 323""分体模块 322"设置为如证据 1 公开的整体的模块本体的结构，并在该模块本体上设置单独的盖子，以将滚子可旋转地保持在所述腔中。在此基础上，本领域技术人员可以基于实际需要将单个盖子形式设置在模块本体的外表面，也可以将单个盖子接收在腔中；同时，本领域技术人员可以将单个盖子的顶面与模块本体的上表面齐平，也可以将单个盖子的顶面超出模块本体的上表面。这些设置不会改变其覆盖并将滚子可旋转地保持在所述腔中的作用，不会改变塑料传送带模块通过滚子传送物品的工作方式，是本领域技术人员容易想到的常规技术手段。

因此，在证据 2 图 6A、图 6B 所示实施例公开技术方案的基础上，结合证据 1 图 7—8 公开的技术内容以及本领域的公知常识，得到本专利权利要求 3 要求保护的技术方案，对本领域技术人员来说是显而易见的。本专利权利要求 3 不具有突出的实质性特点和显著的进步，不具备《专利法》第 22 条第 3 款规定的创造性。

鉴于根据上述证据和理由已得出本专利权利要求 3 不具备创造性的结论，合议组对请求人针对本专利权利要求 3 提出的其他理由和证据使用方式将不再予以评述。

2. 关于从属权利要求 4

引用独立权利要求 3 的从属权利要求 4 的附加技术特征为："所述键锁结构提供滚子的旋转轴线的可选键锁方位。"

请求人认为：从属权利要求 4 的附加技术特征被证据 2 公开，在其引用的权利要求不具备创造性的情况下，权利要求 4 不具备《专利法》第 22 条第 3 款规定的创造性。

证据 2 图 6A—6B 公开了多对凹槽 360，滚子 366 的轴 362 可以放置在不同的凹槽对中而改变滚子的旋转方位，即证据 2 公开了本专利权利要求 4 的附加技术特征。因此，在其引用的权利要求不具备创造性的情况下，权利要求 4 不具备《专利法》第 22 条第 3 款规定的创造性。

鉴于根据上述证据和理由已得出本专利权利要求 4 不具备创造性的结论，合议组对请求人针对本专利权利要求 4 提出的其他理由和证据使用方式将不再予以评述。

3. 关于独立权利要求 5

请求人认为：本专利权利要求 5 相对于证据 2 图 5A—5D 所示实施例、证据 1 图 7—9 所示实施例、证据 5 和本领域公知常识的结合，或证据 2 图 6A—6B 所示实施例、证据 3、证据 6 和本领域公知常识的结合不具备《专利法》

第22条第3款规定的创造性。

经查：证据5公开了一种机械式鼠标器，其图2、图7示出鼠标器底部壳体具有一个环状部件，鼠标器滚球13设置在该环状部件的孔的上部，滚球13的一部分突出底部平面的外部，该环状部件与底部壳体的连接位置具有不同直径的环状凹凸部分以进行配合卡接。

证据6公开了一种改良的振动筛机框网结构，并具体公开了以下技术内容（参见证据6说明书第4页倒数第6行—第5页第7行，图1）：如图所示，基本上，本实用新型改良的振动筛机框网结构主要由一L形框体1、一粗网2、一押环3、一细网4及具内侧向开口的框体5所组合而成。其中，L形框体1，其为环状物，唯具以阶梯形式形成的一外缘11、一内缘12及一内壁13，以供容置后叙的粗网2及细网4之用。粗网2，其网目则依实际需要而任意选择，于实施时，该粗网2中平铺并紧绷于该L形框体1上。押环3其宽度对应于前述内缘12的尺寸，将粗网2铺设在该L形框体1的内缘12上后，以押环3嵌置于该L形框体1上以将粗网绷紧，然后借助焊接法或AB胶将之固接或黏着于该L形框体1的内缘12内。押环3之高度等于内壁13突出于内缘12之高度，以使押环3于嵌押该L形框体后与内壁13顶部为等高，为求将其固定，可借助其上的环孔31与内缘12上的缘孔121以螺丝32螺固锁定。

（1）以证据2图5A—5D所示实施例作为最接近现有技术

将证据2图5A—5D所示实施例公开的技术内容与本专利权利要求5要求保护的技术方案进行技术比对，可获知，证据2公开的"滚珠258"分别对应于本专利的"滚子"；证据2公开的"第一分体模块222"和"第二分体模块223"对应于本专利的"模块本体"，"开口254"和"开口255"的内壁对应于本专利的"内壁结构"，"开口254"和"开口255"形成的腔对应于本专利的"腔"。

通过比较可知，本专利权利要求5所要求保护的技术方案与证据2图5A—5D所示实施例公开的技术方案的区别在于：

①本专利包括保持环，其被设计为接收在所述腔中以便将滚子可旋转地保持在腔中，滚子突出部穿过保持环延伸到第一外表面的外部。证据2由模块本体的一部分——"第二分体模块223"将滚珠258保持在模块本体中，其没有公开保持环及其相关技术特征，因而没有公开其滚子突出部穿过保持环而突出第一面外部。

②本专利限定了内壁结构包括第一闭合壁、第二闭合壁和托架，第一闭合

壁从内边缘延伸到在模块本体的第一外表面处终止的外边缘，第一闭合壁具有第一外直径，第二闭合壁与第一闭合壁同轴，并从内边缘延伸到在第二外表面处终止的外边缘，第二闭合壁直径比第一闭合壁直径小，托架设置在第一闭合壁的内边缘和第二闭合壁的内边缘之间；本专利的保持环安放在由第一闭合壁围绕的托架上而接收在所述腔中。证据2该实施例没有公开上述第一闭合壁、第二闭合壁和托架，没有公开保持环放置在所述托架上。

请求人主张：证据2图5A—5D所示实施例中公开的第一分体模块222和第二分体模块223组成模块本体220，第一分体模块222的"开口254"相当于本专利的"第一闭合壁"，第二分体模块的"开口255"相当于本专利的"第二闭合壁"，"圆肋257"相当于本专利的"托架"。合议组认为所述"开口254""开口255""圆肋257"的结构和作用分别与本专利的"第一闭合壁""第二闭合壁""托架"不相同，它们没有对应关系，因此，证据2的该实施例没有公开所述第一闭合壁、第二闭合壁和托架的相关技术特征。

证据1图7—9所示实施例公开了具有盖子99的模块本体93，盖子99将滚珠94保持在空腔92中，该实施例也没有公开所述第一闭合壁、第二闭合壁和托架的相关技术特征。

证据5公开了一种机械式鼠标器，其技术领域与本专利相差甚远；证据5公开的结构涉及的是底部壳体的卡扣结构，其用于将底部壳体上的承接鼠标器滚球13的环状部件卡扣在底部壳体上，而本专利的第一闭合壁、第二闭合壁以及托架用于将保持环接收在模块本体的腔中，证据5的卡扣结构不对应于本专利的第一闭合壁、第二闭合壁以及托架，本领域技术人员不能从证据5中获得启示，进而将证据5公开的壳体卡扣连接结构应用于塑料传送带模块的技术领域当中以用于将保持环接收在所述腔中。

因此，证据2图5A—5D所示实施例没有公开上述第一闭合壁、第二闭合壁和托架的相关技术特征，证据1也没有公开该技术特征，证据5的技术领域与本专利相差较大，其卡扣结构不对应于所述第一闭合壁、第二闭合壁和托架，两者要解决的技术问题以及达到的作用不相同，本领域技术人员不容易想到将证据5的鼠标器的壳体卡扣连接结构用于塑料传送带模块当中以用于将保持环接收在所述腔中。本专利权利要求5相对于请求人主张的证据2图5A—5D所示实施例、证据1图7—9所示实施例、证据5和本领域公知常识的结合具备《专利法》第22条第3款规定的创造性。

（2）以证据 2 图 6A—6B 所示实施例作为最接近现有技术

将证据 2 图 6A—6B 所示实施例公开的技术内容与本专利权利要求 5 要求保护的技术方案进行技术比对可获知，证据 2 公开的"滚子 366"对应于本专利的"滚子"；证据 2 公开的"分体模块 322"和"分体模块 323"对应于本专利的"模块本体"，"开口 355"和"开口 354"形成的腔对应于本专利的"腔"，"开口 355"和"开口 354"的"内壁 356"对应于本专利的"内壁结构"。

通过比较可知，本专利权利要求 5 所要求保护的技术方案与证据 2 图 6A—6B 所示实施例公开的技术方案的区别在于：

①本专利还包括保持环，其被设计为接收在所述腔中以便将滚子可旋转地保持在腔中，滚子突出部穿过保持环延伸到第一外表面的外部。证据 2 由模块本体的一部分——"第二分体模块 223"将滚珠 258 保持在模块本体中，其没有公开保持环及其相关技术特征，因而没有公开其滚子突出部穿过保持环而突出第一面外部。

②本专利限定了内壁结构包括第一闭合壁、第二闭合壁和托架，第一闭合壁从内边缘延伸到在模块本体的第一外表面处终止的外边缘，第一闭合壁具有第一外直径，第二闭合壁与第一闭合壁同轴，并从内边缘延伸到在第二外表面处终止的外边缘，第二闭合壁直径比第一闭合壁直径小，托架设置在第一闭合壁的内边缘和第二闭合壁的内边缘之间；本专利的保持环安放在由第一闭合壁围绕的托架上而接收在所述腔中。证据 2 该实施例没有公开上述第一闭合壁、第二闭合壁和托架，没有公开保持环放置在所述托架上。

请求人主张：证据 2 图 6A—6B 所示实施例中公开的"分体模块 322"相当于本专利的"模块本体"，"凹槽 360"的径向外壁相当于本专利的"第一闭合壁"，"内壁 356"相当于本专利的"第二闭合壁"，"凹槽 360"的半圆底壁相当于本专利的"托架"。合议组认为所述"凹槽 360"的径向外壁、"内壁 356"、"凹槽 360"的半圆底壁的结构和作用分别与本专利的"第一闭合壁""第二闭合壁""托架"不相同，它们没有对应关系，因此，证据 2 的该实施例没有公开所述第一闭合壁、第二闭合壁和托架的相关技术特征。

证据 3 公开了嵌合在嵌合孔 65 当中的保持框 37，请求人主张该"保持框 37"对应于本专利的"保持件"。合议组认为该保持框 37 的结构和作用与本专利权利要求 5 中限定的保持环的结构和作用不相同，该对应关系不成立。证据 3 也没有公开所述第一闭合壁、第二闭合壁和托架的相关技术特征。

证据 6 公开了一种改良的振动筛机框网结构,请求人主张证据 6 公开的押环 3 相当于本专利的保持环,L 形框体 1 的阶梯外壁具有的外缘 11 相当于托架。合议组认为证据 6 的技术领域与本专利的相差甚远,证据 6 的 L 形框体 1 具有外缘 11、内缘 12 以及内壁 13,用于容置粗网 2 及细网 4 使用,粗网 2 铺设在内缘 12 上后,将押环 3 对应内缘 12 的位置嵌置其上而将粗网 2 绷紧,即证据 6 的押环 3 和 L 形框体 1 的外缘 11、内缘 12 以及内壁 13 配合使用以将筛网固定在所述框体上,其零件与本专利的保持环、托架的作用并不相同,其零件与本专利的零件没有对应关系;本领域技术人员不能从证据 6 中获得启示,不容易想到将证据 6 公开的押环、L 形框体的阶梯外壁结构应用于塑料传送带模块的技术领域当中,而得到设置在模块本体腔中托架上的保持环并将滚子可旋转地保持在所述腔中。

因此,证据 2 图 6A—6B 所示实施例没有公开上述第一闭合壁、第二闭合壁和托架的相关技术特征,证据 3 也没有公开该技术特征,证据 6 的技术领域与本专利相差较大,本领域技术人员不容易想到将证据 6 公开的筛机框网结构用于塑料传送带模块当中,而得到设置在模块本体腔中托架上的保持环并将滚子可旋转地保持在所述腔中。本专利权利要求 5 相对于请求人主张的证据 2 图 6A—6B 所示实施例、证据 3、证据 6 和本领域公知常识的结合具备《专利法》第 22 条第 3 款规定的创造性。

国家知识产权局专利复审委员会宣告 ZL201010150349.5 号发明的权利要求 2—4 无效,在权利要求 1、5 的基础上继续维持该专利有效。❶

从第一次无效宣告审查决定结果来看,涉案专利权利要求 5 记载限定的机械结构技术特征并不复杂,像"保持环""第一闭合壁""第二闭合壁""托架"组成的环形阶梯内壁结构、"第二闭合壁与第一闭合壁同轴"、"第二闭合壁直径比第一闭合壁直径小",在机械技术领域中都是司空见惯的结构和部件之间的简单几何关系。因此,无效成败的关键在于能否在细分的传送带技术领域检索到在先公开这些常规的技术特征的对比文件。证据 5 机械式鼠标器公开了保持环锁住滚球的结构,虽然跟涉案专利实施例 2 保持环将球形滚子保持在腔中类似,但是机械式鼠标与塑料传送带的技术领域相差甚远,导致二者确实

---

❶ 参见:国家知识产权局专利复审委员会第 32569 号无效宣告请求审查决定书。

没有结合的技术启示。虽然证据 6 振动筛机框网结构公开了押环 3 和 L 形框体 1 的阶梯外壁具有的外缘 11，与涉案专利的保持环和阶梯内壁是类似的结构，但是振动筛机框网结构与塑料传送带技术领域相差甚远，导致二者同样没有结合的技术启示。

对于常见的机械结构技术特征，无效检索的范围应当严格限制在与涉案专利相同或相近的技术领域。对于相同或相近的技术领域，本领域的普通技术人员才有将在先多篇对比文件公开的技术特征进行结合的动机，在先对比文件之间才有结合的技术启示。

（三）第一次专利无效行政诉讼

在国家知识产权局专利复审委员会宣告 ZL201010150349.5 号发明的权利要求2—4 无效后，专利权人不服第 32569 号无效宣告请求审查决定，向北京知识产权法院提起了专利无效行政诉讼。专利权人认可被诉决定认定的权利要求 2、3 与最接近的对比文件相比所确定的区别技术特征，但对区别技术特征的评议有异议。

北京知识产权法院经审理认为：

1. 关于涉案专利权利要求 3 是否具备创造性

被诉决定认定了涉案专利权利要求 3 所要求保护的技术方案与证据 2 图 6A—6B 所示实施例公开的技术方案的区别在于：涉案专利限定了还包括保持件被接收在所述腔中，该保持件将滚子可旋转地保持在所述腔中，并具有与模块本体第一面和第二面的其中之一齐平的顶面；而证据 2 由模块本体的一部分——"分体模块 323" 将滚子 366 保持在模块本体中，其没有公开保持件及其相关技术特征。涉案专利相对于证据 2 的该实施例实际要解决的技术问题在于：面临传送带模块的零件出现损坏而需要更换时，如何减少浪费，便于更换。

原告主张本领域技术人员没有动机将证据 1 的盖子结合到证据 2 中，没有结合的技术启示，将盖子 99 的顶面与模块本体的上表面齐平也是不容易想到的。对此，法院认为，如前所述，证据 1 图 7—9 所示实施例公开的技术方案，盖子是保持在适当位置的单独部件，只限定了盖子（相当于保持环）在腔中，但并没有限定盖子是平齐。权利要求 3 保护的技术方案是涉案专利的附图 2A 和 2B 的结构，证据 2 公开的上述 "分体模块 323" "分体模块 322" 设置为如证据 1 公开的整体的模块本体的结构，并在该模块本体上设置单独的盖子，以将滚子可旋转地保持在所述腔中，将单个盖子的顶面与模块本体的上表面齐平，也可以将单个盖子的顶面超出模块本体的上表面，这些设置不会改变其覆盖并将滚子可旋转地保持在所述腔中的作用，不会改变塑料传送带模块通过滚子传送物品的工作方式。因此，在证据 2 图 6A—6B 所示实施例公开技术方案的基础上，结合证据 1 图 7—8 公开的技术内容以及本领域的公知常识，得到权利要求 3 要求保护的技术方案，对本领域技术人员来说是显而易见的，权利要求 3 不具备《专利法》第 22 条第 3 款规定的创造性。

2. 关于涉案专利权利要求 4 是否具备创造性

鉴于原告明确表示在权利要求 3 不具备创造性的前提下，对其从属权利要求 4 不具备创造性不持异议。对此，法院不持异议，不再予以评述，因此，在权利要求 3 不具备创造性的前提下，从属权利要求 4 也不具备创造性。

2020 年 5 月 25 日，北京知识产权法院作出判决，驳回原告的诉讼请求。❶

四、侵权诉讼法院一审判决

上海知识产权法院经审理，认为将被控侵权产品与权利要求 3 比对，两者均系带嵌入滚子的塑料传送带模块，均具有模块本体、滚子、保持件的技术特征，模块本体上包括形成开口在面上的腔，滚子接收在腔中，绕旋转轴线旋转，保持件将滚子可旋转地保持在腔中。关于被控侵权产品保持件是否具有与第一面齐平的顶面，被控侵权产品保持环的环状顶面确略高于第一面，但该差异较为细微，较之与完全齐平亦无实际不同功能和效果，故可以认定被控侵权产品保持环具有与第一面基本齐平的顶面，被告认为两者不同的主张不能成立。关于键锁结构，权利要求 3 中记载的技术特征"键锁结构"只是描述了其位置以及所要实现的功能，也即固定旋转轴线的方位，并未记载其具体结构。本案中，也没有相应的证据可以证明，在所属技术领域中，已经存在技术结构相对固定且为所属领域一般技术人员所熟知的键锁结构，或者本领域普通技术人员仅通过阅读权利要求书即可直接、明确地确定实现上述功能的具体实施方式，故该"键锁结构"应认定为一项功能性特征。根据《最高人民法院关于审理侵犯专利权纠纷案件应用法律若干问题的解释》（法释〔2009〕21 号）第 4 条的规定，对于权利要求中以功能或者效果表达的技术特征，人民法院应当结合说明书和附图描述的该功能或者效果的具体实施方式及其等同的实施方式，确定该技术特征的内容。根据涉案

---

❶ 参见：北京知识产权法院（2017）京 73 行初 8376 号行政判决书。

专利说明书和附图的记载，可知实施例中仅披露了键锁结构的一种实施方式，即保持环中的一对突起被接收在不支承轴的托架的一对凹口中，保持环上的突起和托架中的凹口形成保证保持环与滚子在腔中正确对齐的键锁结构。故本案中，应以该实施方式及其等同的实施方式，确定键锁结构的保护范围。被控侵权产品托架的四边有两两相对的四个凹口，装入的保持环顶面的反面对应位置也有四个凹口，保持环装入腔体后形成两对四个座孔用于滚子旋转轴的支承和定位，保持环通过其外凸边缘与模块本体上第一闭合壁和第二闭合壁之间的凹槽定位，无须设置涉案专利该键锁结构技术方案即能达到固定滚子旋转轴线方位的作用以及实现保持件的正确连接安装。因此，被控侵权产品不存在与权利要求3对应的键锁结构。

与权利要求5比对，两者均具有模块本体、第一闭合壁、第二闭合壁、托架、滚子、保持环的技术特征。关于被控侵权产品第一、二闭合壁是否存在直径、同轴的概念，结合专利说明书的记载"直径表示在闭合壁上通过壁的质心测量的两点之间的距离"以及专利附图第一闭合壁、第二闭合壁都为四角为圆弧的四边形可知，专利权利要求并未限定第一、二闭合壁为圆形，直径对应于圆形的直径，而被控侵权产品两个闭合壁的形状同专利附图，应认为具有与权利要求对应的闭合壁的直径；另外，对于多边形的柱体，也可将其对称的中心线称作为轴线，相应两个柱体或两个外形有大小的柱体连接时，当两者对称中心线延长并重合时，可称作两个柱体同轴，被控侵权产品两个闭合壁均为四角为圆弧的四边形柱体，两者在俯视观察时中心重合即可理解为同轴。关于托架位置，专利权利要求记载托架设置在两个闭合壁的内边缘之间，专利说明书及附图显示托架设置于两个闭合壁的内边缘之间的过渡区域，具有环状突起，环状突起的一个边缘即较小闭合壁的内边缘，在环状突起的四边上形成两两相对的凹口结构，被控侵权产品相应的两个闭合壁过渡区域具有相同结构的托架，两者托架技术特征应认定相同。关于权利要求5是否限定于球形滚子，权利要求5从文字表述来看并未提及滚子形状，也未提及滚子是否通过旋转轴支承，亦未限定保持环、托架的形状，本领域技术人员由此可联想到采用球形滚子，也可采用带旋转轴的圆柱形滚子，且法院也注意到，专利说明书中0034部分亦载有在滚珠示例中的几个连接装置同样可用于圆柱形滚子，故被告认为专利权利要求5限定于球形滚子的主张不能成立，法院不予采纳。

综上，被控侵权产品技术方案包含与专利权利要求5记载的全部技术特征相同的技术特征，落入权利要求 5 的保护范围，而缺少专利权利要求 3 中的键锁结构，不落入专利权利要求 3 的保护范围。因专利权利要求 4 系权利要求 3 的从属权利要求，故被控侵权产品技术方案亦未落入权利要求 4 的保护范围。

2017 年 6 月 27 日，上海知识产权法院作出判决，判决被告停止侵权，赔偿经济损失及合理费用共计 35 万元。❶

五、第二次专利无效及行政诉讼

经过第一次专利无效宣告程序后，华南新海公司的代理人调整了检索策略，在传送带技术领域重点检索"保持件"和"阶梯内壁结构"，经过二次补充检索，成功在传送带领域检索到一个技术方案中同时公开了"第一闭合壁""第二闭合壁""托架"组成的环形"阶梯内壁结构"、"第二闭合壁与第一闭合壁同轴"、"第二闭合壁的直径比第一闭合壁的直径小"、"保持环"和"滚子"等技术特征的关键在先美国专利。华南新海公司的代理人重新整理证据组合和无效宣告理由，于 2017 年 8 月 16 日向国家知识产权局专利复审委员会仅对涉案专利权利要求 5 提出第二次专利无效宣告请求，同时以双方之间正在进行专利侵权诉讼为由，请求对第二次专利无效宣告程序优先审查，希望第二次专利无效宣告程序加速，目标是在专利侵权诉讼二审程序判决之前第二次专利无效程序的结果先出来。

（一）第二次专利无效宣告请求

1. 无效宣告证据

证据 1 - 1：公开日为 2001 年 11 月 29 日、公开号为 US2001/0045346A1 的美国专利说明书的复印件。

证据 1 - 2：公开日为 1978 年 11 月 14 日、公开号为 US4125183 的美国专利说明书的复印件。

证据 2 - 1：证据 1 - 1 相关部分的中文译文（下文与证据 1 - 1 并称"证据 1"）。

证据 2 - 2：证据 1 - 2 相关部分的中文译文（下文与证据 1 - 2 并称"证据 2"）。

证据 3：公开日为 1975 年 7 月 22 日、公开号为 US3895846 的美国专利说

---

❶　参见：上海知识产权法院（2016）沪 73 民初 797 号民事判决书。

明书的复印件及其相关部分的中文译文。

证据 4：授权公告日为 1994 年 10 月 12 日、授权公告号为 CN2179027Y 的中国实用新型专利说明书复印件。

证据 5：公开日为 2003 年 5 月 8 日、公开号为 US2003/0085106A1 的美国专利说明书的复印件及其相关部分的中文译文。

2. 关键无效宣告理由

权利要求 5 相对于证据 1 与证据 3 的结合，或者证据 1 与证据 3 及公知常识的结合，或者证据 1 与证据 4 的结合，或者证据 1 与证据 4 及公知常识的结合，或者证据 3 和公知常识的结合，或者证据 3 与证据 1 及公知常识的结合，或者证据 5 与证据 1、证据 3 的结合，或者证据 5 与证据 1、证据 3 及公知常识的结合，不具备创造性。证据 5 的附图 6B 如图 8 - 4 所示，证据 1 的附图 7 和附图 8 如图 8 - 5 所示，证据 3 的附图 2 如图 8 - 6 所示。

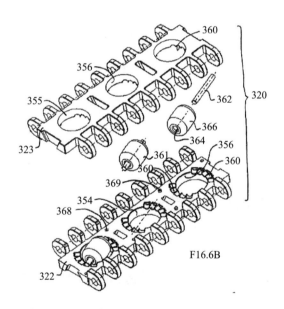

图 8 - 4　公开号为 US2003/0085106A1 的美国专利说明书附图 6B❶

---

❶　CORLEY AA, JONES MR, MARSHALL LA, et al. Split belt modules in modular conveyor belts：US2003085106 ［P］. 2003 - 05 - 08.

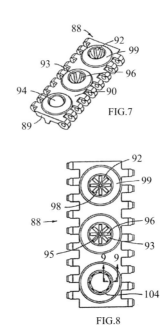

图 8 - 5 公开号为 US2001/0045346A1 的美国专利说明书附图 7 和附图 8❶

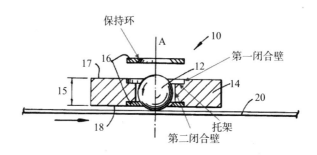

图 8 - 6 公开号为 US3895846 的美国专利说明书附图 2❷

尽管华南新海公司在第二次专利无效宣告程序中请求优先审查，但是专利复审委员会不但未批准该案的优先审查，而且对第二次专利无效宣告程序中止审理，也未将无效宣告请求人在无效宣告请求日一个月内补充的证据和理由转

---

❶ COSTANZO BM. Modular roller - top conveyor belt with obliquely - arranged rollers：US20010045346A1 ［P］. 2001 - 11 - 29.

❷ EDWARDS, J W. Magnetic ball retaining apparatus：US3895846 ［P］. 1975 - 07 - 22.

送专利权人，理由是专利权人不服第一次专利无效宣告审查决定向北京知识产权法院提起了无效行政诉讼，而涉案专利权利要求2、3和5都是相关联的独立权利要求，需要等第一次专利无效宣告审查决定生效后，再恢复审理第二次专利无效。

2020年5月25日，北京知识产权法院作出（2017）京73行初8376号行政判决书，判决驳回原告的诉讼请求，而原告在法定上诉期并没有上诉，第一次专利无效宣告审查决定生效。华南新海公司的代理人立即请求恢复第二次专利无效宣告程序的审理。专利局专利复审和无效审理部随即将无效宣告请求人一个月内补充的证据和理由转送给专利权人，根据新修订的《专利审查指南》，无效宣告程序中允许专利权人对权利要求作进一步限定，即允许专利权人从其他权利要求中挑选技术特征补入目标权利要求中作进一步限定。

3. 专利权人修改权利要求

专利权人适用新修订的《专利审查指南》的规定，将权利要求1的部分技术特征"其上形成穿过所述滚子的孔；接收在所述孔中的轴；""并覆盖所述轴的端部"加入权利要求5，权利要求5修改为：

5. 一种带嵌入滚子的塑料传送带模块，所述模块包括：

模块本体，其沿厚度方向从第一外表面延伸到第二外表面，并包括内壁结构，所述内壁结构在模块本体中形成腔，所述内壁结构包括：

第一闭合壁，其从内边缘延伸到在模块本体的第一外表面处终止的外边缘，第一闭合壁具有第一直径；

第二闭合壁，其与第一闭合壁同轴，并从内边缘延伸到在第二外表面处终止的外边缘，第二闭合壁的直径比第一闭合壁的第一直径小；

托架，其设置在第一闭合壁的内边缘和第二闭合壁的内边缘之间；

滚子，其位于所述腔中；其上形成穿过所述滚子的孔；

接收在所述孔中的轴；以及

保持环，其被设计为接收在所述腔中并安放在由第一闭合壁围绕的托架上并覆盖所述轴的端部以便将滚子可旋转地保持在腔中，其中滚子的突出部穿过保持环延伸到第一外表面的外部。

专利权人此修改将原权利要求5涵盖"圆柱形滚子结合旋转轴的塑料传送带模块"和"球形滚子的塑料传送带模块"两个实施例的较大保护范围，限缩为只涵盖"圆柱形滚子结合旋转轴的塑料传送带模块"一个实施例的较小保护范围，增大了无效宣告请求人无效限缩后的权利要求5的难度。

（二）第二次专利无效宣告审查决定

由于第一次专利无效的行政诉讼在北京知识产权法院审理的时间很长，而第二次专利无效虽然只涉及权利要求 5 的有效性审理，但由于部分事实认定要与生效的第一次无效宣告审查决定认定的技术事实保持一致，因此专利复审委员会对第二次无效宣告程序进行中止审理。而且 2017 年专利复审委员会并未将无效宣告请求人一个月内补充的证据和理由转送给专利权人，正值新修订的《专利审查指南》实施，专利权人意外获得了灵活修改权利要求的机会，无效宣告请求人因此面对较高不确定性的挑战。

请求人主张：修改后的权利要求 5 相对于证据 5、证据 1 与证据 3 及公知常识的结合，不具备创造性。

经查，证据 5 公开了一种模块化传送带中的分体式传送带模块，其图 6A—6B 所示实施例公开了以下技术内容（参见证据 5 译文第【0032】段，图 6A—6B）：图 6A 和 6B 所示为另一种分体式模块。在此模块 320 中，开口 354 和 355 构成圆柱形垂直内壁 356。凹槽 360 位于分体模块 322 和 323 开口上的相对位置处。在所示模块中，凹槽为半圆柱形，支撑并固定滚子总成 361，含延伸穿过圆柱形滚子 366 中心孔 364 的轴 362。当模块部件配合在一起时，每个部件中的开口和凹槽对齐。两个部件将轴夹在中间，使滚子能绕轴自由转动，从而通过各半个模块上凹槽处的固定结构固定滚子总成 361。滚子凸出部分延伸出模块的上表面 332，与物品进行转动接触。凸出部分同时还延伸至下表面 333 的下方，与防磨带进行摩擦，促使滚子随着由所述模块构成的传送带被驱动而转动。图 6A 和 6B 所示的分体式模块具有五对相对设置的凹槽，从而滚子有五种不同的成角方位。这种模块还在每个部件的对立面设置了短柱 369，该短柱装配到配合件上的对应插口 368 中，以便在组装时保持部件对齐。

将证据 5 附图 6A—6B 所示实施例公开的技术内容与本专利权利要求 5 要求保护的技术方案进行技术比对，可获知，证据 5 公开的"滚子 366""中心孔 364""轴 362"分别对应于本专利的"滚子""穿过所述滚子的孔""接收在所述孔中的轴"，证据 5 公开的"分体模块 322"和"分体模块 323"对应于本专利的"模块本体"，分体模块 323 的上表面 332 对应于本专利"模块本体"的"第一外表面"，分体模块 322 的下表面 333 对应于本专利"模块本体"的"第二外表面"，"开口 355"和"开口 354"形成的腔对应于本专利的"腔"。证据 5 的该实施例没有单独设置保持件实施滚子可旋转地保持在腔中的作用，其通过模块本体的一部分来实施所述作用。

　　通过比较可知，本专利权利要求 5 所要求保护的技术方案与证据 5 图 6A—6B 所示实施例公开的技术方案的区别在于："第一闭合壁，其从内边缘延伸到在模块本体的第一外表面处终止的外边缘，第一闭合壁具有第一直径；第二闭合壁，其与第一闭合壁同轴，并从内边缘延伸到在第二外表面处终止的外边缘，第二闭合壁的直径比第一闭合壁的第一直径小；托架，其设置在第一闭合壁的内边缘和第二闭合壁的内边缘之间；保持环，其被设计为接收在所述腔中并安放在由第一闭合壁围绕的托架上并覆盖所述轴的端部以便将滚子可旋转地保持在腔中，其中滚子的突出部穿过保持环延伸到第一外表面的外部。"

　　基于上述区别技术特征，本专利权利要求 5 实际要解决的技术问题在于：面临传送带模块的零件出现损坏而需要更换时，如何减少浪费，便于更换。

　　证据 1 公开了一种滚子斜置的模块化滚子顶部传送带，其图 7—9 所示实施例公开了以下技术内容（参见证据 1 译文第【0047】—【0048】段，附图 7—9）：图 7 至图 8 以示例的方式示出了整体模块 88。形成于模块本体之中、通向上护板的凹面 93 限定了尺寸适于容纳滚珠 94 的部分球形空腔 92。通过从极中心支撑件 95 引出经线方式，凸起肋 96 从凹球面向上延伸，从而为滚珠 96 提供滑动轴承支撑。从上护板 90 延伸的盖子 99 用于向上延伸空腔，以及提供倾斜表面，以使歪斜物品与滚珠有序接触。肋和中心支撑件可使滚珠在各个方向上自由旋转。根据图 9A 和 9B 所示特征，滚珠保持在空腔中。在图 9A 中，盖子 99A 以初始形状示出，在临近圆孔 104A 的凹面上端具有边缘 100A，所述圆形孔 104A 具有大于滚珠 94 直径的第一直径，以便于将滚珠插入空腔中。在滚珠被插入空腔中之后，通过大致沿箭头 102（图 9B）的方向施加分力，使盖子 99B 的上可调节部分 101 发生压力变形，从而使边缘 100B 弯曲，以减小圆孔 104B 的直径，使其直径为小于滚珠直径的第二直径，进而使得滚珠在空腔中自由旋转，其中延伸穿过孔的突出部分与被传送的物品滚动接触。例如，可通过中空圆柱形工具来施加变形压力，所述中空圆柱形工具被垂直下压在盖子上，以将其形状从图 9A 所示形状调整为图 9B 所示形状。包括盖子在内的整个传送带模块优选由塑料材料一体模制，但也可采用金属加工或铸造。盖子可以是通过胶粘或旋转焊接保持在适当位置的单独部件。滚珠可采用包括金属在内的同种材料或其他材料，以不同方式来磨制或形成。

　　可见，证据 1 图 7—9 所示实施例公开了设置整体的模块本体、在该模块本体上设置单独的盖子，以实现将滚子可旋转地保持在腔中的技术方案。当所述盖子需要更换时，只需要更换单独的盖子而不影响其他盖子的使用，本领域技术人员能知晓，这种结构可以达到减少浪费、便于更换的效果。从而在证据1该实施例公开技术内容的基础上，本领域技术人员容易想到将证据5公开的上述"分体模块323""分体模块322"设置为如证据1公开的整体的模块本体的结构，并在该模块本体上设置单独的盖子，以将滚子可旋转地保持在所述腔中。在此基础上，本领域技术人员可以基于实际需要将单个盖子形式设置在模块本体的外表面，也可以将单个盖子接收在腔中；同时，本领域技术人员可以将单个盖子的顶面与模块本体的上表面齐平，也可以将单个盖子的顶面超出模块本体的上表面，这些设置不会改变其覆盖并将滚子可旋转地保持在所述腔中的作用，不会改变塑料传送带模块通过滚子传送物品的工作方式，是本领域技术人员容易想到的常规技术手段。而将单个盖子的顶面与模块本体的上表面齐平的设置方式在证据3中给出启示，证据3公开了一种用作介质传输中压辊的磁球保持装置，其附图详述部分记载了"卡环16防止球辊12从磁场中移出"，从附图2中可以看出，卡环16表面与环形磁铁的顶部17和底部18齐平，卡环16通过阶梯壁的构造方式容纳在环形磁铁的腔中。在此基础上，设置第二闭合壁的直径比第一闭合壁的第一直径小，以形成托架安放保持环对本领域技术人员来说是显而易见的。

因此，在证据5的基础上结合证据1、证据3和本领域的公知常识得出本专利权利要求5要求保护的技术方案，对本领域技术人员来说是显而易见的，无须付出创造性的劳动，且上述区别技术特征也并未为本专利带来预料不到的技术效果，故本专利权利要求5不具有突出的实质性特点和显著的进步，不具备《专利法》第22条第3款规定的创造性。

2021年1月27日，国家知识产权局专利局复审和无效审理部宣告ZL201010150349.5号发明专利权部分无效，在专利权人于2020年9月23日提交的权利要求书中权利要求1的基础上继续维持该专利权有效。❶

（三）第二次专利无效行政诉讼

国家知识产权局专利局复审和无效审理部宣告ZL201010150349.5号发明新修改的权利要求5无效后，专利权人不服第48049号无效宣告请求审查决定，向北京知识产权法院提起了专利无效行政诉讼。

北京知识产权法院经审理认为，鉴于原告对被诉决定认定的证据5公开内容、权利要求5与证据5相比具有的区别不持异议，法院对被诉决定的相关评

---

❶　参见：国家知识产权局专利局复审和无效审理部第48049号无效宣告请求审查决定书。

述予以确认。本专利权利要求 5 所要求保护的技术方案与证据 5 图 6A—6B 所示实施例公开的技术方案的区别在于："第一闭合壁，其从内边缘延伸到在模块本体的第一外表面处终止的外边缘，第一闭合壁具有第一直径；第二闭合壁，其与第一闭合壁同轴，并从内边缘延伸到在第二外表面处终止的外边缘，第二闭合壁的直径比第一闭合壁的第一直径小；托架，其设置在第一闭合壁的内边缘和第二闭合壁的内边缘之间；保持环，其被设计为接收在所述腔中并安放在由第一闭合壁围绕的托架上并覆盖所述轴的端部以便将滚子可旋转地保持在腔中，其中滚子的突出部穿过保持环延伸到第一外表面的外部。"

确定发明实际解决的技术问题一般以区别特征在发明中所能达到的技术效果为依据。就本案而言，根据本专利说明书背景部分第【0003】、【0004】段的相关记载，现有的模块式传送带保持滚子的方法一般有将单向滚子安装在与连续行的带模块相连接的铰轴上旋转并被一体形成到传送带中、将滚子组件卡接到带模块上或者在模块形成时将滚子成型在带模块中。但将滚子安装在铰轴上需要首先将铰接环去除，卡接滚子组件可能断裂而污染产品或产生其他损害，而将滚子成型成一个模块需要采取专门措施以及手动干预等而造成成型费用高且被永久性固定就位。再根据本专利说明书发明内容及具体实施方式部分第【0005】、【0010】、【0025】、【0028】段的记载，本发明通过带有嵌入滚子的传送带模块以及制造方法来克服上述缺点。具有第一闭合壁和第二闭合壁的内壁结构用于将滚子定位于其中，托架连接所述两个壁的内边缘，其上的凹口与保持环上的突起形成保证保持环与滚子在腔中正确对齐的键锁结构。由此可见，不同于证据 5 所公开的两个分体模块将轴夹在中间的模块分体扣合方式；本专利的内壁结构在模块本体中形成腔，在该腔中保持环安放在托架上以保证滚子可旋转地保持在腔中；虽然本专利说明书提及将托架与保持环用超声焊接，但这并不会阻碍本领域技术人员在其能力范畴内确定该结构上的零件便于更换，进而能节省维护费用。因此，被诉决定所认定的权利要求 5 实际要解决的技术问题并无不当，原告的相关主张不能成立，法院不予支持。基于上述区别技术特征，本专利权利要求 5 实际要解决的技术问题在于：面临传送带模块的零件出现损坏而需要更换时，如何减少浪费，便于更换。

针对上述区别特征，证据 1 图 7—9 所示实施例公开了设置整体的模块本体、在该模块本体上设置单独的盖子，以实现将滚子可旋转地保持在腔中的技术方案。当所述盖子需要更换时，只需要更换单独的盖子而不影响其他盖子的使用，本领域技术人员能知晓，这种结构可以达到减少浪费、便于更换的效果。在此基础上，本领域技术人员容易想到将证据 5 公开的上述"分体模块 323""分体模块 322"设置为如证据 1 公开的整体的模块本体的结构，并在该模块本体上设置单独的盖子，以将滚子可旋转地保持在所述腔中；如本专利说明书背景部分内容所述，解决模块与滚子之间装配的现有方式有多种，而在上述技术问题指引下，本领域技术人员作出上述改进并不存在技术障碍；而且本发明系针对现有技术存在的滚子被永久性固定就位等问题所作出改进，无论胶粘还是焊接等进一步固定方式，相对于一体成型永久固定就位的现有技术，并不会影响本领域技术人员对于何种结构方便更换零件的通常理解。在此基础上，本领域技术人员可以基于实际需要将单个盖子形式设置在模块本体的外表面，也可以将单个盖子接收在腔中；同时，本领域技术人员可以将单个盖子的顶面与模块本体的上表面齐平，也可以将单个盖子的顶面超出模块本体的上表面，这些设置不会改变其覆盖并将滚子可旋转地保持在所述腔中的作用，不会改变塑料传送带模块通过滚子传送物品的工作方式，是本领域技术人员容易想到的常规技术手段。而将单个盖子的顶面与模块本体的上表面齐平的设置方式在证据 3 中给出启示，证据 3 公开了一种用作介质传输中压辊的磁球保持装置，技术领域与本专利相近，其附图详述部分记载了"卡环 16 防止球辊 12 从磁场中移出"，从附图 2 中可以看出，卡环 16 表面与环形磁铁的顶部 17 和底部 18 齐平，卡环 16 通过阶梯壁的构造方式容纳在环形磁铁的腔中。在此基础上，设置第二闭合壁的直径比第一闭合壁的第一直径小，以形成托架安放保持环对本领域技术人员来说是显而易见的。

因此，在证据 5 的基础上结合证据 1、证据 3 和本领域的公知常识得出本专利权利要求 5 要求保护的技术方案，对本领域技术人员来说是显而易见的，无须付出创造性的劳动，且上述区别技术特征也并未为本专利带来预料不到的技术效果，故本专利权利要求 5 不具有突出的实质性特点和显著的进步，不具备创造性。

2023 年 2 月 24 日，法院作出判决，驳回原告的诉讼请求。❶

六、二审程序中止裁定

华南新海公司不服（2016）沪 73 民初 797 号一审判决，向上海市高级人民法院提起上诉，上诉的理据包括不侵权抗辩和现有技术抗辩。由于一审判决

---

❶ 参见：北京知识产权法院（2021）京 73 行初 11950 号行政判决书。

仅仅基于涉案发明专利的权利要求 5 而认定侵权成立,华南新海公司基于检索到的新证据认为第二次无效能把权利要求 5 无效,因此华南新海公司已经向专利复审委员会提起了第二次专利无效宣告请求,并把第二次专利无效的证据和理由全部提供给法院参考,请求上海市高级人民法院中止审理二审程序。

申请中止审理的具体理由包括:(1)申请人已对涉案专利提起第二次无效宣告请求,请求法院中止审理。(2)申请人无效宣告请求所提供的证据足以证明涉案专利的权利要求 5 不具备创造性,不符合《专利法》第 22 条第 3 款的规定,被专利复审委员会宣告无效可能性极大,因此请求法院先中止本案审理,待专利权效力明确后再进行审理。(3)中止本案审理有助于保证司法公正。

在审理上诉人华南新海公司与被上诉人某传送带公司侵害发明专利权纠纷一案中,因华南新海公司已向国家知识产权局专利复审委员会提出无效宣告请求,请求宣告本案所涉名称为"塑料传送带模块"的发明专利权无效,故华南新海公司于 2017 年 10 月 18 日向上海市高级人民法院申请中止本案审理。经审查,华南新海公司针对涉案专利提出的无效宣告请求,已于 2017 年 9 月 1 日被专利复审委员会受理。由于专利复审委员会的审查结果将直接影响到某传送带公司在本案中所主张的专利权是否具备合法效力,故华南新海公司关于中止本案诉讼的请求,法院可予支持。依照《民事诉讼法》第 150 条第 1 款第 6 项、第 154 条第 1 款第 6 项的规定,裁定本案中止诉讼。[1]

七、二审裁定

2021 年 1 月 27 日,国家知识产权局专利局复审和无效审理部宣告 ZL201010150349.5 号发明专利权部分无效,在专利权人于 2020 年 9 月 23 日提交的权利要求书中权利要求 1 的基础上继续维持该专利权有效,即涉案专利的权利要求 5 已经被宣告无效。上海市高级人民法院恢复审理本案二审程序。

2021 年 3 月 26 日,上海市高级人民法院作出民事裁定,依照《最高人民法院关于审理侵犯专利权纠纷案件应用法律若干问题的解释(二)》(法释〔2020〕19 号)(2020 年修正)第 2 条第 1 款的规定,裁定如下:(1)撤销上海知识产权法院(2016)沪 73 民初 797 号民事判决;(2)驳回某传送带公司的起诉。[2]

---

❶ 参见:上海市高级人民法院(2017)沪民终 295 号民事裁定书。
❷ 参见:上海市高级人民法院(2017)沪民终 295 号之一民事裁定书。

八、获评优秀案例

本案被广东省知识经济发展促进会和广州市律师协会评为 2021 岭南知识产权诉讼优秀案例,如图 8 – 7 所示。

图 8 – 7　获评 2021 岭南知识产权诉讼优秀案例

第二节　"塑料传送带模块"同族专利案

某传送带公司基于另一件涉及相同的技术方案但专利保护范围不同的发明专利独占实施许可权,在上海知识产权法院对华南新海公司提起发明专利侵权纠纷诉讼,同样指控华南新海公司实施的"塑料传送带模块"专利侵权。

一、案件背景

美国某公司基于美国的在先优先权(10/707,888 2004.01.21 US),在 2005 年 1 月 14 日提交了 PCT 国际申请(PCT/US2005/001464),该 PCT 国际申请于 2006 年 7 月 20 日进入中国国家阶段,申请号为 200580002789.3,名称为"其中保持有嵌入滚子的传送带模块及传送带",授权公告日为 2010 年 4 月 21 日。某传送带公司系上述发明专利在中国境内的独占被许可人。

2016 年 10 月 13 日,某传送带公司向上海知识产权法院起诉,称华南新海公司制造、销售及许诺销售型号为 HS901C 的传送带模块产品的行为侵害其发明专利权，请求判令被告停止侵害 ZL200580002789.3 号发明专利权，即停止制造、销售、许诺销售型号为 HS901C 的传送带，判令被告赔偿原告经济损失及为制止被告的侵权行为所支出的合理费用，共计人民币 100 万元，判令被告承担本案的全部诉讼费。

某传送带公司明确指控华南新海公司侵犯其发明专利权利要求 1、2、3、4、5、6、10、16 和 17，权利要求 1—6、10、16、17 具体如下：

1. 带有嵌入滚子的塑料传送带模块，所述模块包括：

模块本体，其从第一端纵向延伸到第二端，并且沿厚度从第一面延伸到第二面；

所述模块本体包括沿着第一端间隔开的第一铰接环和沿着第二端间隔开的第二铰接环；

所述模块本体包括内壁结构，所述内壁结构形成开口在第一面和第二面的至少一个上的腔；

所述内壁结构包括设置在模块本体的第一面和第二面之间的支座；

被接收在所述腔中的滚子；

保持件，其焊接到支座上以将滚子可旋转地保持在所述腔中。

2. 根据权利要求 1 所述的塑料传送带模块，其特征在于，所述保持件被超声焊接到支座上。

3. 根据权利要求 1 所述的塑料传送带模块，其特征在于还包括横跨所述腔的轴，并且滚子形成穿过其中的孔以接收所述轴。

4. 根据权利要求 1 所述的塑料传送带模块，其特征在于，所述保持件是环形的。

5. 根据权利要求 1 所述的塑料传送带模块，其特征在于，所述保持件还包括与模块本体的第一面齐平的顶面。

6. 根据权利要求 1 所述的塑料传送带模块，其特征在于还包括键锁结构，其位于模块本体的壁结构中和保持件上以便在腔中键锁保持件的位置。

10. 根据权利要求 1 所述的塑料传送带模块，其特征在于，所述保持件通过选自下列连接方式中的方式接合到支座上，即：超声焊接、旋转焊接、电磁焊接、环氧树脂接合以及溶剂接合。

16. 根据权利要求 1 所述的塑料传送带模块，其特征在于所述腔包含有多个，并且每个腔中接收有滚子和保持件。

17. 一种塑料传送带，包括多个相互连接以形成传送带的、如权利要求 1 所述的塑料传送带模块。❶

二、专利无效

华南新海公司于 2017 年 3 月 15 日向国家知识产权局专利复审委员会对涉案专利权利要求 1—6、10、16 和 17 提出专利无效宣告请求。

（一）专利无效请求

1. 无效证据

附件 1：公开日为 2001 年 11 月 29 日、公开号为 US2001/0045346A1 的美国专利公开说明书的复印件，共 15 页。

附件 2：公开日为 2003 年 5 月 8 日、公开号为 US2003/0085106A1 的美国专利公开说明书的复印件，共 18 页。

附件 3：公开日为 1996 年 9 月 24 日、公开号为特开平 8 - 244939A 的日本公开特许公报的复印件，共 7 页。

附件 4：附件 1 相关部分的中文译文，共 5 页（下文中将附件 1 和附件 4 合称为"对比文件 1"或"证据 1"）。

附件 5：附件 2 相关部分的中文译文，共 5 页（下文中将附件 2 和附件 5 合称为"对比文件 2"或"证据 2"）。

附件 6：附件 3 相关部分的中文译文，共 1 页（下文中将附件 3 和附件 6 合称为"对比文件 3"或"证据 3"）。

2. 无效宣告理由

权利要求 1—6、10、16、17 与对比文件 1—3 及公知常识相比，不具备创造性，不符合《专利法》第 22 条第 3 款的规定。

（1）权利要求 1 不具备创造性

将对比文件 1 作为最接近的现有技术，对比文件 1 公开了一种模块化传送带，说明书第【0047】、【0048】段和附图 7、8 公开了模块本体 89，模块本体的两侧端具有可以相互连接的铰接环，模块本体 89 的凹面 93（相当于内壁结构）限定了用于容纳滚珠 94（相当于滚子）的部分球形空腔 92（相当于滚子

---

❶ 索弗拉尼克，劳. 其中保持有嵌入滚子的传送带模块及传送带：CN1910096B［P］. 2010 - 04 - 21.

接收在腔中），凸起肋96从凹面93凸起为滚珠提供滑动轴支撑（相当于设置在模块本体第一面和第二面之间的支座），模块本体89上具有盖子99（相当于保持件），盖子99的直径小于滚珠94的直径，进而使得滚珠在腔内自由旋转（相当于滚子可旋转地保持在腔中）；说明书第【0048】段倒数第5—6行公开了包括盖子99在内的整个传送带模块，优选由塑料材料模制，盖子可以是通过胶接或旋转焊接保持在适当位置的单独部件。

将权利要求1与对比文件1相比可知，其区别技术特征为：保持件焊接到位于腔中的底座上。对比文件1中保持件是设置在模块本体的第一面上。

基于上述区别技术特征，权利要求1技术方案实际要解决的技术问题是：提供一种替代的固定滚子的固定结构，即调整保持件的设置位置并保证滚子可旋转地保持在腔中。

首先，盖子在对比文件1中的作用同样是用于固定滚子使滚子可旋转地保持在腔中，与本案专利权利要求1中保持件的作用完全相同。而且，对比文件1的说明书第【0048】段倒数第3行明确记载了盖子可以是保持在适当位置的单独部件，即盖子可以根据需要调整安装位置，本领域技术人员在对比文件1的技术启示下有动机地将设置在腔外的保持件替换设置在腔内。实际上，保持件处于腔内还是处于腔外都是为了固定滚子，在技术效果上并没有带来实质的变化，更没有产生意想不到的技术效果；将保持件从在腔外设置替换成在腔内设置是本领域技术人员容易想到的技术手段。

其次，对比文件3公开了一种传送带搬运装置，说明书第【0046】—【0050】段和附图8—10公开了板块64（相当于模块本体）设置有多个滚子单元36安装位置，并形成与各滚子单元36安装位置相对应的作为嵌合部35的嵌合孔65，保持框37可以嵌合在嵌合孔65内（保持框37相当于保持件，嵌合孔65内的空间相当于腔），保持框37内具有上下贯通的容纳腔68，容纳腔68相对的两侧面上形成有轴支撑孔69，容纳腔68容纳有滚子40，属于公知常识。

对比文件3属于传送带输送技术领域，与本案专利属于相同的技术领域。对比文件3中公开了在板体64上设置保持框37，保持框37嵌在嵌合孔65内，通过保持框37固定滚子40，使得滚子40可旋转地保持在腔68中。该技术手段在对比文件3中所起的作用与权利要求1中保持件焊接在处于腔内的支座上的作用完全相同，都是起到固定滚子使其可旋转地保持在腔内的作用。因此，本领域技术人员容易想到将对比文件1和对比文件3相结合，从而得到权利要求 1 的技术方案。

因此，对比文件 1 结合本领域公知常识或对比文件 1 结合对比文件 3 及本领域公知常识得到权利要求 1 的技术方案是显而易见的，权利要求 1 不具备创造性，不符合《专利法》第 22 条第 3 款的规定。

（2）权利要求 2 不具备创造性

权利要求 2 进一步地限定附加技术特征"所述保持件被超声焊接到支座上"，对比文件 1 说明书第【0048】段公开了盖子可以是通过胶接或旋转焊接保持在适当位置的单独部件。旋转焊接也是超声波焊接的一种，旋转焊接是针对塑料圆形工件，利用塑料工件之间相互摩擦所产生之热力，使塑料工件接触面产生熔解，再靠外在压力，驱动促使上下工件凝固为一体，成为永久性的结合。即对比文件 1 公开权利要求 2 的附件技术特征。

因此，在引用权利要求 1 不具备创造性的基础上，权利要求 2 也不具备创造性，不符合《专利法》第 22 条第 3 款的规定。

（3）权利要求 3 不具备创造性

权利要求 3 进一步地限定附加技术特征"还包括横跨所述腔的轴，并且滚子形成穿过其中的孔以接收所述轴"，对比文件 1 说明书第【0043】、【0044】段和附图 3、4、6 公开了滚子为圆柱形滚子，滚子具有中心孔，滚轴穿过滚子的中心孔并横跨处于腔中。即对比文件 1 公开权利要求 3 的附件技术特征。

因此，在引用权利要求 1 不具备创造性的基础上，权利要求 3 也不具备创造性，不符合《专利法》第 22 条第 3 款的规定。

（4）权利要求 4 不具备创造性

权利要求 4 进一步地限定附加技术特征"所述保持件是环形的"，对比文件 1 说明书第【0048】段和附图 7、8 公开了环形的保持件。即对比文件 1 公开权利要求 4 的附加技术特征。

因此，在引用权利要求 1 不具备创造性的基础上，权利要求 4 也不具备创造性，不符合《专利法》第 22 条第 3 款的规定。

（5）权利要求 5 不具备创造性

权利要求 5 进一步地限定附加技术特征"所述保持件还包括与模块本体的第一面齐平的顶面"。根据前述，保持件设置在腔内还是设置在腔外是常规技术手段，当保持件设计成接收在腔外时，保持件的顶面自然是高出第一面；在前述技术启示下，当保持件被设计成接收在腔内时，本领域技术人员自然会想到保持件的顶面与第一面平齐。而且，保持件的顶面是否与第一面齐平对于滚子可旋转地保持在腔内没有任何实质性影响。由于滚子是延伸突出保持件与传送物品相接触，保持件是否与第一面齐平不影响滚子与传送物品进行滚动接触，而且，将保持件设置成齐平的结构形式也没有产生意想不到的技术效果，对于本领域技术人员而言，保持件的顶面与第一面齐平是容易想到的技术手段。因此，在引用权利要求1不具备创造性的基础上，权利要求5也不具备创造性，不符合《专利法》第22条第3款的规定。

（6）权利要求6不具备创造性

权利要求6进一步地限定了"还包括键锁结构，其位于模块本体内壁结构中和保持件上以便在腔中键锁保持件的位置"。

对比文件2公开了一种用于构成模块化塑料传送带的分体模块，说明书第【0032】段和附图6A、6B公开了分体模块322和323（其组合相当于模块本体），分体模块322和323的开口上相对位置处具有五对相对设置的凹槽360，从而滚子有五种不同的成角方位，即公开了键锁结构，其中键锁结构的作用同样是用于滚子361的旋转轴向，与权利要求6中的键锁结构的作用完全相同。

对比文件3公开了一种传送带搬运装置，说明书第【0050】段和附图8、附图10公开了将滚子单元36的保持框37（相当于保持件）安装于板条64的嵌合孔65时，通过将嵌合孔65和保持框37之间的方向改变90°进行安装，可以将滚子40的方向安装成相对于传送方向A向右倾斜45°的状态，或者向左倾斜45°的状态。其中，嵌合孔65和保持框37之间的配合结构即是键锁结构，其作用同样是键锁固定保持框37的位置，从而控制滚子40的旋转轴向，与权利要求6中的键锁结构的作用完全相同。

因此，在引用权利要求1不具备创造性的基础上，权利要求6也不具备创造性，不符合《专利法》第22条第3款的规定。

（7）权利要求10不具备创造性

权利要求10进一步地限定了"保持件通过选自下列连接方式中的方式接合到支座上，即：超声焊接、旋转焊接、电磁焊接、环氧树脂接合以及溶剂接合"。对比文件1说明书第【0048】段公开了盖子可以是通过胶接或旋转焊接保持在适当位置的单独部件，即对比文件1公开了权利要求10的附加技术特征。

因此，在引用权利要求1不具备创造性的基础上，权利要求10也不具备创造性，不符合《专利法》第22条第3款的规定。

（8）权利要求 16 不具备创造性

权利要求 16 进一步地限定了"所述腔包含有多个，并且每个腔中接收有滚子和保持件"。从对比文件 1 说明书及附图 7、8 可以清楚看出，对比文件 1 中的模块本体也是具有多个腔，每个腔都具有相应的滚子和保持件，即对比文件 1 公开了权利要求 16 的附加技术特征。

因此，在引用权利要求 1 不具备创造性的基础上，权利要求 16 也不具备创造性，不符合《专利法》第 22 条第 3 款的规定。

（9）权利要求 17 不具备创造性

将对比文件 1 作为最接近的现有技术，根据前述，对比文件 1 结合本领域公知常识或对比文件 1 结合对比文件 3 及本领域公知常识已经公开单个塑料传送带模块的具体结构，对比文件 1 说明书第【0039】、【0040】段及附图 1 已经公开相邻塑料传送带模块之间铰接式互连以构成传送带，即公开了权利要求 17 中"多个相互连接以形成传送带"。因此，对比文件 1 结合本领域公知常识或对比文件 1 结合对比文件 3 及本领域公知常识得到权利要求 17 的技术方案是显而易见的，权利要求 17 不具备创造性，不符合《专利法》第 22 条第 3 款的规定。

（二）专利无效宣告审查决定

1. 关于本专利权利要求 1 是否具备创造性

经技术比对，可获知：证据 1 公开了一种顶部设有滚子的模块化滚子传送带，与本专利属于相同的技术领域，其中，证据 1 中优选由塑料材料一体模制的"整体模块 88"对应于本专利的"塑料传送带模块"，证据 1 中的"模块本体 89"对应于本专利的"模块本体"，证据 1 中模块本体的"上表面"和"下表面"分别对应于本专利的"第一面"和"第二面"，证据 1 中位于模块本体 89 两端向外延伸的"铰链元件"对应于本专利的"第一铰链环"和"第二铰链环"，证据 1 中的"凹面 93"对应于本专利的"内壁结构"，证据 1 中的"滚珠 92、94、96"对应于本专利的"滚子"，证据 1 中的"盖子 99"对应于本专利的"保持环"。

由此，将本专利权利要求 1 所要求保护的技术方案与证据 1 公开的技术内容进行对比，二者的区别实质上仅在于保持环的安装位置有所不同：在本专利中，保持件被焊接在位于模块本体的第一面和第二面之间的支座上；而在证据 1 中，盖子 99 则通过胶粘或旋转焊接安装在模块本体的上表面上。

基于上述区别技术特征，本专利实际要解决的技术问题是采用何种替代方式来安装盖子或保持件。

对于该区别技术特征而言，本领域技术人员基于其所应具备的知识水平和设计能力，可以根据实际需要、设计要求、使用环境等因素将保持件直接安装在模块本体的上表面上，或将保持件安装在位于模块本体的上下表面之间的支座上，无须付出创造性的劳动，而且本专利说明书也未记载该区别技术特征能够为本专利带来何种预料不到的技术效果。故该区别技术特征不足以使本专利权利要求1具备突出的实质性特点和显著的进步，因此，本专利权利要求1不具备创造性，不符合《专利法》第22条第3款的规定。

至于专利权人在口头审理过程中提出的该区别技术特征"能够使得滚子露出更多，或者可以使用更小尺寸的滚子，从而可以节省材料，另外将保持件设置在腔内就不需要在模块本体上表面设置额外的部件来安装保持件，达到了有益的技术效果"的主张，本案合议组认为：

首先，专利权人所声称的技术效果并未记载在本专利说明书中，本领域技术人员根据本专利说明书的记载也不能直接地、毫无疑义地确定该区别技术特征能够为本专利带来专利权人所声称的技术效果。

其次，证据1已明确公开盖子99可以通过胶粘、旋转焊接等方式连接在模块本体的上表面，显然采用胶粘、焊接等连接方式来安装保持件并不需要"额外的部件"；此外，根据《专利法》第59条❶的规定，"发明或者实用新型专利权的保护范围以其权利要求的内容为准"，未记载在权利要求中的技术特征或技术内容一般不得作为该权利要求具备创造性的依据。对于本案而言，本专利权利要求1仅限定"保持件，其焊接到支座上以将滚子可旋转地保持在所述腔中"，并未明确限定保持件是否完全位于所述的腔中。

最后，对于本专利所涉及的带有嵌入滚子的塑料传送带模块而言，滚子从腔中露出多少或者所用滚子的尺寸大小通常与这种传送带的运输能力、负载大小、使用环境、受力状态、传送带模块的材质和结构、滚子的材质、结构及其与相关部件的配合关系等诸多因素有关，而与保持件是否设置在所述腔中并无必然的联系，专利权人虽然提出上述主张，但并未提出充分的理由或提供相应的证据予以证明。

综上，专利权人的上述主张缺少事实依据，不能成立。

2. 关于本专利权利要求2是否具备创造性

权利要求2作为从属权利要求对权利要求1作出了进一步的限定，其附加

---

❶　因此决定在《专利法》第四次修正案之前，故为2008年版《专利法》。

技术特征为"所述保持件被超声焊接到支座上"。

鉴于证据1已经明确公开"盖子可以通过胶粘或旋转焊接保持在适当位置的单独部件"的技术内容，而旋转焊接、超声焊接、激光焊接等均为本领域常用的塑料焊接方式，而采用超声焊接也未为本专利带来预料不到的技术效果。因此，在权利要求1不具备创造性的前提下，权利要求2也不具备突出的实质性特点和显著的进步，不具备创造性。

3. 关于本专利权利要求3是否具备创造性

权利要求3作为从属权利要求对权利要求1作出了进一步的限定，其附加技术特征为"还包括横跨所述腔的轴，并且滚子形成穿过其中的孔以接收所述轴"。

鉴于证据1说明书第【0043】、【0044】段已明确公开该附加技术特征，且该附加技术特征也未为本专利带来预料不到的技术效果，因此在其引用的权利要求1不具备创造性的情况下，该权利要求3也不具备突出的实质性特点和显著的进步，不具备创造性。

4. 关于本专利权利要求4是否具备创造性

从属权利要求4对权利要求1作出了进一步的限定，其附加技术特征为"所述保持环是环形的"。

鉴于证据1已经明确公开盖子为环形的技术内容，而该附加技术特征也未为本专利带来预料不到的技术效果。因此，在权利要求1不具备创造性的前提下，权利要求4也不具备突出的实质性特点和显著的进步，不具备创造性。

5. 关于本专利权利要求5是否具备创造性

从属权利要求4对权利要求1作出了进一步的限定，其附加技术特征为"所述保持件还包括与模块本体的第一面平齐的顶面"。

对于本领域技术人员而言，将保持件直接安装在模块本体的上表面或将保持件安装在位于模块本体上下表面之间的支座上属于常规的设计选择，无须付出创造性的劳动；至于保持件的顶面是否与模块本体的上表面平齐则属于本领域技术人员根据设计要求、使用环境等因素可以作出的简单的技术选择，而且本专利说明书也未记载该区别技术特征能够为本专利带来何种预料不到的技术效果。故该区别技术特征不足以使本专利权利要求5具备突出的实质性特点和显著的进步。因此，在其引用的权利要求1不具备创造性的前提下，权利要求5也不具备突出的实质性特点和显著的进步，不具备创造性。

6. 关于本专利权利要求 6 是否具备创造性

从属权利要求 6 对权利要求 1 作出了进一步的限定, 其附加技术特征为 "还包括键锁结构, 其位于模块本体的内壁结构中和保持件上以便在腔中键锁保持件的位置"。

请求人主张: 证据 2 中在分体模块 322 和 323 的开口上相对位置处具有五对相对设置的凹槽 360 对应于本专利的键锁结构, 证据 3 中嵌合孔 65 和保持框 37 之间的配合结构就是键锁结构, 与权利要求 6 中的键锁结构的作用完全相同。

对此, 本案合议组认为: 在证据 2 中, 凹槽 360 设置在分体模块 322 和 323 开口上的相对位置处, 当模块部件配合在一起时, 每个部件中的开口和凹槽对齐, 两个分体模块部件将滚子的轴夹在中间, 使滚子轴能够自由转动。因此, 凹槽 360 在证据 2 中的作用仅仅是用于将滚子轴保持在分体模块之间并允许滚子轴自由转动; 在证据 3 中, 保持框 37 容置并嵌合在嵌合孔 65 内, 保持框 37 与嵌合孔 65 之间的关系仅仅是一种嵌合式的装配关系。而本专利中的键锁结构用于使保持环与滚子在腔中正确对齐, 实质上是一种便于保持环在模块腔中定位的定位结构。显然, 证据 2 中的凹槽 360 和证据 3 中的嵌合孔 65 与键锁结构在结构和功能上并不相同。因此, 证据 2 和 3 并未公开有关键锁结构的技术内容, 也未就采用键锁结构解决保持环的定位问题给出相应的技术启示。因此, 仅凭证据 2 和 3 不足以破坏本专利权利要求 6 的创造性。

7. 关于本专利权利要求 10 是否具备创造性

从属权利要求 10 对权利要求 1 作出了进一步的限定, 其附加技术特征为 "所述保持件通过选自下列连接方式中的方式接合到支座上, 即: 超声焊接、旋转焊接、电磁焊接、环氧树脂接合以及溶剂接合"。

鉴于证据 1 已经明确公开盖子可以通过胶粘或旋转焊接连接到模块本体的上表面上的技术内容, 而超声焊接、旋转焊接、电磁焊接、环氧树脂接合、溶剂接合等均为本领域技术人员常用的塑料连接手段, 且这些连接方式也未为本专利带来预料不到的技术效果。因此, 在权利要求 1 不具备创造性的前提下, 权利要求 10 也不具备突出的实质性特点和显著的进步, 不具备创造性。

8. 关于本专利权利要求 16 是否具备创造性

从属权利要求 16 对权利要求 1 作出了进一步的限定, 其附加技术特征为 "所述腔包含有多个, 并且每个腔中接收有滚子和保持件"。

鉴于证据 1 已经明确公开了模块本体 89 具有多个腔且每个腔都安装有滚

子和保持件的技术内容，因此该附加技术特征已经被证据 1 所公开，且该附加技术特征也未为本专利带来预料不到的技术效果。因此，在权利要求 1 不具备创造性的前提下，权利要求 10 也不具备突出的实质性特点和显著的进步，不具备创造性。

9. 关于本专利权利要求 17 是否具备创造性

经技术比对，可获知：证据 1 公开了一种顶部设有滚子的模块化滚子传送带，该传送带由多个相互连接在一起的模块本体组成，与本专利属于相同的技术领域，其中，证据 1 中优选由塑料材料一体模制的"整体模块 88"对应于本专利的"塑料传送带模块"，证据 1 中的"模块本体 89"对应于本专利的"模块本体"，证据 1 中模块本体的"上表面"和"下表面"分别对应于本专利的"第一面"和"第二面"，证据 1 中位于模块本体 89 两端向外延伸的"铰链元件"对应于本专利的"第一铰链环"和"第二铰链环"，证据 1 中的"凹面 93"对应于本专利的"内壁结构"，证据 1 中的"滚珠 92、94、96"对应于本专利的"滚子"，证据 1 中的"盖子 99"对应于本专利的"保持环"。

由此，将本专利权利要求 17 所要求保护的技术方案与证据 1 公开的技术内容进行对比，二者的区别实质上仅在于保持环的安装位置有所不同：在本专利中，保持件被焊接在位于模块本体的第一面和第二面之间的支座上；而在证据 1 中，盖子 99 则通过胶粘或旋转焊接安装在模块本体的上表面上。

基于上述区别技术特征，本专利实际要解决的技术问题是采用何种替代方式来安装盖子或保持件。

对于该区别技术特征而言，本领域技术人员基于其所应具备的知识水平和设计能力，可以根据实际需要、设计要求、使用环境等因素将保持件直接安装在模块本体的上表面上，或将保持件安装在位于模块本体的上下表面之间的支座上，无须付出创造性的劳动，而且本专利说明书也未记载该区别技术特征能够为本专利带来何种预料不到的技术效果。故该区别技术特征不足以使本专利权利要求 17 具备突出的实质性特点和显著的进步，因此，本专利权利要求 17 不具备创造性，不符合《专利法》第 22 条第 3 款的规定。

综上，本专利权利要求 1—5、10、16、17 不具备创造性，不符合《专利法》第 22 条第 3 款的规定。

2017 年 10 月 31 日，国家知识产权局专利复审委员会宣告 ZL200580002789.3 号发明专利权部分无效，在权利要求 6—9、11—15、18 的基础上继续维持该

专利权有效。❶

三、专利无效行政诉讼

国家知识产权局专利复审委员会宣告 ZL200580002789.3 号发明权利要求 1—5、10、16 和 17 无效后，专利权人不服第 33743 号无效宣告请求审查决定，向北京知识产权法院提起了专利无效行政诉讼。

原告诉称：（1）被诉决定关于区别技术特征的认定有误。遗漏了两个区别技术特征：①所述内壁结构包括设置在模块本体第一面和第二面之间的支座；②保持件焊接在支座上。（2）被诉决定对于区别技术特征的评述有误。①被诉决定未提供证据证明选择固定在上表面的盖子还是内嵌在模块本体腔内的保持件来固定滚子是公知常识；②证据 1 中的盖子可以提供倾斜表面使歪斜物体与盖子有序接触，与本专利中保持件的作用不同；③证据 1 中盖子必须高出上护板才能被施压产生形变以固定滚子，盖子内置在腔内不容易对其施压产生形变；④该区别技术特征能使滚子露出更多，或者可以使用更小尺寸的滚子，从而可以节省材料。（3）本专利保持件焊接在腔内具有预料不到的技术效果，有利于腔对保持件的固定和保护。（4）证据 1 图 1—6 中有轴穿过滚子的技术方案不可能和图 7—9 的实施例结合得到本专利权利要求 3，本专利权利要求 3 具有创造性。（5）被诉决定认定本专利权利要求 5 中的附加技术特征为公知常识没有证据支持。

北京知识产权法院认为：

（一）被诉决定关于区别技术特征的认定是否正确

证据 1 公开了一种顶部设有滚子的模块化滚子传送带，与本专利属于相同技术领域。其中：证据 1 中优选由塑料材料一体模制的"整体模块 88"对应于本专利的"塑料传送带模块"，证据 1 中的"模块本体 89"对应于本专利的"模块本体"，证据 1 中模块本体的"上表面"和"下表面"分别对应于本专利的"第一面"和"第二面"，证据 1 中位于模块本体 89 两端向外延伸的"铰链元件"对应于本专利的"第一铰链环"和"第二铰链环"，证据 1 中的"凹面 93"对应于本专利的"内壁结构"，证据 1 中的"滚珠 92、94、96"对应于本专利的"滚子"，证据 1 中的"盖子 99"对应于本专利的"保持环"。

可见，本专利权利要求 1 要求保护的技术方案与证据 1 公开的技术内容之

---

❶ 参见：国家知识产权局专利复审委员会第 33743 号无效宣告请求审查决定书。

间的区别在于：本专利中，保持件被焊接在位于模块本体的第一面和第二面之间的支座上；而在证据 1 中，盖子 99 则通过胶粘或旋转焊接安装在模块本体的上表面上。

至于原告主张被诉决定遗漏了两个区别技术特征：（1）所述内壁结构包括设置在模块本体第一面和第二面之间的支座；（2）保持件焊接在支座上。对此，法院认为，上述两个区别技术特征已包含在被诉决定认定的区别技术特征"本专利中，保持件被焊接在位于模块本体的第一面和第二面之间的支座上"。因此，被诉决定关于本专利权利要求 1 所要求保护的技术方案与证据 1 公开的技术内容的区别特征认定正确，法院予以支持。

（二）被诉决定关于区别技术特征的评述是否正确

对于本领域技术人员来说，为了达到将滚子可旋转地保持在腔中的技术效果，将保持件安装在模块本体上表面，抑或模块本体上下表面之间的支座上，是可以根据实际需要作出的常规选择，无须付出创造性劳动。将保持件固定在腔内支座上，使腔体对保持件的固定部起到保护作用，也是本领域技术人员容易预料的技术效果。因此，本专利权利要求 1 不具备创造性。被诉决定对于区别特征的评述正确，法院予以支持。

原告主张，证据 1 的盖子必须高出模块本体上表面以提供倾斜表面使歪斜物体与盖子有序接触，以及便于被施压产生形变以固定滚子，故本领域技术人员不会想到在模块本体的上表面与下表面之间设置支座，并将盖子改装在支座上。而且该区别技术特征能使保持件高于模块本体表面的高度降低，能使滚子露出更多，或者可以使用更小尺寸的滚子，从而可以节省材料。

对此，法院认为，区别技术特征仅限定保持件被焊接在位于模块本体的第一面和第二面之间的支座上，并未限定保持件是否高于模块本体表面，而保持件位于支座上与其表面是否高于模块本体表面并无必然联系。无论是保持件的安装位置还是保持件的高度、大小、形状等具体设置均属于本领域技术人员可以根据实际需要进行的常规选择。至于滚子从腔中露出多少跟其与相关部件的配合关系、相关部件尺寸等诸多因素有关，与保持件是否设置在所述腔中并无必然联系。原告的相关主张不能成立，法院不予支持。

（三）本专利权利要求 3 是否具备创造性

权利要求 3 引用权利要求 1，其附加技术特征为"还包括横跨所述腔的轴，并且滚子形成穿过其中的孔以接收所述轴"。

证据 1 说明书第【0043】、【0044】段和附图 1—6 已明确公开该附加技术特征，且该附加技术特征也未带来预料不到的技术效果。因此在其引用的权利要求1不具备创造性的情况下，权利要求3也不具备创造性。

（四）本专利权利要求5是否具备创造性

权利要求5引用权利要求1，其附加技术特征为"所述保持件还包括与模块本体的第一面平齐的顶面"。

对于本领域技术人员来说，可根据实际需要将保持件的顶面设置为与模块本体的第一面平齐，或者高于第一平面，无须付出创造性劳动，且未带来预料不到的技术效果。因此在其引用的权利要求1不具备创造性的情况下，权利要求5也不具备创造性。

鉴于原告表示，在权利要求1不具备创造性的情况下，不再坚持权利要求2、4、10、16、17的创造性。因此，法院对被诉决定关于权利要求2、4、10、16、17不具备创造性的相关认定予以确认。

综上，被诉决定证据确凿，适用法律正确，符合法定程序。原告的诉讼请求缺乏事实与法律依据，法院不予支持。依照《行政诉讼法》第69条之规定，法院判决驳回原告的诉讼请求。❶

四、法院裁定

鉴于某传送带公司指控侵权的权利要求1—5、10、16和17已经被国家知识产权局专利复审委员会第33743号无效决定宣告无效，维持有效的权利要求6限定"键锁结构"，而上海知识产权法院在（2016）沪73民初797号民事判决书中已经认定被控产品不具有"键锁结构"的技术特征，不构成侵权，并且原告对该判决中关于被控产品不具有"键锁结构"的技术特征的认定也没有提出上诉。基于第33743号无效决定和（2016）沪73民初797号民事判决，某传送带公司在（2016）沪73民初798号案中已经没有任何胜诉可能，于是2017年11月13日向法院提出撤诉申请。

法院认为当事人有权在法律规定的范围内处分自己的民事权利和诉讼权利。原告的撤诉申请符合法律规定，可予准许。

上海知识产权法院裁定准许原告某传送带公司撤诉。❷

---

❶ 参见：北京知识产权法院（2018）京73行初2587号行政判决书。
❷ 参见：上海知识产权法院（2016）沪73民初798号之二民事裁定书。

第三节　"分拣系统"专利案

某传送带公司针对华南新海公司实施的"塑料传送带模块"两件发明专利侵权诉讼被驳回起诉或主动撤诉。2020 年 4 月 1 日，基于"用于使物体转向的系统和方法"发明专利独占实施许可权，某传送带公司在上海知识产权法院对华南新海公司提起第三件发明专利侵权纠纷案，指控华南新海公司实施的"分拣输送机及分拣系统"落入发明专利的保护范围，请求停止侵权，赔偿原告经济损失。

一、案件背景

美国某公司基于美国的在先优先权（60/762，227 2006.01.26 US 和 11/627，132 2007.01.25 US），在 2007 年 1 月 26 日提交了 PCT 国际申请（PCT/US2007/002192）。该 PCT 国际申请于 2008 年 7 月 25 日进入中国国家阶段，申请号为 200780003527.8，名称为"用于使物体转向的系统和方法"，授权公告日为 2012 年 7 月 18 日。某传送带公司系上述发明专利在中国境内的独占实施被许可人。

2020 年 4 月 1 日，某传送带公司向上海知识产权法院起诉，称华南新海公司制造、销售及许诺销售"分拣输送机及分拣系统"的行为侵害其发明专利权，请求判令被告停止侵害 ZL200780003527.8 号发明专利权，即停止制造、销售、许诺销售分拣输送机及分拣系统，并赔偿原告经济损失及为制止被告的侵权行为所支出的合理费用，共计人民币 3800 万元，判令被告承担本案的全部诉讼费。

某传送带公司明确指控华南新海公司侵犯其发明专利权利要求 1、2、3，具体如下：

1. 一种输送系统，包括：

输送带，其具有多个输送带滚子，所述输送带滚子具有旋转轴，所述旋转轴与所述输送带的带运动方向一致，使得所述输送带滚子可使物体转向越过所述输送带；以及

驱动机构，其接合所述输送带滚子，所述驱动机构设置成驱动所述输送带

滚子，所述驱动机构包括多个自由旋转的驱动滚子，所述驱动滚子接合所述输送带滚子，其中所述驱动滚子的旋转方向与所述输送带的运动方向不一致，以使所述输送带滚子旋转。

2. 如权利要求 1 所述的系统，其中所述驱动机构是可调节的，使得所述输送带滚子可在第一角度方向和相反的第二角度方向被有选择地驱动，从而使物体可按照期望的转向角度有选择地转向所述输送带的任一侧。

3. 如权利要求 1 所述的系统，其中所述输送带滚子在其旋转轴方向被延长。

二、专利分析

华南新海公司的代理人向国家知识产权局调取了涉案专利的审查档案，对涉案专利进行全面分析。

（一）背景技术分析

专利说明书第【0006】—【0007】段的背景技术记载了现有技术："通常有必要使物体从输送带上转向，比如转向另一输送带，以便使物体按规定路线运送或定位物体，以用于一种类型或另一种类型的处理。

最近，输送系统有所发展，其中输送带包括多个小的有角滚子（roller），该滚子延伸超出输送带的上表面和下表面。借助这种系统，由输送带运送的物体，且更具体地说是由包含在输送带内的滚子运送的物体可通过旋转滚子而从输送带上转向。可使用各种方法使输送带滚子旋转。在一种这样的方法中，通过选择性地使位于输送带之下的摩擦片与滚子接合和使其与滚子分离来驱动滚子。当该片接合滚子时，可使滚子响应于摩擦片与滚子间的摩擦力而旋转。在另一种方法中，位于输送带下的自由旋转滚子（free–spinning roller）选择性地与输送带滚子接合和分离，且接合的滚子间的摩擦使两组滚子以相反方向旋转。"

专利说明书记载该技术方案能解决三个技术问题：

技术问题 1：专利说明书第【0008】段记载"尽管上述输送系统在从输送带上转向物体方面提供显著优点，但是在其使用中仍然存在一些限制。例如，由于输送带滚子的角度是固定的，所以转向只能以固定的转向角度向输送带的一侧进行。因此，如果需要改变转向方向或角度，就必须关闭输送线（conveyor line），并用具有以不同方位排列的滚子的不同输送带来替换输送带"。

技术问题 2：专利说明书第【0009】段记载"进一步的缺点涉及滚子滑动。尤其是，在摩擦片与滚子接触时，滚子必须从零角速度加速到与输送带的运动速度成比例的最终角速度。假定滚子不能在瞬间加速到最终角速度，就会出现滚子滑动，这会引起滚子磨损。尽管程度较轻，但在使用自由旋转滚子旋转输送带滚子的实施方式中，同一现象仍会出现。尤其是，虽然自由旋转滚子的旋转减少滑动，但是在滚子与滚子接触后的一段时间滑动仍会发生"。

技术问题3：专利说明书第【0010】段记载"当摩擦片或自由旋转滚子从输送带滚子分离时，输送带滚子自由旋转，这可使输送带上存在的物体能够跨过输送带移动。尽管在一些情况下可能希望这样的移动，但在需要精确控制输送带上物体的横向位置时，可能不希望有这样的移动"。

（二）专利有益效果分析

涉案专利的有益效果与其要解决的技术问题相对应，分别是：

有益效果1：专利说明书第【0022】段记载"多个自由旋转角度可调的驱动滚子，其接合输送带滚子，当驱动滚子的旋转方向与输送带的运动方向不一致时，上述接合使输送带滚子旋转，其中驱动滚子的角度方位可相对于所述输送带的运动方向调节，以改变所述输送带的转向方向和转向角度"。

有益效果2：专利说明书第【0038】段记载"上述的方法还可包括调整所述驱动滚子的角度方位，使其从其中所述驱动滚子的旋转方向与所述输送带的运动方向一致的方位到其中所述驱动滚子的旋转方向与所述输送带的运动方向成角度的方位，从而使所述输送带滚子从0角速度加速到最终角速度"。

有益效果3：专利说明书第【0038】段记载"上述的方法还可包括调整驱动滚子的角度方位，以使驱动滚子的旋转方向与输送带的运动方向一致，以制动输送带滚子"。❶

（三）权利要求分析

PCT国际申请进入中国国家阶段的权利要求1如下：

1. 一种输送系统，包括：

输送带，其具有多个输送带滚子，所述输送带滚子设置成使所述输送带上的物体转向；以及

驱动机构，其接合所述输送带滚子，所述驱动机构设置成驱动所述输送带滚子，所述驱动机构是可调节的，使得所述输送带滚子可在第一角度方向和相反的第二角度方向被有选择地驱动，从而使物体可按照期望的转向角度有选择地转向所述输送带的任一侧。

---

❶ 福尼. 用于使物体转向的系统和方法：CN101558000B［P］. 2012－07－18.

2. 如权利要求1所述的系统，其中所述输送带滚子具有旋转轴，所述旋转轴与所述输送带的带运动方向一致，使得所述输送带滚子可使物体沿任一横向方向转向越过所述输送带。

3. 如权利要求1所述的系统，其中所述输送带滚子在其旋转轴方向被延长。❶

对比涉案专利的授权文本与公开文本，可以看到专利权人在答复审查意见通知书的时候将"所述驱动机构是可调节的，使得所述输送带滚子可在第一角度方向和相反的第二角度方向被有选择地驱动，从而使物体可按照期望的转向角度有选择地转向所述输送带的任一侧"的必要技术特征从独立权利要求中删除，在从属权利要求中再限定。这个修改可能会带来至少三个缺陷，包括：（1）授权文本的权利要求1所保护的技术方案在原权利要求和说明书中并未记载，可能存在修改超范围的问题；（2）此外上述必要技术特征是解决涉案专利的3个技术问题的必要技术特征，授权文本中的权利要求1中删除该技术特征导致了权利要求1变成了现有技术，使得独立权利要求缺少解决技术问题的必要技术特征，使得技术方案也不具备涉案专利声称的有益效果；（3）权利要求1删除了本发明专利发明点的必要技术特征，导致权利要求1变成现有技术，不具备新颖性。

华南新海公司的代理人经过研究分析，认为被控产品实施的技术方案仅仅是专利说明书第【0007】段描述的现有技术，具体来说就是驱动机构是不可调节的，不能使得所述输送带滚子可在第一角度方向和相反的第二角度方向被有选择地驱动，也不能使物体可按照期望的转向角度有选择地转向所述输送带的任一侧。被控产品实施的技术方案不能解决涉案专利说明书第【0008】—【0010】段记载的三个技术问题，也不具备专利说明书第【0022】段和第【0038】段记载的三个有益效果。

三、不侵权抗辩

鉴于涉案专利授权文本的权利要求1属于现有技术，存在诸多缺陷，华南新海公司的代理人主要从被控侵权技术方案与涉案专利的发明点技术构思截然不同的角度阐明二者不相同且不等同，作不侵权抗辩，如表8-2所示。

---

❶ 福尼. 用于使物体转向的系统和方法：CN101558000［P］. 2009-10-14.

表 8 – 2　被控侵权技术方案与涉案专利的发明点技术构思对比分析表

涉案专利技术方案（分拣系统）	被诉侵权技术方案（分拣系统）
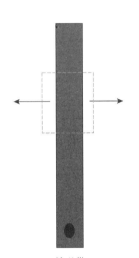 输送带 类似于"十字路口"，通过设置"可调节"的驱动滚子，使得物品在"十字路口"可以向左或者向右转向进行分拣输送	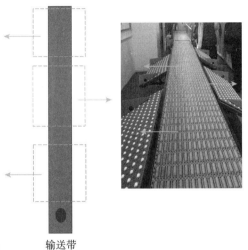 输送带 类似于一前一后的三个"三岔路口"，物品在第一个"三岔路口"只能向左转，在第二个"三岔路口"只能向右转，在第三个"三岔路口"只能向左转。 与权利要求 1"所述驱动机构包括多个自由旋转的驱动滚子"的技术特征不相同且不等同。 与权利要求 2"所述驱动机构是可调节的，使得所述输送带滚子可在第一角度方向和相反的第二角度方向被有选择地驱动，从而使物体可按照期望的转向角度有选择地转向所述输送带的任一侧"的技术特征不相同且不等同。 虽然被诉侵权技术方案占地面积较大，但是不需要设计较为复杂的"角度可调"的驱动滚子结构，故障率低，维修方便，性价比高，在中国市场受欢迎和用户青睐。 与背景技术方案一致，不具备有益效果

四、现有技术抗辩

华南新海公司的代理人提交了一份现有技术证据作现有技术抗辩。该现有技术是一份在先美国专利申请公布说明书，美国专利文本公开号为 US4096936A，专利名称为"用于分类输送结构的选择性可控制卸货装置"，公开日为 1978

年6月27日，如图8-8和图8-9所示。[1] 该现有技术证据也作为无效宣告程序中的关键证据评价涉案发明专利的权利要求1—3的新颖性。

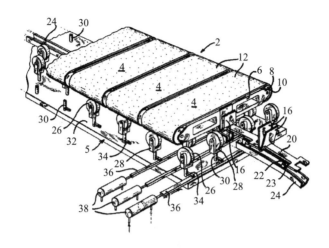

图8-8　US4096936A 美国专利申请公布文本的说明书附图1

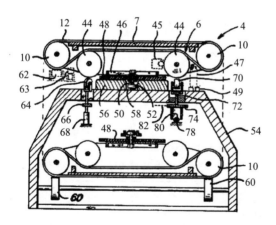

图8-9　US4096936A 美国专利申请公布文本的说明书附图3

---

[1]　AUGUST J N. Selectively controllable unloading arrangement for sorting conveyor constructions：US4096936［P］. 1978-06-27.

五、专利无效

(一) 无效宣告请求

1. 无效宣告证据

证据1：US20010045346A1 专利文献及译文，公开日为 2001 年 11 月 29 日。

证据2：US20050109582A1 专利文献及译文，公开日为 2005 年 5 月 26 日。

证据3：US4096936A 专利文献及译文，公开日为 1978 年 6 月 27 日。

证据4：US20060011454A1 专利文献及译文，公开日为 2006 年 1 月 19 日。

2. 无效宣告理由

（1）本专利权利要求 1—3 不具备新颖性，不符合《专利法》第 22 条第 2 款的规定。

（2）本专利权利要求 1—3 不具备创造性，不符合《专利法》第 22 条第 3 款的规定。

（3）本专利权利要求 1、2 没有以说明书为依据，不符合《专利法》第 26 条第 4 款的规定。

（4）本专利权利要求 1 修改超范围，不符合《专利法》第 33 条的规定。

（5）本专利权利要求 1、2、3 没有清楚地限定权利要求的保护范围，不符合《专利法实施细则》第 20 条第 1 款的规定。

（6）本专利权利要求 1、2 没有记载解决技术问题的必要技术特征，不符合《专利法实施细则》第 21 条第 2 款的规定。

请求宣告无效的理由及其所依据的证据如表 8-3 所示。

表 8-3　请求宣告无效的理由及其所依据的证据组合方式

权利要求	法条	证据及其组合方式
权利要求1	《专利法》第 26 条第 4 款（得不到说明书支持）	
	《专利法》第 33 条（修改超范围）	
	《专利法实施细则》第 20 条第 1 款（权利要求的保护范围不清楚）	
	《专利法实施细则》第 21 条第 2 款（缺少必要技术特征）	

续表

权利要求	法条	证据及其组合方式
权利要求1	《专利法》第22条第2款（不具备新颖性）	证据3
	《专利法》第22条第3款（不具备创造性）	证据1+公知常识； 证据1+证据2+公知常识； 证据1+证据2+证据3； 证据1+证据2+证据3+公知常识； 证据1+证据3； 证据1+证据3+公知常识； 证据2+证据1+公知常识； 证据2+证据1+证据3； 证据2+证据1+证据3+公知常识； 证据3+证据1； 证据3+证据1+公知常识
权利要求2的附加技术特征	《专利法》第26条第4款（得不到说明书支持）	
	《专利法实施细则》第20条第1款（权利要求的保护范围不清楚）	
	《专利法实施细则》第21条第2款（缺少必要技术特征）	
	《专利法》第22条第2款（不具备新颖性）	证据3
	《专利法》第22条第3款（不具备创造性）	证据3 证据3+公知常识
权利要求3的附加技术特征	《专利法实施细则》第20条第1款（权利要求的保护范围不清楚）	
	《专利法》第22条第2款（不具备新颖性）	证据3
	《专利法》第22条第3款（不具备创造性）	证据3 证据4

本专利权利要求1—3不具备新颖性。

（1）本专利权利要求1不具备新颖性

证据3是公开号为US4096936A的美国专利文本，专利名称为"用于分类输送结构的选择性可控制卸货装置"，公开日为1978年6月27日，证据3的

附图 1—5 如图 8 – 8 至图 8 – 12 所示。❶

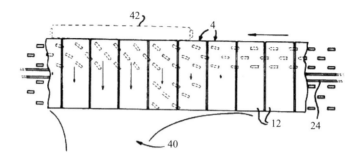

图 8 – 10 US4096936A 美国专利申请公布文本的说明书附图 2

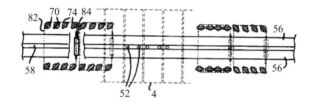

图 8 – 11 US4096936A 美国专利申请公布文本的说明书附图 4

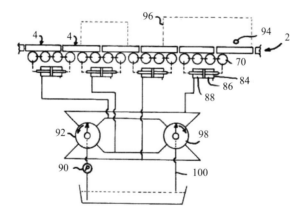

图 8 – 12 US4096936A 美国专利申请公布文本的说明书附图 5

❶ AUGUST J N. Selectively controllable unloading arrangement for sorting conveyor constructions：US4096936［P］. 1978 – 06 – 27.

证据 3 同样公开了一种分拣输送装置，与本专利属于完全相同的技术领域，为了便于理解，将权利要求 1 的技术方案与证据 3 公开的技术内容进行对比，具体如表 8 - 4。

表 8 - 4　权利要求 1 的技术方案与证据 3 公开的技术内容技术特征对比表

特征	专利权利要求 1	证据 3	结论
1	输送系统	分拣输送装置	公开
2	包括：输送带，其具有多个输送带滚子，所述输送带滚子具有旋转轴，所述旋转轴与所述输送带的带运动方向一致，使得所述输送带滚子可使物体转向越过所述输送带	附图 3（即图 8 - 9）示出了一个优选实施例的剖视图，其中除了端辊 10 之外，输送元件 4 还设有一对辊 44（相当于输送带滚子）同样在附图 3 所示的实施例中，横向带 12 适于通过位于主输送装置 2 的上部运行部分下方的成角度偏移的辊来沿着其穿过接收站的每个部分移动。由于这些辊或轮通常不应该对带结构的支撑作出贡献，因此它们可以在永久偏移的位置上布置在可升高的支撑件上，由此足以抬高该支撑件以开始带 12 的横向运动，而降低支撑件便停止该运动说明书译文第【0022】、【0024】段和附图 3	公开
3	包括：驱动机构，其接合所述输送带滚子，所述驱动机构设置成驱动所述输送带滚子，所述驱动机构包括多个自由旋转的驱动滚子，所述驱动滚子接合所述输送带滚子	期望在给定位置引起某些物品从输送装置上的卸载或转移，邻近于该位置的轮 26 的机构 38 根据本身已知的原理被手动致动或优选地被自动致动，以便将轮转动到相对于带结构 2 的前进方向的倾斜位置应当理解，轮 64 可以与导向辊 44 配合，从而它们不会在横向带 12 上造成磨损。然而，当轮 64 永久偏移时，它们仅可用于使带 12 沿一个方向运动说明书译文第【0018】、【0024】段和附图 1—4（即图 8 - 8 至图 8 - 11）	公开
4	其中所述驱动滚子的旋转方向与所述输送带的运动方向不一致，以使所述输送带滚子旋转	同样在附图 3 所示的实施例中，横向带 12 适于通过位于主输送装置 2 的上部运行部分下方的成角度偏移的辊来沿着其穿过接收站的每个部分移动，当轮 64 永久偏移时，它们仅可用于使带 12 沿一个方向运动说明书译文第【0024】段和附图 1—4	公开

专利权利要求 1 中限定"所述旋转轴与所述输送带的带运动方向一致，使

得所述输送带滚子可使物体转向越过所述输送带", 并没有限定是通过输送带滚子与物体"直接接触"进而使得物体转向, 即权利要求 1 上位概括较大的保护范围, 而证据 3 披露的技术方案中同样也是借助输送带滚子使得物体转向, 完全公开了该技术特征。

由表 8-4 可知, 证据 3 已经公开了权利要求 1 的全部技术特征, 证据 3 与本案专利都是属于相同的技术领域, 即分拣输送装置技术领域, 两者的发明目的都是使得物体可以选择性分拣转向, 解决的技术问题和达到的技术效果完全相同, 因此, 本案专利权利要求 1 不具备新颖性。

(2) 本专利权利要求 2 不具备新颖性

权利要求 2 的附加技术特征进一步限定: 其中所述驱动机构是可调节的, 使得所述输送带滚子可在第一角度方向和相反的第二角度方向被有选择地驱动, 从而使物体可按照期望的转向角度有选择地转向所述输送带的任一侧。

证据 3 公开了一种分拣输送装置, 根据证据 3 说明书译文第【0025】段—【0030】段和附图 4、5 的记载: 在附图 3 以及附图 4 中的右侧示出了使得带 12 能够选择性地沿任一方向移动。标号为 70 的转向辊安装在导向辊 44 的运动路径下方的可转动和可升高的垂直轴 72 上; 在轴 72 上固有链轮 74, 链轮 74 从其下侧伸出管件 76, 该管件 76 放置在纵向固定的杆构件 78 中。管件 76 在其下边缘设有相对的凹口 80, 当轮 70 处于附图 3 所示的位置时, 管件 76 靠在凹口 80 上, 在该位置, 轮平面平行于输送装置 2 的主方向。在该位置, 轮 70 的顶侧与辊 44 的下侧稍有间隔, 该辊 44 在输送装置运行期间通过该轮。

如附图 4 所示, 由例如八个转向轮结构构成的组 70—76 设有以所示方式穿过链轮 74 的往返链 82。用虚线示意表示的控制装置 (例如气缸装置 84) 被安装在两排轮 70 之间, 并连接到链条 82 上, 以便可操作地沿任一方向选择性地移动链条, 使轮 70 从附图 3 所示的空挡位置转动至它们偏移约 45° 的位置。通过轮结构的转动, 凹口 80 将偏离与杆 78 的对准, 并且容易理解的是, 轮结构由此将与转动方向无关地升高, 从而当轮 70 移动到它们的活动位置时, 该轮 70 将以操作安全的方式接合辊 44。

附图 5 中所示的系统可以被修改并且以许多不同的方式获得系统的任何期望的操作特性, 包括使用自动控制开关或单独的系统以获得轮相对于另一侧的偏向。相当于"驱动机构可以调节, 使得所述输送带滚子可在第一角度方向和相反的第二角度方向被有选择地驱动, 使物体可按照期望的转向角度有选择地转向所述输送带的任一侧"。

由此可知，证据 3 也公开了权利要求 2 的附加技术特征，本案专利权利要求 2 不具备新颖性。

（3）本专利权利要求 3 不具备新颖性

本专利权利要求 3 的附加技术特征进一步限定：其中所述输送带滚子在其旋转轴方向被延长。

证据 3 公开了一种分拣输送装置，证据 3 中辊 44 也是在其旋转轴线方向被延长的，由此可知，证据 3 也公开了权利要求 3 的附加技术特征，本案专利权利要求 3 不具备新颖性。

（二）无效宣告审查决定

1. 权利要求 1

本案合议组认为：根据《专利法》第 59 条❶第 1 款的规定，发明或者实用新型专利权的保护范围以其权利要求的内容为准，未记载在权利要求中的技术特征或技术内容一般不得作为该权利要求具备创造性的依据。对于本案而言，本专利权利要求 1 仅限定"输送带，其具有多个输送带滚子"，并未明确限定输送带滚子与输送带之间具有何种连接、配合关系，亦未限定本专利是通过输送带滚子与物体直接接触而使物体得以运送和转向，因此，通过输送带滚子与物体直接接触或间接接触而使物体得以运送和转向均包括在权利要求 1 的保护范围内；在证据 3 中，输送带结构 2 包括环形带 12 和辊 44，辊 44 的旋转轴与环形带 12 的运动方向一致，辊 44 对环形带 12 施加作用力使得位于输送带上的物体被运送和转向，因此，证据 3 公开了输送带结构 2 的辊 44 通过横向带 12 对物体间接施加作用力使物体得以被运送和转向的技术方案，即证据 3 实质上公开了该技术特征"输送带，其具有多个输送带滚子，所述输送带滚子具有旋转轴，所述旋转轴与所述输送带的带运动方向一致，使所述输送带滚子可使物体转向越过所述输送带"。

由此，本专利权利要求 1 所包含的全部技术特征均已被证据 3 公开，且二者的技术领域、技术方案、要解决的技术问题实质上相同，因此，本专利权利要求 1 相对于证据 3 不具备新颖性，不符合《专利法》第 22 条第 2 款的规定。

2. 权利要求 2

对于该附加技术特征而言，鉴于证据 3 已明确公开可以沿任一方向选择性地调节移动链条 82，从而使得转向辊 64、70 可以转动到任一方向以使辊 44 可

---

❶ 当时生效的《专利法》为 2008 年版本。

在任一方向被有选择地驱动的技术内容，这样可以实现物体或物品按照所需的角度有选择地转向输送带的任一侧。由此，该附加技术特征实质上已被证据 3 公开，故在权利要求 1 不具备新颖性的情况下，权利要求 2 也不具备新颖性，不符合《专利法》第 22 条第 2 款的规定。

3. 权利要求 3

对于该附加技术特征而言，鉴于专利权人在口头审理过程中已对该附加技术特征作出了解释："输送带滚子沿着其轴线方向呈长条状"，而根据证据 3 的说明书附图 1 和 3 示出的技术内容，本领域技术人员能够确定辊 44 沿其旋转轴线方向的尺寸呈长条状，因此，该附加技术特征实质上已被证据 3 公开，故在其引用的权利要求 1 不具备新颖性的情况下，权利要求 3 也不具备新颖性，不符合《专利法》第 22 条第 2 款的规定。

国家知识产权局专利局复审和无效审理部决定：宣告 ZL200780003527.8 号发明专利权部分无效，在权利要求 4—29 的基础上继续维持该专利权有效。❶

《专利法实施细则》第 65 条第 2 款列举了所有专利无效宣告的理由，无效宣告请求人可以针对目标专利的目标权利要求进行研究分析，把能适用的无效宣告理由在无效宣告请求中都请求适用，以此提高专利无效宣告请求的成功率。本案中针对目标权利要求分别提出了多套无效宣告理由，只要任一个无效宣告理由被采信，该项权利要求就能被宣告无效。

请求人提出的专利无效宣告理由也具备一定的先后逻辑顺序，即一般先提出一些非新颖性和非创造性的无效宣告理由，然后再提出新颖性和创造性的无效宣告理由。例如本案的权利要求 3 是英文翻译为中文，其限定"所述输送带滚子在其旋转轴方向被延长"并不清楚，无效宣告请求人通过提起权利要求 3 不符合《专利法》第 26 条第 4 款的无效宣告理由，指出权利要求 3 没有清楚、简要地限定专利保护的范围。合议组在口头审理的过程中，根据无效宣告理由会请专利权人对权利要求 3 的附加技术特征作出解释，专利权人将权利要求 3 解释为"输送带滚子沿着其轴线方向呈长条状"。这一方面为专利无效宣告程序后续的新颖性或创造性审理和认定打好基础，另一方面对专利侵权诉讼有正向的推动作用，毕竟如果权利要求本身不清楚将导致其保护范围不清楚，是无法进行侵权技术对比的。

---

❶ 参见：国家知识产权局专利局复审和无效审理部第 50414 号无效宣告请求审查决定书。

还有一种常见的情形，无效宣告请求人提出某项权利要求的某个技术特征公开不充分，指出说明书也没有详细披露该技术特征，专利权人为了克服公开不充分的无效宣告理由，只能申辩该技术特征是公知或常规的技术特征。而在创造性理由审理的时候，如果该技术特征恰好是区别技术特征，根据禁止反悔原则，专利权人就不能推翻在公开不充分的无效宣告理由中的辩解陈述，阐释该技术特征如何具有突出的实质性特点和显著的进步，即该技术特征对权利要求保护的技术方案的创造性贡献就被排除或大幅降低。

六、专利无效行政诉讼一审程序

在国家知识产权局专利局复审和无效审理部宣告 ZL200780003527.8 号发明专利的权利要求 1—3 无效后，专利权人不服第 50414 号无效宣告请求审查决定，向北京知识产权法院提起了专利无效行政诉讼。

专利权人诉称：被诉决定中有关证据 3 中的"输送带结构 2"对应于本专利的"输送带"、证据 3 中的"辊 44"对应于本专利中的"输送带滚子"的认定错误，请求法院判决撤销被诉决定，并判令被告重新作出审查决定。

北京知识产权法院经审理认为，本案中，就权利要求 1 而言，经比对，可知证据 3 公开了一种输送装置，与本专利涉及相同的技术领域，其中：证据 3 中的"输送带结构 2"对应于本专利的"输送带"，证据 3 中的"辊 44"对应于本专利的"输送带滚子"，证据 3 中"辊 44"的旋转轴对应于本专利中输送带的"旋转轴"，证据 3 中的"转向辊 64"对应于本专利的"驱动滚子"。鉴于本专利权利要求 1 仅限定"输送带，其具有多个输送带滚子"，并未明确限定输送带滚子与输送带之间具有何种连接、配合关系，亦未限定本专利是通过输送带滚子与物体直接接触而使物体得以运送和转向，因此，通过输送带滚子与物体直接接触或间接接触而使物体得以运送和转向均包含在权利要求 1 的保护范围内。对此，在证据 3 中，输送带结构 2 包括环形带 12 和辊 44，辊 44 的旋转轴与环形带 12 的运动方向一致，辊 44 对环形带 12 施加作用力使得位于输送带上的物体被运送和转向，因此，证据 3 公开了输送带结构 2 的辊 44 通过横向带 12 对物体间接施加作用力使物体得以被运送和转向的技术方案，即证据 3 实质上公开了该技术特征"输送带，其具有多个输送带滚子，所述输送带滚子具有旋转轴，所述旋转轴与所述输送带的带运动方向一致，使得所述输送带滚子可使物体转向越过所述输送带"。由此，本专利权利要求 1 所包含的全部技术特征均已被证据 3 公开，且二者的技术领域、技术方案、要解决的技术问题实质上相同，因此，本专利权利要求 1 相对于证据 3 不具备新颖性。

就权利要求 2 而言，鉴于证据 3 已明确公开可以沿任一方向选择性地调节移动链条 82，从而使得转向辊 64 和转向辊 70 可以转动到任一方向以使辊 44 可在任一方向被有选择地驱动的技术内容，这样可以实现物体或物品按照所需的角度有选择地转向输送带的任一侧。由此，该附加技术特征实质上已被证据 3 公开，故在权利要求 1 不具备新颖性的情况下，权利要求 2 也不具备新颖性。

就权利要求 3 而言，根据证据 3 的说明书附图 1 和 3 示出的技术内容，本领域技术人员能够确定辊 44 沿其旋转轴线方向的尺寸呈长条状。因此，其附加技术特征实质上已被证据 3 公开，故在其引用的权利要求 1 不具备新颖性的情况下，权利要求 3 也不具备新颖性。

由于原告对被诉决定中所涉及的其他内容不持异议，故法院对此不再予以评述。

综上所述，被诉决定证据确凿，适用法律法规正确，符合法定程序，结论正确。原告有关主张均缺乏事实和法律依据，法院对此均不予支持。根据《行政诉讼法》第 69 条的规定，北京知识产权法院判决驳回原告的诉讼请求。❶

七、专利无效行政诉讼二审程序

专利权人不服一审判决，向最高人民法院提起上诉，请求：撤销一审判决，撤销被诉决定，判令国家知识产权局重新作出审查决定。

专利权人诉称：（1）本专利权利要求 1 中"输送带"应当结合说明书中所记载的发明背景、发明目的、解决的技术问题、具体实施方式及附图等内容进行理解，"输送带"的正确理解应当是：输送带滚子是输送带的构成部件，滚子表面构成了输送带的输送表面，输送带的输送表面与被输送的物体直接接触，实现物体的输送。（2）基于对本专利权利要求 1 中"输送带"的正确理解，证据 3 中辊 44 的表面并未构成输送机构的输送表面，证据 3 未公开权利要求 1 中的"输送带"，权利要求 1 具备新颖性。（3）莱特拉姆公司在一审过程中提交了类案检索报告作为诉辩理由，其中包含了最高人民法院指导性案例，但是一审判决中并未对是否参照上述案例进行任何回应，违反了《最高

---

❶　参见：北京知识产权法院（2021）京 73 行初 18796 号行政判决书。

人民法院关于统一法律适用加强类案检索的指导意见（试行）》的相关规定。

国家知识产权局辩称：一审判决认定事实清楚，适用法律正确，请求驳回上诉，维持原判。

华南新海公司述称：（1）被诉决定及一审判决对于本专利权利要求1中"输送带"的解释正确。本专利权利要求1并未限定通过输送带滚子与物体"直接接触"进而使得物体转向，输送带滚子与物体直接接触或间接接触均在权利要求1保护范围之内。（2）本专利权利要求1—3不具备新颖性。权利要求1—3请求保护的技术方案均已被证据3公开，两者的技术领域、技术方案、要解决的技术问题实质相同。（3）一审法院不存在程序违法。莱特拉姆公司提交的类案检索报告中的案例仅是最高人民法院发布的典型案例或生效案件，并不是指导性案例。综上，一审判决认定事实清楚，适用法律正确，请求驳回上诉，维持原判。

最高人民法院经审理认为：本案系发明专利权无效行政纠纷。本专利优先权日在2000年修正的《专利法》施行日（2001年7月1日）之后、2008年修正的《专利法》施行日（2009年10月1日）之前，本案应适用2000年修正的《专利法》。本案二审争议焦点问题是：本专利权利要求1—3是否具备新颖性。

《专利法》第22条第2款规定："新颖性，是指在申请日以前没有同样的发明或者实用新型在国内外出版物上公开发表过、在国内公开使用过或者以其他方式为公众所知，也没有同样的发明或者实用新型由他人向国务院专利行政部门提出过申请并且记载在申请日以后公布的专利申请文件中。"在进行新颖性判断时，应当判断本专利的技术方案与对比文件的技术方案是否实质上相同。如果本专利与对比文件公开的内容相比，其权利要求所限定的技术方案与对比文件公开的技术方案实质上相同，所属技术领域的技术人员根据两者的技术方案可以确定两者能够适用于相同的技术领域，解决相同的技术问题，并具有相同的预期效果，则认为两者为同样的发明或者实用新型。

关于权利要求1的新颖性。首先，本专利权利要求1仅限定了"输送带具有输送带滚子""输送带滚子具有旋转轴""所述旋转轴与输送带的带运动方向一致""输送带滚子可使物体转向"，从文义解释来看，权利要求1并未限定"输送带滚子表面构成了输送带的输送表面，输送带的输送表面与被输送的物体直接接触，实现物体的输送"的技术特征。其次，从说明书中所记载的发明背景、发明目的、解决的技术问题来看，其重点是解决现有技术中输送带滚子的旋转轴方向与输送带运动方向不一致进而导致只能使物体向一个方向转向的问题，其解决这一问题的技术方案主要是将输送带滚子的旋转轴方向与输送带运动方向保持一致，并通过驱动滚子的方向变化实现输送带转向方向的调整。因此，输送带的具体结构并非解决技术问题的主要内容，从本专利的发明背景、发明目的出发，也不能必然得出前述输送带结构应该限定"输送带滚子表面构成了输送带的输送表面并与物体直接接触"的结论。再次，在不限定输送带具体结构的前提下，证据 3 中的"输送带结构 2"可以对应于本专利的"输送带"，证据 3 中的"辊 44"可以对应于本专利的"输送带滚子"，证据 3 中"辊 44"的旋转轴可以对应于本专利中输送带的"旋转轴"，证据 3 中的"转向辊 64"可以对应于本专利的"驱动滚子"，故证据 3 中的这一技术方案已完全覆盖了本专利权利要求 1 的技术方案，被诉决定和一审判决认定本专利权利要求 1 不具备新颖性，具有事实和法律依据，最高人民法院予以确认。

关于权利要求 2、3 的新颖性。证据 3 也公开了调节移动链条 82，从而使得转向辊 64、70 可以转动到任一方向，以使辊 44 可以变换方向，进而实现输送带转向方向的变换。同时，本领域技术人员可以确定辊 44 沿其旋转轴线方向的尺寸呈长条状。故本专利权利要求 2、3 的附加技术特征也被证据 3 所公开，在其引用的权利要求 1 不具备新颖性的情况下，权利要求 2、3 也不具备新颖性。

莱特拉姆公司一审提交的类案检索报告中的案例并非最高人民法院发布的指导性案例，且如前所述，被诉决定及一审判决对权利要求的解释与本专利的发明背景、发明目的亦不存在冲突，故一审判决未明确针对莱特拉姆公司提交的案例进行回应，并无不当。

综上所述，莱特拉姆公司的上诉请求不能成立，应予驳回。一审判决认定事实清楚，适用法律正确，应予维持。依照《行政诉讼法》第 89 条第 1 款第 1 项之规定，判决如下：

驳回上诉，维持原判。❶

八、法院裁定

2021 年 6 月 25 日，国家知识产权局专利局复审和无效审理部作出第

---

❶　参见：最高人民法院（2023）最高法知行终 422 号行政判决书。

50414 号无效宣告请求审查决定书，宣告涉案专利权部分无效，具体内容为涉案专利权利要求 1—3 不具备新颖性。上海知识产权法院作出民事裁定，驳回原告某传送带公司的起诉。❶

至此，历经 6 年，华南新海公司应诉某传送带公司总标的额 4000 万元人民币的发明专利侵权系列诉讼案，除了 3 件上海知识产权法院审理的一审程序和 1 件上海市高级人民法院审理的二审程序以外，还包括 4 件由国家知识产权局审理的专利无效宣告程序，4 件专利权人不服无效宣告审查决定而向北京知识产权法院提起的专利无效行政诉讼一审程序，1 件向最高人民法院提起的专利无效行政诉讼二审程序，涉及多个技术问题和法律问题的争辩。最终华南新海公司全面成功应诉整个系列纠纷案。

---

❶　参见：上海知识产权法院（2020）沪 73 知民初 353 号之一民事裁定书。

第九章 生物医药、软件与标准必要专利诉讼案例

我国专利诉讼和专利无效案件的技术领域主要集中在机械领域和外观设计。随着新一代信息技术、人工智能技术、通信技术、半导体技术和生物医药技术的高速发展，国家知识产权局和法院受理并审理的涉及生物医药与大电学领域的无效和诉讼案件逐渐增多。这类案件往往技术抽象复杂，处理难度大，对法官、技术调查官、审查员、律师和专利代理师来说具有挑战性，需要深入地学习和研究。

第一节 生物医药发明专利无效案

各级市场监督管理局的职能包括对食品、药品、医疗器械和化妆品的统一监督和管理，相关规范性文件规定所有的食品、药品和化妆品都需要在产品外包装或产品说明书中明确记载经过备案的产品名称、化学成分和组分等。在食品、药品和生物技术产品的专利侵权诉讼中进行侵权技术对比相对容易，只需要将产品说明书中记载的化学成分、组分与涉案专利权利要求中的配方技术特征对比即可，一般不需要作司法鉴定即可查明技术事实。被诉侵权人对其在市场监督管理局备案过的产品名称、化学成分和组分只能予以确认。

专利诉讼是否侵权一般没有过多的争议，这类案件的争议焦点集中在生物医药发明专利的有效性。化学、生物医药类发明专利有其特殊性，《专利审查指南》第二部分第十章针对这个特殊技术领域有一些特殊的规定，比如需要进行一些针对性的实验，以实验数据证明专利保护的技术方案达到预期有益效果。本节介绍一件生物医药发明专利无效及行政诉讼案例。

一、案件背景

无效宣告请求人邱某认为专利号为 ZL200810032631.6、名称为"生物相容性止血、防粘连、促愈合、外科封闭的变性淀粉材料"的发明专利不符合《专利法》的相关规定，向国家知识产权局专利复审委员会提出无效宣告请求。该专利的专利权人为纪某，申请日为 2008 年 1 月 14 日，授权公告号为 CN101485897B，授权公告日为 2015 年 5 月 20 日。

二、涉案专利分析

（一）涉案专利要解决的技术问题

针对现有技术中 Arista™ 止血材料存在的五个问题，在涉案专利说明书第【0024】段记载，"Arista™ 止血材料存在着一些问题。第一，从应用面上，这种止血材料主要还是局限于皮肤或软组织创面的止血，对体腔深部的组织器官进行止血特别是内窥镜下的止血（如胃镜、肠镜及腹腔镜等微创手术时）尚缺乏有效的手段；第二，从制备方法上，表氯醇为无色油状液体，有毒性和麻醉性，因此生产时对环保不利，生产成本亦较高；第三，从止血效果上，由于它的吸水性不够强，吸水倍率低，且吸水的速度较慢，止血效果不理想，特别对活动性出血止血效果欠佳；第四，它的黏度低，吸水后形成的凝胶黏性差，因此与止血作用后形成的凝血块与组织的黏附性差，不能对破损的组织、血管产生有效的黏性封堵，因而影响止血的效果；第五，在活动性止血时，止血粉难以附着在出血处，易被血流冲走，若在止血粉上用辅料按压，则辅料很容易被凝血块粘连，揭开辅料时造成再次出血，因此，对活动性出血止血效果不好"。

（二）涉案专利权利要求

涉案专利原有 13 条权利要求，其中权利要求 1、10 和 13 是独立权利要求。

1. 一种用于止血、防粘连、促进组织愈合或封闭伤口组织的生物相容性变性淀粉，其中，所述生物相容性变性淀粉为羧甲基淀粉、羟乙基淀粉或交联羧甲基淀粉，所述生物相容性变性淀粉的分子量为 15 000 道尔顿至 2 000 000 道尔顿，粒径为 10—1000μm，吸水倍率为 2—500，该生物相容性变性淀粉在水中溶解或溶胀形成黏性胶或黏性液。

10. 一种生物相容性变性淀粉止血制品，所述止血制品包括权利要求 1 至 9 中任一项所述的生物相容性变性淀粉。

13. 一种制备生物相容性变性淀粉止血粉剂的方法，其中，所述方法包括以下步骤：

（a）提供权利要求 1 至 9 任一项所述的生物相容性变性淀粉作为原料，在沸腾机内，在 40℃—50℃下处理；

（b）加入蒸馏水，经过凝聚、制丸、筛分从而制成所述生物相容性变性淀粉止血粉剂；

其中，粒径在 30—500μm 的生物相容性变性淀粉颗粒占总淀粉颗粒量不低于 95%。

涉案专利保护生物相容性变性淀粉为羧甲基淀粉、羟乙基淀粉、交联羧甲基淀粉三个并列的技术方案。

（三）涉案专利的有益效果

正如涉案专利的名称，涉案专利的有益效果包括生物相容性、止血、防粘连、促愈合、外科封闭伤口。❶

三、专利无效宣告程序

（一）无效宣告请求的理由

1. 权利要求 1—5、8—10、13 不符合《专利法》第 22 条第 2 款。

2. 权利要求 1—13 不符合《专利法》第 22 条第 3 款。

3. 权利要求 1—13 不符合《专利法》第 26 条第 4 款。

4. 权利要求 1 不符合《专利法实施细则》第 21 条第 2 款。

5. 权利要求 8—13 不符合《专利法实施细则》第 20 条第 1 款。

6. 权利要求 3—7 不符合《专利法》第 33 条。

7. 说明书不符合《专利法》第 26 条第 3 款。

8. 权利要求 1—7 不符合《专利法》第 25 条。

（二）无效宣告请求所用到的证据

附件 1：公开日为 2008 年 2 月 13 日，公开号为 CN101121041A，申请号为 200710141944.0 的中国发明专利申请公布说明书，共 26 页。

---

❶ 纪欣. 生物相容性止血、防粘连、促愈合、外科封闭的变性淀粉材料：CN101485897B［P］. 2015－05－20.

附件 2：公开日为 2007 年 4 月 19 日，公开号为 US2007/0086958A1 的美国专利文献，共 7 页。

附件 3：公开日为 1992 年 1 月 7 日，公开号为 US5079354A 的美国专利文献，共 7 页。

附件 4：公开日为 1996 年 12 月 30 日，公开号为 AU199659569B2 的澳大利亚专利文献，共 122 页。

附件 5：公开日为 2007 年 5 月 23 日，公开号为 CN1966530A，申请号为 200610123792.7 的中国发明专利申请公布说明书，共 8 页。

附件 6：公开日为 2005 年 11 月 16 日，公开号为 EP1595892A1 的欧洲专利文献，共 28 页。

附件 7：公开日为 1980 年 3 月 20 日，公开号为 DE2838736A1 的德国专利文献，共 4 页。

附件 8：公开日为 2006 年 4 月 19 日，公开号为 CN1761491A，申请号为 200480007509.3 的中国发明专利申请公开说明书，共 11 页。

附件 9：公开日为 2005 年 10 月 26 日，公开号为 CN1688348A，申请号为 03823811.X 的中国发明专利申请公开说明书，共 22 页。

附件 10：公开日为 1997 年 9 月 10 日，公开号为 CN1159162A，申请号为 95195343.5 的中国发明专利申请公开说明书，共 21 页。

附件 11：公开日为 2005 年 1 月 5 日，公开号为 CN1560131A，申请号为 200410014117.1 的中国发明专利申请公开说明书，共 5 页。

附件 12：公开日为 2007 年 10 月 25 日，公开号为 US2007/0248653A1 的美国专利文献，共 8 页。

附件 13：张汝华主编，中国医药科技出版社出版，1999 年 3 月第 1 版、2004 年 9 月第 3 次印刷的《工业药剂学》封面页、扉页、封底页、版权页、第 142、157—158、162、164—165 页，复印件，共 10 页。

附件 14：本专利的发明专利申请公布说明书，共 62 页。

附件 15：本专利的审查文档复印件，共 67 页。

请求人于 2016 年 2 月 19 日提交了补充意见陈述书，同时提交了附件 2—4、6—7 和 12 的部分中文译文以及如下附件 16—19：

附件 16：刘亚伟主编，中国轻工业出版社出版，2001 年 7 月第 1 版第 1 次印刷的《淀粉生产及其深加工技术》封面页、扉页、版权页、前言页、目录页、第 224—225、280—281、284—285 页、封底页，共 8 页。

附件 17：张友松主编，中国轻工业出版社出版，1999 年 9 月第 1 版第 1 次印刷的《变性淀粉生产与应用手册》封面页、扉页、版权页、编委会成员页、第 72—73、490—491、494—495 页、封底页，共 7 页。

附件 18：公开日为 2002 年 11 月 20 日，公开号为 CN1380109A，申请号 02111437.4 的中国发明专利申请公开说明书，共 5 页。

附件 19：本专利的申请文档，共 58 页。

关键证据附件 17 第四节中记载"交联羧甲基淀粉有吸水和吸尿的能力，1g 能吸收 20g 左右，体积膨胀，不粘、不溶解"。

（三）专利权人对权利要求的修改

专利权人在指定期限内提供权利要求修改替换页，在授权公告文本的基础上删除了权利要求 1 中生物相容性变性淀粉为羧甲基淀粉的技术方案，同时删除了权利要求 3—4 并相应地调整了相关权利要求的编号和引用关系。

（四）无效宣告请求审查决定

1. 专利复审委员会对涉案专利符合《专利法》第 26 条第 3、4 款的评述

专利复审委员会经过审理认为：

（1）对于"吸水倍率 2—500""交联羧甲基淀粉"和"羟乙基淀粉"，首先，本专利说明书记载了（参见第【0127】段）"变性淀粉的吸水倍率不低于 1 倍，一般可以为 1—500 倍，最佳为 2—100"，同时本专利说明书实施例中也给出了羧甲基淀粉、羟乙基淀粉和交联羧甲基淀粉的具体吸水倍率，在此基础上，本领域的技术人员根据其掌握的本领域的普通技术知识、常规实验能力，能够概括得出"吸水倍率 2—500"并预期其技术效果。

其次，本专利说明书记载了（参见第【0120】段）借助双官能团或多官能团的试剂作为交联剂可使大分子之间形成交联体，从而增加淀粉的吸水特性并提高黏度。基于上述记载，本领域的技术人员能够知晓交联羧甲基淀粉相对于未交联的羧甲基淀粉具有增加的吸水性，这一点通过本专利说明书第 18 页表 4、实施例 8—10 以及第 27 页表 8 的记载也可以看出。而本专利在实施例中具体验证了羧甲基淀粉在"止血、防粘连、促进组织愈合或封闭伤口组织"方面的效果，在此基础上，本领域的技术人员可以预期，"交联羧甲基淀粉"也同样能够起到止血、防粘连、促进组织愈合或封闭伤口组织的作用。

再者，本专利说明书记载了（参见第【0071】—【0074】和【0110】—【0112】段）变性淀粉在作用于出血伤口时可迅速吸取血液中的水分，浓缩血液，同时与血液、血浆形成胶性混合物黏附于出血伤口处，机械封堵伤口，从而实现止血封闭伤口的作用。变性淀粉可以作为可吸收性防止术后组织粘连的材料，其可以通过减少局部出血、渗出，并使伤口或创面与邻近组织器官等形成机械隔离，从而实现防止创伤的组织或器官与周围的其他组织或器官发生粘连。变性淀粉材料对于皮肤、皮下软组织、肌肉组织、骨组织、脑组织、神经组织、肝、肾等脏器损伤组织可有促进愈合的作用。同时实施例中也具体验证了羟乙基淀粉的止血效果，在此基础上，本领域的技术人员可以预期，"羟乙基淀粉"也同样能够起到防粘连、促进组织愈合或封闭伤口组织的作用。

（2）本专利说明书记载了（参见第【0120】段）淀粉通过羟基化改性使淀粉带有亲水基团、进一步形成交联体或者通过接枝获得大分子的亲水基团，可以增加淀粉的吸水特性和黏度。同时，本专利说明书实施例中示例性给出了黏性功指数和黏度，在此基础上，本领域的技术人员可以概括得出权利要求3—5的技术方案。

综上所述，请求人认为本专利不符合《专利法》第26条第3、4款规定的无效宣告理由均不能成立。

2. 专利复审委员会对涉案专利不符合《专利法》第22条第2、3款的评述

权利要求1请求保护一种用于止血、防粘连、促进组织愈合或封闭伤口组织的生物相容性变性淀粉。根据所限定生物相容性淀粉具体种类的不同，其可分为两个并列的技术方案：①生物相容性淀粉为羟乙基淀粉的技术方案；②生物相容性淀粉为交联羧甲基淀粉的技术方案。

对于技术方案①，附件1涉及一种可吸收性变性淀粉，并具体公开了（参见说明书第6页倒数第1段、说明书第8页实施例2）："该可吸收性淀粉直接作用于有血创面，可以直接喷洒或制成膜状外敷于有血创面，立即止血，吸水倍率是现有止血材料 $Arista^{TM}$ 的数倍，并且吸水的速度亦明显提高。此外，本发明的变性淀粉与同类产品比较具有更大的黏度和更强的黏性，止血的同时还能进一步起到封堵破损组织及血管的作用，因而明显提高了止血效果。""一种变性淀粉可吸收性止血材料，包括羟乙基淀粉（No. 88）由羟乙基淀粉原料置于沸腾机内在40—50℃下，加入蒸馏水，经过聚合、制丸，制成多孔颗粒。该羟乙基淀粉产品的分子量为15 000—2 000 000，颗粒粒径为10—1000μm，其中，粒径在50—500μm的淀粉颗粒占总淀粉颗粒量不低于95%，进一步优选粒径在50—250μm，37℃，6.67%淀粉溶液黏度为30.6mPa·s，常温下变性淀粉吸水饱和时的黏性功为75.2g·mm。"

两者的区别仅在于附件1中未记载"吸水倍率为2—500"。根据本专利说明书的记载可知，权利要求1中请求保护的羟乙基淀粉是经过本专利说明书第15页实施例2的方法制备的。通过比较本专利实施例2和附件1实施例2中羟乙基淀粉的制备方法可知，两者的制备方法完全相同，而且除吸水倍率外其他参数也完全相同，由此本领域的技术人员可以直接地、毫无疑义地确定附件1实施例2中制备的羟乙基淀粉的吸水率必然落入2—500的范围内。

综上所述，权利要求1的技术方案①已被对比文件1公开，附件1构成了其抵触申请，因此该技术方案相对于附件1不具备新颖性。权利要求1的技术方案②具备创造性，引用权利要求1的技术方案②的权利要求也具备创造性。

3. 决定

因此，专利复审委员会宣告ZL200810032631.6号发明专利的权利要求1中生物相容性变性淀粉为羟乙基淀粉的技术方案、权利要求2、3、6—8和11中直接或间接引用该技术方案的技术方案无效，在其余权利要求技术方案的基础上维持该专利权有效。❶ 即生物相容性淀粉为羟乙基淀粉的技术方案被宣告无效，生物相容性淀粉为交联羧甲基淀粉的技术方案维持有效。

四、专利无效行政诉讼一审程序

无效宣告请求人邱某不服无效决定，向北京知识产权法院提起无效行政诉讼，诉讼请求：（1）判决撤销第29907号无效宣告请求审查决定书中"在其余权利要求技术方案的基础上维持该专利权有效"的部分。（2）判决被告重新作出无效宣告请求审查决定。（3）判令被告承担本案全部诉讼费用。

（一）原告起诉称涉案专利不符合《专利法》第26条第3、4款的规定

被诉决定中"本领域技术人员能够概括得出'吸水倍率2—500'并预期其技术效果"，该事实认定错误、主要证据不足。

由于本专利权利要求1以分子量和粒径来限定交联羧甲基淀粉，而分子量和粒径都是粉剂的属性，因此，权利要求1的交联羧甲基淀粉的形式是粉剂。这一点由本专利说明书第【0179】、【0209】、【0210】段也可以看出。

对于粉剂形式的交联羧甲基淀粉，本专利说明书实施例4公开了交联羧甲基淀粉66#＋，并测定了66#＋的吸水倍率为23.5（参见本专利说明书第18页表4）。这是说明书中唯一的一处公开。因此，对于权利要求1的交联羧甲基

❶ 参见：国家知识产权局专利复审委员会第29907号无效宣告请求审查决定书。

淀粉，说明书仅公开了一个吸水倍率数值23.5。

本专利权利要求1的技术特征"吸水倍率2—500"概括了一个非常大的保护范围。但是，交联羧甲基淀粉粉剂的吸水倍率例如25—500是否能够实现，说明书没有实施方案和相关的数据，因此，本领域技术人员有理由怀疑吸水倍率25—500无法实现。特别是，500与23.5相差了整整一个数量级，本领域技术人员有理由怀疑吸水倍率500的交联羧甲基淀粉无法被制备出来。

因此，基于说明书仅公开了唯一的一个吸水倍率数值23.5，本领域技术人员无法概括得出"2—500"这么大的保护范围。

除了粉剂以外，本专利说明书还公开了海绵形式的交联羧甲基淀粉——止血海绵D（参见说明书第26页实施例9）。根据实施例9，止血海绵D是由实施例4的交联羧甲基淀粉66#＋制备得到的，其吸水倍率是24.9（参见说明书第27页表8）。然而，权利要求1的变性淀粉是粉剂，海绵形式的交联羧甲基淀粉的吸水倍率不应被考虑进来。并且，粉剂66#＋作为止血海绵D的原料，其吸水倍率已经被考虑，作为终产品的海绵的吸水倍率不应被二次考虑。另外，海绵和粉剂是两种不同的物理形态，物理形态的改变本身就会引起吸水倍率的改变，因而不能由海绵的数据判断粉剂的性质。因此，说明书中虽然公开了交联羧甲基淀粉的吸水倍率24.9，但该数据对于权利要求1的粉剂而言，应当排除在外。

即使不考虑物理形态的影响，把吸水倍率24.9也考虑进来，本专利说明书也只公开了交联羧甲基淀粉的2个吸水倍率，并且这两个吸水倍率非常接近。基于与前文类似的理由，本领域技术人员无法由23.5—24.9这个小范围概括得到2—500这个大范围。因此，无论是否考虑物理形态的影响，本领域技术人员都不能概括得出"吸水倍率2—500"。

在技术效果方面，本专利说明书全文没有任何关于交联羧甲基淀粉的效果验证实验或数据，因此，本领域技术人员无法预期交联羧甲基淀粉具有任何声称的技术效果并能解决所声称的技术问题（止血、防粘连、促进组织愈合或封闭伤口）。即使是对于吸水倍率23.5这个唯一被公开的数值，说明书也没有验证其所对应技术方案的技术效果。在缺乏实验和数据的情况下，本领域技术人员有理由怀疑"2—500"这个上位概括所包含的所有下位概念都不能解决发明所要解决的技术问题，不具有声称的技术效果。特别是，由说明书可知，吸水性不好时，难以达到止血目的（第【0099】段），从而，本领域技术人员有理由怀疑吸水性低（例如吸水倍率为2、4.4）的变性淀粉不能达到止血目的。因此，本领域技术人员无法预期"吸水倍率2—500"所对应的技术方案的技术效果。

在本专利中，说明书只制备得到了吸水倍率23.5的交联羧甲基淀粉，但没有验证其技术效果；其余吸水倍率的交联羧甲基淀粉均没有被制备出来，也没有任何的效果验证实验或数据。因此，说明书公开的内容不充分。在此基础上，本领域技术人员无法概括得出交联羧甲基淀粉"吸水倍率2—500"并预期其技术效果。

反证教科书《变性淀粉生产与应用手册》记载"交联羧甲基淀粉，有吸水和吸尿能力，1g能吸收20g左右，体积膨胀，不粘，不溶解"，反证交联羧甲基淀粉吸水倍率仅仅是20倍，不能达到权利要求概括的500倍，不黏且不溶解的特性不能解决涉案专利的技术问题，也不具备涉案专利声称的"生物相容性、止血、防粘连、促愈合、外科封闭伤口"的技术效果。普通技术常识，吸水倍率越大如500倍，则浓度越稀从而黏度越低，因而不能止血。

综上，本领域技术人员不能够概括得出"吸水倍率2—500"并预期其技术效果。

（二）一审判决

法院经审理认为，《专利法》第26条第4款规定："权利要求书应当以说明书为依据，清楚、简要地限定要求专利保护的范围。"

本专利权利要求1请求保护的交联羧甲基淀粉，吸水倍率为2—500。关于吸水倍率本专利说明书给出了定义和计算公式。本专利说明书第18页第【0216】—【0217】段指出，"吸水倍率指1g样品所能吸水的最大量。吸水倍率（ml/g）＝吸水量（ml）/样品量（g）"。本专利说明书仅第【0215】段表4中公开了实施例4中交联羧甲基淀粉66#＋的吸水倍率为23.5。本专利说明书第26页第【0317】—【0318】段实施例9及第【0330】—【0331】段表8中公开的由交联羧甲基淀粉66#＋制备的止血海绵D，虽然已不属于本专利权利要求1保护的变性淀粉，但吸水倍率也仅为24.9。而说明书中其他实施例并非交联羧甲基淀粉，不能作为概括权利要求1中交联羧甲基淀粉吸水倍率的依据。此外，证据17中公开交联羧甲基淀粉吸水和吸尿能力为1g能吸收20g左右，换算出的吸水倍率也仅在20左右。在本专利说明书中仅公开了交联羧甲基淀粉66#＋的吸水倍率为23.5的情况下，本领域技术人员无法由此概括得出权利要求1中交联羧甲基淀粉"吸水倍率2—500"这一范围，即该权利要求无法得到说明书支持，违反《专利法》第 26 条第 4 款的规定。

此外，附件 16 中指出的吸水后膨胀 200—300 倍是指羧甲基淀粉吸水后体积上的变化，而非吸水倍率。因此，附件 16 相关内容不能作为可以合理推知权利要求 1 "吸水倍率 2—500" 保护范围的事实依据。

被告主张交联羧甲基淀粉等变性淀粉具有上千倍的吸水率为本领域公知常识，本领域技术人员基于说明书中公开的吸水性试验数据并结合该公知常识，可以得出本专利权利要求 1 中要求保护的 "吸水倍率 2—500"，并预期其技术效果。但被告未能提交充分证据佐证其主张的上述公知常识，故关于被告相关公知常识的主张，法院不予支持。

…………

2019 年 9 月 5 日北京知识产权法院作出判决：撤销原国家知识产权局专利复审委员会作出的第 29907 号无效宣告审查决定，判决被告重新作出审查决定。❶

五、专利无效行政诉讼二审程序

被告和专利权人均不服一审判决，向最高人民法院提起上诉，请求撤销一审判决，维持第 29907 号无效决定。

最高人民法院经审理认为：原审判决认为本专利权利要求 1 限定的交联羧甲基淀粉吸水倍率 2—500 无法得到说明书的支持。对此，法院认为，虽然根据国家知识产权局于二审期间提交的公知常识性证据《建筑材料》（2007 年 7 月出版）可知，材料的质量吸水率与体积吸水率之间的关系为 $Wv = Wm \cdot p0$，Wv 为体积吸水率，Wm 为质量吸水率，$p0$ 为材料在干燥状态下的表观密度，多数情况下，吸水率是按质量吸水率计算的，但多孔材料的吸水率一般用体积吸水率表示。但是该证据记载的是建筑材料的吸水率，而本专利涉及的是变性淀粉的吸水率问题，二者不属于同一技术领域，不能基于该证据的内容当然推知本专利交联羧甲基淀粉的吸水率。根据本领域技术人员的一般认知，本专利所限定的吸水倍率应当为质量吸水率。本专利说明书第【0127】段记载，所述变性淀粉的吸水倍率不低于 1 倍，一般可以为 1—500 倍，最佳为 2—100。本专利说明书实施例仅仅披露了交联羧甲基淀粉 66# + 的吸水倍率为 23.5—24.9，没有进一步的数据支持交联羧甲基淀粉吸水倍率可以达到 500 倍，环球利康公司及国家知识产权局提交的公知常识性证据也不能直接地、毫无疑义地

---

❶ 参见：北京知识产权法院（2016）京 73 行初 6359 号行政判决书。

证明交联羧甲基淀粉的吸水倍率可以达到 500 倍。因此，被诉决定的相关认定有误，原审判决关于本专利权利要求 1 限定的交联羧甲基淀粉吸水倍率 2—500 没有得到说明书的支持的认定是正确的。本专利权利要求 1 不符合 2001 年版《专利法》第 26 条第 4 款的规定。

2020 年 12 月 18 日，最高人民法院作出判决：驳回上诉，维持原判。❶

六、专利无效重审程序

国家知识产权局专利局复审和无效审理部认为，根据本专利说明书的实施例，吸水倍率指 1g 样品所能吸水的最大量，吸水倍率（ml/g）＝吸水量（ml）/样品量（g），所述的醚化淀粉至少包括羧甲基淀粉、羟乙基淀粉、阳离子淀粉中的一种。将羧甲基淀粉 66#制成变性淀粉 66#，将羟乙基淀粉 88#制成变性淀粉 88#。对各种变性淀粉进行离心法测定吸水倍率，淀粉 66#为 23、23.5、88#为 4.4（参见本专利说明书第 179—217 段）。将羧甲基淀粉 66#制成变性淀粉止血海绵 C，将交联羧甲基淀粉 66# + 制成变性淀粉止血海绵 D，将羟乙基淀粉 88#制成变性淀粉止血海绵 E。止血海绵 C 的吸水倍率为 22.8，止血海绵 D 的吸水倍率为 24.9，止血海绵 E 的吸水倍率为 7.6（参见本专利说明书第 315—331 段）。本专利说明书仅披露了上述吸水倍率，没有进一步的数据支持本专利权利要求 1 中生物相容性变性淀粉吸水倍率可以达到 500 倍，就目前证据，本领域技术人员也无法直接地、毫无疑义地证明本专利权利要求 1 中生物相容性变性淀粉吸水倍率可以达到 500 倍。因此，权利要求 1 没有得到说明书的支持，不符合《专利法》第 26 条第 4 款的规定。

从属权利要求 2—7、权利要求 8—10 和权利要求 11 均直接或者间接引用了权利要求 1，即权利要求 2—11 也均包含该技术特征，且均未对权利要求 1 中"吸水倍率 2—500"进行进一步限定，因此，基于与权利要求 1 相同的理由，权利要求 2—11 的技术方案也没有得到说明书的支持，不符合《专利法》第 26 条第 4 款的规定。

综上，权利要求 1—11 均没有得到说明书的支持，不符合《专利法》第 26 条第 4 款的规定，应予全部无效。

国家知识产权局专利局复审和无效审理部决定宣告 ZL200810032631.6 号发明专利权全部无效。❷

---

❶ 参见：最高人民法院（2020）最高法知行终 15 号行政判决书。
❷ 参见：国家知识产权局专利局复审和无效审理部第 52383 号无效宣告请求审查决定书。

生物医药和化工技术领域的发明专利具有一定的特殊性，对说明书充分公开和权利要求得到说明书支持有较高的要求，包括化学产品、化学方法、化学产品用途等都需要充分公开。区别于机械和大电学领域专利通过技术特征的逻辑推理就能得出专利的有益效果，要证明生物医药和化工领域专利的有益效果，需要进行相关实验，详细介绍实验的条件和步骤，以实验数据来证明生物医药和化工类专利的有益效果。因此，生物医药和化工类发明专利无效的重点往往不在于新颖性和创造性的无效宣告理由，而在于公开是否充分、是否得到说明书支持等既非新颖性也非创造性的理由，通过研究分析专利授权文本本身，以分析其概括的保护范围是否得到说明书的支持、是否进行了相关实验，并通过实验数据证明声称的有益效果。

本案中，生物相容性变性淀粉为交联羧甲基淀粉的技术方案，以交联羧甲基淀粉自身的属性吸水倍率 2—500 限定保护范围，但是说明书实施例中对于权利要求 1 限定粉剂交联羧甲基淀粉只有一个实验数据，即吸水倍率 23.9，但概括了 2—500 的大保护范围，权利要求明显得不到说明书的支持。此外，专利说明书并没有对粉剂状交联羧甲基淀粉进行相关的实验以验证其有益效果，因此也没有提供粉剂状交联羧甲基淀粉的实验数据证明其具备"止血、防粘连、促进组织愈合或封闭伤口组织"的有益效果。

七、获评典型案例

本案入选了广东知识产权保护协会 2021 年度知识产权典型案例，如图 9-1 所示。

图 9-1　获评广东知识产权保护协会 2021 年度知识产权典型案例

【广东知识产权保护协会专家点评】这个案件历时 5 年，特点是采取多重理由提起无效宣告请求，制定完整的诉讼策略，最终使得涉案发明专利被宣告无效，案件取得了最终的胜利，对于专利无效案件来说非常具有代表性。在国家知识产权局专利复审委员会作出不利裁定后，代理律师通过多种努力，最终在一审程序中取得专利无效的有利结果，并在后续的二审及再审申请中成功维持一审判决，充分体现出代理律师的专业能力。其亮点是"权利要求得不到说明书支持"这一无效宣告理由得到法官的支持，为同类生物医药领域发明专利的撰写指导及无效宣告策略运用有一定借鉴的意义。❶

第二节　软件发明专利诉讼案

随着科技的发展，人们的学习、工作、生活、通信、支付、娱乐等都已经离不开计算机软件，计算机软件给人们带来了极大的便利。我国已经成为互联网应用大国，互联网软件、人工智能软件、操作系统软件、区块链技术软件、云计算软件，运行在 iOS 和 Android 两大操作系统上各种类型的 APP 应用程序，以及与各个应用领域结合的嵌入式软件、控制软件、测试软件如雨后春笋般快速蓬勃发展。涉及计算机程序的发明专利申请量高速增长，且占总发明专利申请量的比例不断提高。

传统的机械、电子电路硬件、化工等技术领域已经处于相对成熟稳定状态，很难产生新的革命性或开拓性的突破和创新；而计算机程序模型和算法还在不断被深入研究，处于最活跃的研发和创新时期。比如人工智能（Artificial Intelligence）从 1956 年开始才被提出来，1997 年研究人员研发出机器学习模型，2017 年研究人员创造出深度学习模型，2021 年大规模生成式模型"横空出世"，其中一个应用人工智能聊天机器人"ChatGPT"风靡全球。模型和算法的发明创造被视为核心发明专利，基于创新模型和算法的各种应用产生大量创新的技术方案。新的模型或算法与一个应用场景结合就产生一个新的技术方案，只要解决了技术问题，达到了技术效果，就能成为一个新的软件发明专利申请。

涉及计算机程序的软件发明专利申请量如此巨大，且增长速度如此之快，

---

❶　广东知识产权保护协会. 2021 年度广东知识产权保护协会知识产权典型案例报告会会议材料, 2022.

证明科技创新主体都热衷于软件发明专利申请，其背后蕴含着巨大的经济价值。但是，通过检索中国裁判文书网可以发现，软件专利诉讼的数量非常少，可谓"凤毛麟角"。因此，我们有必要研究一下软件专利诉讼的特点。

一、涉及计算机软件的知识产权

计算机软件又称为计算机程序，包括源程序和目标程序。源程序又分为高级语言编写的程序和汇编语言编写的程序，是程序员设计、调试、阅读和修改的对象。源程序经过编译和链接，生成计算机可运行的目标程序。目标程序又称为机器码，是计算机运行执行目标程序的指令，对程序员来说可读性很差。源程序生成目标程序的整个编译、链接的过程是单向且不可逆的。涉及计算机软件的知识产权包括计算机软件著作权、计算机软件发明专利和计算机软件商业秘密。

（一）计算机软件著作权

计算机软件著作权就是将计算机程序的源程序和目标程序至少一种向国家版权局登记或者发布，主要保护源程序或目标程序本身，即只保护源程序或目标程序的表达，不保护软件流程方法的思想。

（二）计算机软件发明专利

计算机软件发明专利属于方法类专利，专利的权利要求主要限定程序流程步骤，即软件发明专利只保护软件流程方法，不保护源程序或目标程序。

（三）计算机软件商业秘密

由于计算机软件的源程序和目标程序天然就具有商业秘密中"不为公众所知悉、能为权利人带来经济利益、具有实用性"的特性，因此只要权利人对源程序和目标程序等技术信息采取保密措施就能获得商业秘密保护。

计算机软件的三种知识产权保护的侧重点各不相同，由此形成了对计算机软件的互补保护体系。计算机软件发明专利保护软件流程方法，不管用什么编程语言，只要跟软件发明专利权利要求限定的步骤相同或等同，即落入软件发明专利的保护范围。由于软件发明专利保护的是软件方法的技术方案，保护范围较大。而计算机软件著作权和计算机软件商业秘密则侧重于保护源程序和目标程序本身，对于直接进行代码级的复制和抄袭行为，都能起到很好的保护作用。因此，容易被破解或需要公开才能进行商业应用的计算机软件，向国家版权局登记为计算机软件著作权便于维权；而不容易被破解且本身采取了严密的保密措施的计算机软件，则适宜以计算机软件商业秘密进行保护。

二、计算机软件知识产权客体对比

从保护对象、确权方式、侵权技术对比对象三个维度，对计算机软件著作权、计算机软件发明专利和计算机软件商业秘密进行对比，如表9-1所示。

表9-1　三类计算机软件知识产权对比

种类	保护对象	确权方式	侵权技术对比对象
软件著作权	源程序或目标程序	完成即形成著作权；向国家版权局登记，形式审查即授权	源程序与源程序对比，或者目标程序与目标程序对比
软件发明专利	程序实现的流程方法	向国家知识产权局申请，经实质审查、答辩后授权	专利权利要求与产品的功能对比；或专利权利要求与产品的源程序抽象出的技术方案对比
软件商业秘密	源程序或目标程序	完成并采取保密措施，由司法鉴定机构进行非公知性鉴定，司法机关认定是否属于技术秘密	源程序与源程序对比，或者目标程序与目标程序对比；由司法鉴定机构进行同一性鉴定，司法机关认定是否侵权

三类计算机软件知识产权在维权过程中的取证及被控程序提取方面有一些共性，都能通过公证购买等方式固定载有被控计算机目标程序的实物，但是被控计算机源程序一般不可获得。由于被控产品实物采取了保密措施，被控计算机目标程序绝大部分情况也无法提取。

从维权的难度来看，软件商业秘密的维权难度最大，一般先进行非公知性鉴定确权，再进行同一性鉴定，从而认定二者相同或实质相同。软件著作权和软件发明专利如果分别经由国家版权局和国家知识产权局授权，相当于已经确权，只需要取证作侵权技术对比即可。

三、软件发明专利与侵权客体

《专利审查指南》第二部分第九章对涉及计算机程序的发明专利审查有若干特殊规定。涉及计算机程序的发明专利是指为解决发明提出的技术问题，全部或部分以计算机程序处理流程为基础，通过计算机执行按上述流程编制的计算机程序，对计算机外部对象或者内部对象进行控制或处理，具有技术效果的技术方案。单纯涉及抽象的算法或单纯的商业规则的方法，不包含任何技术特征，属于《专利法》第 25 条第 1 款第 2 项规定的智力活动的规则和方法，不应当授予专利权。对于算法结合技术特征的方法、商业规则结合技术特征的方法等智力活动的规则结合技术特征的方法，只要整体是解决技术问题，采用的是技术手段，获得了技术效果，应当可被授予专利权。

《专利审查指南》归纳的软件发明专利主要包括以下几类：

（1）对外部对象的控制或处理，包括对外部运行过程或外部运行装置进行控制；

（2）对外部数据进行处理或者交换等；

（3）对内部对象的控制或处理，包括对计算机系统内部性能的改进、对计算机系统内部资源的管理、对数据传输的改进等；❶

（4）算法结合技术特征的方法；

（5）商业规则结合技术特征的方法。

其中，外部对象、外部数据、内部对象是符合自然规律的物理对象或物理对象产生的客观数据，因此确保了软件发明方法解决的是技术问题，本身属于技术方案，并具有技术效果。对于算法结合技术特征、商业规则结合技术特征，由于算法或商业规则都分别结合了技术特征，确保了整体软件方法属于技术方案。

四、软件发明专利权利要求撰写与侵权主体

软件发明专利本质就是方法类专利，其权利要求限定了方法步骤流程。软件方法发明专利对应的唯一侵权行为只有使用行为，即制造、销售、许诺销售和进口均不是方法专利对应的侵权行为。软件方法发明专利没有对应的实物载体，不利于固定侵权产品证据。

传统观点认为方法专利的侵权行为仅为以营利为目的直接实施方法的侵权主体的使用行为，即以营利为目的运行该软件的一般消费者或普通用户才会直接实施软件方法发明专利权利要求的步骤流程，构成直接侵权。但是，以广大一般消费者或普通用户作为专利诉讼中被诉侵权主体，显然无法解决侵权纠纷的主要矛盾。理由如下：首先，一般消费者或用户没有以营利为目的的使用软件方法，也没有自主研发被诉软件方法，其从应用程序商店下载与被诉方法专利对应的程序在大多数情况下并没有主观恶意而只有过失，只需要停止侵权，即

---

❶ 国家知识产权局. 专利审查指南［M］. 北京：知识产权出版社，2010.

停止使用被控软件而无须赔偿损失。其次，如果一般消费者通过支付合理对价而获得与被诉方法专利对应的程序，根据司法解释，除了无须赔偿损失以外，还无须停止使用被控程序。再次，一般消费者或普通用户虽然使用并运行与被诉方法专利对应的程序，但这属于个体行为，就算将一般消费者或普通用户列为被告告上法庭，启动专利诉讼追究其法律责任，也可以预测，法院判决的赔偿金额不高，因此起诉一般消费者或者普通用户没有任何经济价值。而研发与被诉方法专利对应程序的软件开发公司或程序员，才是侵犯软件发明专利的"元凶"，其承担的法律责任应当等同于产品专利的制造者。但由于其没有直接使用软件方法而直接运行被控程序，不构成直接侵权，不承担法律责任。

以 APP 应用程序为例，假如专利权人将 APP 应用程序对应的软件步骤流程申请软件发明专利，并获得国家知识产权局授权。某软件开发公司按该授权软件发明专利权利要求记载的步骤流程编制被控侵权程序，研发生成被控侵权软件安装包。某一般消费者或普通用户通过应用程序商店下载该安装包，并在自身持有的终端设备安装所述软件安装包，再运行按专利处理流程编制的计算机程序。某一般消费者或普通用户因为实施了下载被控侵权软件包、安装被控侵权软件包且运行按专利处理流程编制的计算机程序成为使用软件方法专利的直接侵权人，某软件开发公司和应用程序商店因没有实施使用软件方法的侵权行为，不构成侵权。

为了解决软件方法发明专利对被控软件开发公司或被控程序员"束手无策"的问题，《专利审查指南》对涉及计算机程序的发明专利，首先规定了除限定方法权利要求以外，还允许增加一组功能模块的装置，该功能模块装置与方法权利要求一一对应。近年又增加了软硬件结合的电子装置，以及计算机可读存储介质。关于这些功能模块的装置、电子装置或计算机可读存储介质，可通过公证购买获得装载有计算机程序的被控侵权产品，一定程度上可将一部分软件开发公司或设备制造商、设备销售商列为直接侵权主体而追究其法律责任。

涉及计算机程序的权利要求布局举例如下：

1. 一种数据处理的方法，其特征在于，包括以下步骤：

步骤 A；

步骤 B；

步骤 C；

步骤 D。

2. 一种数据处理的装置，其特征在于，包括：

第一模块，用于实现步骤 A；

第二模块，用于实现步骤 B；

第三模块，用于实现步骤 C；

第四模块，用于实现步骤 D。

3. 一种电子设备，包括存储器和处理器，所述存储器存储有计算机程序，其特征在于，所述处理器执行所述计算机程序时实现权利要求 1 至 X 任意一项所述的方法。

4. 一种计算机可读存储介质，所述存储介质存储有计算机程序，其特征在于，所述计算机程序被处理器执行时实现权利要求 1 至 X 任意一项所述的方法。

第一套权利要求以保护软件方法为核心，可以锁定一般消费者、普通用户等所有直接使用软件方法的侵权主体；第二套和第三套权利要求分别保护装置和电子设备，可以锁定终端设备出厂的时候已经安装有与被诉软件方法专利权利要求相同或等同程序的终端设备制造厂商和销售商；第四套权利要求保护计算机可读存储介质，可以锁定制造或销售以传统光盘、U 盘等存储载体存储与被诉软件方法专利权利要求相同或等同程序的制造厂商或销售商。上述几套不同主题的权利要求不但锁定了不同角色的侵权主体，而且使软件发明专利的证据固定更便利。

五、软件发明专利侵权技术对比

软件发明专利权利要求限定了计算机程序处理流程，计算机作为黑匣子执行按上述流程编制的计算机程序。由于被控软件的源程序和目标程序一般难以提取获得，无法以软件发明专利权利要求与被控软件的源程序或目标程序抽象的对应技术方案进行对比。目标程序本身不具有可读性，目标程序与权利要求不具有可比性。即便能获取到具有可读性的被控软件源程序，也要先根据被控软件的源程序提取出对应的软件方法流程，再将二者的方法流程步骤进行技术特征的逐一对比，判断二者的全部技术特征是否相同或等同。毕竟，权利要求文字记载的方法流程与被控软件的源程序属于技术方案的不同表现形式，侵权技术对比有一定的难度。

（一）对内部对象的控制或处理的软件

第一类软件发明专利是"对内部对象的控制或处理"，比如"Windows 优化大师软件",计算机如何执行软件流程对计算机内部对象硬件(如缓存、存储器等)作控制或处理,完全是在计算机整个黑匣子内部完成,从外界完全是不可视且不可测的,要想证明被控侵权计算机程序执行了相同或等同的方法流程难度很大。

(二)　对外部对象的控制或处理的软件

第二类软件发明专利是"对外部对象的控制或处理",比如各类控制软件,通过获取传感器的信号在内部进行计算和数据处理,输出控制信号控制外部对象。传感器输入信号和控制外部对象的输出信号可以通过测量仪器测量得到,而内部进行的计算和数据处理,例如其中运用了什么算法和执行了什么软件流程,却不可视且不可测,要想证明被控侵权计算机程序执行了相同或等同的方法流程难度较大。

(三)　对外部数据进行处理或者交换的软件

第三类软件发明专利是多端交互软件,某一端对输入的数据进行处理,然后返回数据处理结果。整个多端对数据进行处理和交互体现了这类软件发明专利的创造性。单侧撰写的权利要求如果不涉及通信相对端,则体现不出发明点,创造性很低,一旦涉及通信相对端的处理流程技术特征限定,则单侧撰写权利要求又失去了意义。比如终端向服务器发送数据处理请求,服务器接收到数据处理请求后,运行算法进行数据处理,将数据处理后的结果返回给终端。若这类软件要进行侵权技术对比,要先把终端和服务器证据均固定下来,使用测量仪器监测终端与服务器端通信交互的数据,而服务器计算和数据处理中运用了什么算法和执行了什么处理流程却不可视且不可测,要想证明服务器执行了相同或等同的方法流程难度较大。

(四)　涉及算法或商业规则结合技术特征的软件

对于算法与技术特征结合的软件以及商业规则结合技术特征的软件,在侵权技术对比的时候要证明计算机执行了算法或商业规则。如果在获得了被控软件源程序的情况下,再分析该源程序是否执行了算法或商业规则,则存在一定的可行性,只是难度较大;如果无法获得被控软件的源程序,仅仅获得被控软件的目标程序,则由于目标程序本身不具有可读性,所以无法对二者进行对比。

《专利法》第66条第1款规定:"专利侵权纠纷涉及新产品制造方法的发明专利的,制造同样产品的单位或者个人应当提供其产品制造方法不同于专利方法的证明。"《专利法》对于涉及新产品制造方法的发明专利,规定举证责任倒置。虽然软件方法发明专利不属于涉及新产品制造方法，但是，完全可以借鉴并通过立法或者司法解释的形式，将软件方法发明专利规定为举证责任倒置，即法院把侵权对比的举证责任分配给被告方，由被告方向法院提交保密证据，将固化在被控产品中的源程序、目标程序以及与源程序对应的软件流程方法技术方案提交给法院，以证明其实施的软件方法不同于专利方法，由法院委托司法鉴定或指定技术调查官进行侵权技术对比。前四类软件均可采用这个解决方案。

（五）标准必要专利

有一类软件发明专利属于标准必要专利，相应案件不需要将软件发明专利的权利要求与被控侵权产品进行对比。由于各方都确认被控侵权产品实施了标准，因而只需要将软件发明专利的权利要求与标准进行对应技术对比：二者对应，则被控侵权产品落入标准必要专利的保护范围；二者不对应，则被控侵权产品不落入标准必要专利的保护范围。这类软件方法发明专利避开了将涉案专利与被控软件的源程序或目标程序对应的技术方案进行技术对比，仅需要将软件方法发明专利权利要求与标准文件的对应性作技术对比。

（六）人机交互软件

还有一类人机交互软件，用户向计算机输入相关操作，计算机通过简单的运算即可显示处理结果。这类软件发明专利权利要求限定的计算机程序处理流程均可视或可测，决定了人机交互软件一般不涉及复杂的算法和运算，因而这类专利的创造性普遍不高。由于人机交互软件可以通过在计算机设备上输入相关操作即可显示相关计算结果，因此与人机交互软件发明专利的权利要求进行技术对比，无须从被控产品的源程序或目标程序中提取对应的技术方案，故人机交互软件是所有软件中较容易进行专利维权诉讼的一类软件，受到软件行业的青睐。人机交互软件发明专利要求对权利要求进行可视化撰写，权利要求限定的每一个步骤都要求可视化，而不涉及后台的计算。

六、人机交互软件的可视化撰写

涉及人机交互的软件要求对软件发明专利进行可视化撰写。此举大大降低了侵权对比的技术难度。

美国苹果公司于 2006 年 11 月 30 日向国家知识产权局申请了名称为"通过在解锁图像上执行手势来解锁设备的方法和设备"的发明专利，说明书附图如图 9 - 2，其权利要求摘录如下：

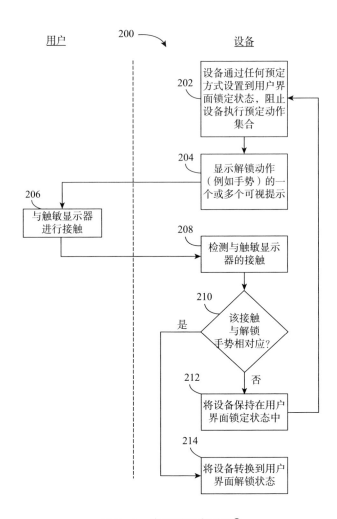

图 9 - 2　专利说明书附图❶

1. 一种用于具有触敏显示器的电子设备的信息处理方法，包括：

当所述设备处于用户界面锁定状态时，检测与所述触敏显示器的接触；

根据所述接触，沿所述触敏显示器上的预定显示路径移动解锁图像，其中所述解锁图像是用户与之交互以解锁所述设备的图形交互式用户界面对象；

如果检测到的接触与预定手势相对应，将所述设备转换到用户界面解锁状态；以及

---

❶ 乔德里，奥丁，安祖丽斯，等．通过在解锁图像上执行手势来解锁设备的方法和设备：CN101371258B［P］．2010 - 12 - 29.

如果检测到的接触不与所述预定手势相对应，将所述设备保持在所述用户界面锁定状态。

5. 一种用于具有触敏显示器的电子设备的信息处理设备，包括：

用于当所述设备处于用户界面锁定状态时，检测与所述触敏显示器的接触的装置；

用于根据所述接触沿所述触敏显示器上的预定显示路径移动解锁图像的装置，其中所述解锁图像是用户与之交互以解锁所述设备的图形交互式用户界面对象；

用于如果检测到的接触与预定手势相对应，则将所述设备转换到用户界面解锁状态的装置；以及

用于如果检测到的接触不与所述预定手势相对应，则将所述设备保持在所述用户界面锁定状态的装置。

苹果公司的"滑屏解锁"专利，广泛应用于苹果公司的 iPhone 智能手机。权利要求 1 是限定了人机交互的方法，所有流程步骤均可视化，侵权技术对比时无须进行被控产品的源程序或目标程序的代码分析、对应的技术方案提取及技术特征对比，只需要在被控终端进行相应操作，即可重现权利要求方法限定的所有可视化步骤。权利要求 5 的虚拟装置与权利要求 1 的方法步骤一一对应，方便将软件专利方法固定在终端上，从而锁定侵权产品制造商或销售商。任何手机厂商如果制造、销售具备"滑屏解锁"功能的智能手机，将可能落入软件发明专利的保护范围。

七、软件发明专利侵权诉讼案例

下面介绍华为终端有限公司（以下简称"华为公司"）诉惠州三星电子有限公司、天津三星通信技术有限公司、三星（中国）投资有限公司等侵害发明专利权纠纷案。

（一）涉案专利的权利要求分析

1. 一种组件显示处理方法，其特征在于，包括：

移动终端获取组件处于待处理状态的指示消息；

所述移动终端根据所述指示消息对容器中显示在屏幕上的显示区域进行缩小处理，以使所述屏幕在所述显示区域缩小后空余出的区域显示所述容器的隐藏区域，所述容器包括容纳组件的显示区域和隐藏区域。

4. 根据权利要求 1 所述的组件显示处理方法，其特征在于，所述移动终

端根据所述指示消息对容器显示在屏幕上的显示区域进行缩小处理，以使所述屏幕在所述显示区域缩小后空余出的区域显示所述容器的隐藏区域，包括：

所述移动终端根据所述指示消息，对所述显示区域的整体进行缩小处理，以使所述屏幕在所述显示区域的整体缩小后空余出的区域显示所述容器的隐藏区域。

5. 根据权利要求1—4中任一权利要求所述的组件显示处理方法，其特征在于，所述屏幕在所述显示区域缩小后空余出的区域显示所述容器的隐藏区域之后，还包括：

接收用户的移动指令；

所述移动终端根据所述移动指令将所述组件从所述缩小的显示区域移动到所述屏幕显示的隐藏区域中。

6. 根据权利要求5所述的组件显示处理方法，其特征在于，所述移动终端将所述组件从所述缩小的显示区域移动到所述屏幕显示的隐藏区域中，包括：

在所述组件从所述缩小的显示区域移动到与所述屏幕显示的隐藏区域的交界处后，所述移动终端将所述屏幕显示的内容平移切换或者翻转切换成全部显示隐藏区域，以使所述组件被移动到隐藏区域中。

9. 一种移动终端，其特征在于，所述移动终端包括：

获取模块，用于获取组件处于待处理状态的指示消息；

处理模块，用于根据所述指示消息对容器中显示在屏幕上的显示区域进行缩小处理，以使所述屏幕在所述显示区域缩小后空余出的区域显示所述容器的隐藏区域，所述容器包括容纳组件的显示区域和隐藏区域。

12. 根据权利要求9所述的移动终端，其特征在于，所述处理模块根据所述指示消息，对所述显示区域的整体进行缩小处理，以使所述屏幕在所述显示区域的整体缩小后空余出的区域显示所述容器的隐藏区域。

13. 根据权利要求9—12中任一权利要求所述的移动终端，其特征在于，所述处理模块包括：

第一接收单元，用于接收用户的移动指令；

移动单元，用于根据所述移动指令将所述组件从所述缩小的显示区域移动到所述屏幕显示的隐藏区域中。

14. 根据权利要求13所述的移动终端，其特征在于，所述移动单元还用于在所述组件从所述缩小的显示区域移动到与所述屏幕显示的隐藏区域的交界

处后，将所述屏幕显示的内容平移切换或者翻转切换成全部显示隐藏区域，以使所述组件被移动到隐藏区域中。❶

涉案专利属于人机交互软件方法发明专利，具体保护移动终端屏幕上的组件显示处理与组件移动后的显示处理方法，其权利要求采用了可视化撰写方式，合议庭成员和各方当事人通过在被控手机终端屏幕上的"显示区域进行缩小处理"触摸操作，就可以在屏幕上直接显示"区域缩小后空余出的区域显示所述容器的隐藏区域"结果。侵权技术对比直接、简单、可视化且可重现操作，既无须对被控手机终端的源程序或目标程序分别进行提取、代码分析、对应技术方案提取、再与权利要求进行技术特征对比，也无须委托司法鉴定或求助技术调查官。合议庭成员可以自行进行侵权技术对比并得出被控产品是否落入专利保护范围的结论。

涉案专利的权利要求1、4、5、6是软件流程方法，主要限定计算机程序运行时执行的流程步骤。一般消费者和普通用户使用被控手机终端运行专利方法的行为构成对该方法专利的使用侵权行为。而权利要求9、12、13、14是与上述软件方法一一对应的虚拟装置，具体限定为移动终端，为专利侵权诉讼中被控侵权产品手机终端和平板电脑的证据固定提供了客体依据。权利要求限定为移动终端可直接针对移动终端和平板电脑的制造商和销售商，锁定其为直接侵权主体，指控二者的制造、销售、许诺销售等侵权行为。

（二）涉案专利无效及无效行政诉讼分析

涉案专利的权利要求1只有两个简单的步骤流程，第一个步骤为获取指示信息，第二个步骤为根据指示信息进行缩小处理以使显示隐藏区域。其中"所述容器包括容纳组件的显示区域和隐藏区域"属于静态定义。可见，权利要求1的保护范围较大，同时其稳定性将受到较大挑战。

从涉案专利的无效宣告审查决定来看，无效宣告理由分为两类：第一类是非新颖性和非创造性理由，包括本专利权利要求1—16不属于技术方案，不符合《专利法》第2条第2款的规定；权利要求1—16的保护范围不清楚，不符合《专利法》第26条第4款的规定；说明书公开不充分，不符合《专利法》第26条第3款的规定；权利要求1、9不符合《专利法实施细则》第20条第2款的规定。值得注意的是，权利要求不清楚的无效宣告理由，无效宣告请求人希望专利权人通过解释权利要求相关技术特征的含义以克服权利要求不清楚

---

❶ 彭玉卓. 组件显示处理方法和用户设备：CN101763270B［P］. 2011－06－15.

的缺陷，或引导专利复审委员会通过阐释对技术特征的理解，最终导致了专利保护范围的限缩。第二类是新颖性和创造性理由。

专利复审委员会无效宣告审查决定摘录如下：

关于不清楚及没有以说明书为依据。《专利法》第 26 条第 4 款规定：权利要求书应当以说明书为依据，清楚、简要地限定要求专利保护的范围。

无效宣告请求人提出了以下权利要求不清楚的理由：

权利要求 1、9 中使用的"容器"、权利要求 2 和 10 中的"指向的部分"、权利要求 7、15 中"新显示区域"的具体含义不确定，也不清楚在所显示的隐藏区域上未显示组件时如何实施权利要求 8 和 16 的技术方案，另外，权利要求 2—8、10—16 仍未消除有关"容器"含义不确定的缺陷，因此，权利要求 1—16 不符合《专利法》第 26 条第 4 款关于保护范围是否清楚的规定；

权利要求 1 中的特征"组件显示处理方法""待处理状态""缩小处理""容器"不清楚和/或得不到说明书的支持，从属权利要求 2—16 同样存在以上缺陷。

专利复审委员会认为：本专利权利要求 1 请求保护一种组件显示处理方法。权利要求 9 请求保护一种移动终端。从属权利要求 2—8、10—16 分别对权利要求 1、权利要求 9 中的技术特征进行了进一步的限定。本专利说明书中（参见其说明书第 2 页具体实施方式部分至第 10 页）对组件显示处理方法进行了详细的描述，结合说明书附图和说明书中的具体实施例，本领域技术人员可以理解上述权利要求的技术方案，不存在含义不确定的地方，权利要求的保护范围是清楚的，并且本领域技术人员根据说明书记载能够得到或概括得到上述权利要求请求保护的技术方案，上述权利要求能够得到说明书的支持，因此，本专利权利要求 1—16 符合《专利法》第 26 条第 4 款的规定。

专利复审委员会决定维持 ZL201010104157.0 号发明专利权有效。❶

本专利权利要求采用可视化撰写方式，仅仅用了 133 个字描述两个流程步骤，包括的技术特征较少，但是说明书中包含了丰富的实施例，对人机交互软件后台的技术内容进行了丰富的拓展。最终本专利克服了可视化撰写的人机交互软件发明专利普遍创造性不高的缺点，能在专利无效宣告程序中维持专利权全部有效。并且面对无效宣告请求人诸多技术特征含义不清楚、不确定和保护范围不清楚的指控和挑战，专利权人在无效宣告程序答辩中并没有限缩专利的

---

❶　参见：国家知识产权局专利复审委员会第 31835 号无效宣告请求审查决定书。

保护范围，无效宣告审查决定本身也未限缩专利的保护范围。

专利无效的行政诉讼二审判决认为被诉决定事实认定清楚，适用法律正确，应予维持。值得关注的是，华为公司的上诉主张是："（1）原审判决关于技术特征'指示消息'的解释有误；（2）原审判决关于本专利是否具备创造性评判中涉及'指示消息'的认定也有误。"二审法院认为华为公司的上诉主张成立，应予支持，对一审法院有关"指示信息"的解释错误予以纠正。❶ 这个案例带给我们的启示是，如果专利权人认为无效宣告审查决定和法院判决中关于技术特征的解释有误，一定要果断提起诉讼或上诉，请求纠正，否则，将导致专利的保护范围被不当限缩，影响专利侵权诉讼中被诉产品是否落入专利保护范围的认定。

（三）涉案专利侵权诉讼分析

1. 侵权技术对比

将涉案专利权利要求 1 进行技术特征分解，划分为三个技术特征："A、一种组件显示处理方法；B、移动终端获取组件处于待处理状态的指示消息；C、所述移动终端根据所述指示消息对容器中显示在屏幕上的显示区域进行缩小处理，以使所述屏幕在所述显示区域缩小后空余出的区域显示所述容器的隐藏区域，所述容器包括容纳组件的显示区域和隐藏区域。"

技术特征 A 的对比："被控产品经过开机初始设置后包括第一页面，向左滑动第一页面后显示第二页面。用户可以通过长按并移动图标，在不同页面之间移动并显示图标。故被控产品执行了一种组件显示处理的方法。"

技术特征 B 的对比："在被控侵权产品第一页面中，任选一处图标，如'S 日历'图标，长按该'S 日历'图标的显示方式有所改变，也就是长按图标使得图标可以后续被移动、删除等，即长按图标后处于待处理状态。"

技术特征 C 的对比："被控侵权产品在接收到该组件处于待处理状态的指示消息之后，即用户'长按'图标之后，当前显示的第一页面进行了缩小，且在缩小后的第一页面的右边露出了隐藏第二页面的一部分，这说明被控侵权产品是根据该指示消息对容器显示在屏幕的显示区域（第一页面）进行缩小处理，并在显示区域缩小后的空余区域显示所述容器的隐藏区域（第二页面），即被控侵权产品具有技术特征 C。"

"根据专利侵权判定全面覆盖原则，被控侵权产品 SM‑J7108 具有涉案专

---

❶　参见：北京市高级人民法院（2018）京行终 2646 号行政判决书。

利权利要求 1 的所有技术特征。也就是说，仅通过对被控侵权产品的操作，以及观察操作前后的被控侵权产品的图形用户界面的表象变化，即可确定被控侵权产品落入涉案专利权利要求 1 的保护范围。"❶ 从本案可以看出可视化撰写的软件方法发明专利侵权技术对比非常容易和便利，合议庭法官、诉讼代理人各自操作移动终端，都可以重现、辨识或对比软件方法流程，无须技术调查官介入或申请司法鉴定，就能得出技术对比结果。

2. 被告关于权利要求不清楚的抗辩

被告提出了权利要求 1 以下三处不清楚的问题：（1）"获取组件处于待处理状态的指示消息"的理解；（2）"容器"的理解；（3）"所述屏幕显示的内容"的理解。专利说明书是专利权利要求书的"词典"，鉴于本专利说明书对上述技术特征有确定、唯一且详细的举例和说明，二审法院直接援引专利说明书的记载，认为上述技术特征是清楚和明确的。

3. 被告还援引了一件 CN102439558A 抵触申请抗辩

CN102439558A 抵触申请的权利要求如下：

1. 一种在控制器中可操作的、用于编辑用于移动装置的主屏幕的页面的方法，所述方法包括：

在主屏幕上显示特定页面；

接收用于页面编辑的输入信号；以及

响应于所述输入信号输出页面编辑屏幕，所述页面编辑屏幕包含至少一个页面，所述至少一个页面包括显示的特定页面。❷

将抵触申请的权利要求 1 与本专利权利要求 1 进行对比，流程步骤技术特征都截然不同。比如本专利是"获取组件处于待处理状态的指示消息"，抵触申请是"接收用于页面编辑的输入信号"；本专利是"所述移动终端根据所述指示消息对容器中显示在屏幕上的显示区域进行缩小处理，以使所述屏幕在所述显示区域缩小后空余出的区域显示所述容器的隐藏区域"，抵触申请是"响应于所述输入信号输出页面编辑屏幕"。

二审法院认为，根据 CN102439558A 专利权利要求的记载，输入信号的目的是指示主屏幕的页面进入编辑页面，该信号并未改变图标的状态；如需移动编辑页面的图标，根据该专利说明书第【0059】段的记载，还需要通过触摸

---

❶ 参见：福建省高级人民法院（2017）闽民终 501 号民事判决书。
❷ 彭玉卓. 组件显示处理方法和用户设备：CN101763270B［P］. 2011－06－15.

图标这一操作才能改变图标状态，然后拖曳至用户期望的位置。该专利并未公开被控侵权技术方案中长按图标后，图标状态即发生改变这一技术方案，也未给出相应技术启示使得本领域普通技术人员无需经过创造性劳动就能联想到这一技术方案。被控侵权技术方案与CN102439558A专利技术方案具有实质性差异。因此，抵触申请抗辩不成立。

4. 关于被告没有使用专利方法，不构成侵权的抗辩

本专利有软件方法和与软件方法——对应的虚拟装置。本专利权利要求9是一种移动终端虚拟装置，包括获取模块和处理模块两个虚拟模块。被控产品中包含有获取模块和处理模块，被告存在制造设置有相应模块的移动终端的行为，属于制造侵权产品的行为。

关于是否构成使用方法专利，二审法院认为"预先已将涉案专利所采用的技术方案以相应的软件命令的形式固化在模块中，使得移动终端可以重现本专利权利要求1的流程方法。这种行为属于使用专利方法、制造侵权产品的行为"。[1] 这是我国法院首次对被控产品制造商将软件方法专利所采用的技术方案以相应的软件形式固化在产品中的行为，认定为使用软件专利方法的侵权行为。这个判决对传统侵权判定中使用软件方法侵权行为理论进行了突破，极大鼓舞了整个软件业界申请软件方法发明专利保护自主创新。

专利申请号为02123502.3、名称为"一种简易访问网络运营商门户网站的方法"软件发明专利，只有方法权利要求，并没有——对应的虚拟装置权利要求。关于产品制造商的被诉侵权人是否实施了使用方法的侵权行为，最高人民法院在（2019）最高法知民终147号民事判决书中，认为"这些方法专利在实际应用中，往往都是以软件的形式安装在某一硬件设备中，由终端用户在使用终端设备时触发软件在后台自动运行。从表面上看，终端用户是专利方法的实施者，但实质上，专利方法早已在被诉侵权产品的制造过程中得以固化，终端用户在使用终端设备时再现的专利方法过程，仅仅是此前固化在被诉侵权产品内的专利方法的机械重演。因此，应当认定被诉侵权人制造并销售被诉侵权产品的行为直接导致了专利方法被终端用户所实施。如果被诉侵权行为人以生产经营为目的，将专利方法的实质内容固化在被诉侵权产品中，该行为或者行为结果对专利权利要求的技术特征被全面覆盖起到了不可替代的实质性作用，也即终端用户在正常使用该被诉侵权产品时就能自然再现该专利方法过

---

[1] 参见：福建省高级人民法院（2017）闽民终501号民事判决书。

程的，则应认定被诉侵权行为人实施了该专利方法，侵害了专利权人的权利"。这个指导判例对"被控产品制造商将软件方法专利所采用的技术方案以相应的软件形式固化在产品中的行为，认定为使用专利方法的侵权行为"进一步研究分析，提出了新的理据支撑。

5. 关于停止侵权的禁令

一般的专利诉讼禁令是判决被告立即停止侵犯原告某发明专利权的行为，或判决被告立即停止制造、销售和许诺销售侵犯某发明专利权的产品的行为。在本案取证阶段中，诉讼代理人针对被诉侵权人 23 个型号的移动终端公证购买了各 2 台。借助可视化撰写的软件方法发明专利容易进行侵权技术对比的优势，专利权人的诉讼代理人在法庭上对公证购买 23 个型号的移动终端逐一进行技术对比演示。专利权人的诉讼请求中就列明 23 个型号的目标移动终端，最终二审判决在停止侵权禁令中也列明了 23 个型号的移动终端，导致被告制造和销售的全部 23 个型号的移动终端面临着即时停产停售禁令，专利权人对被诉侵权人造成了极大的诉讼压力。

6. 关于赔偿数额

鉴于第四次修正案生效前《专利法》的法定赔偿范围是 1 万至 100 万元人民币，与众多高判赔的专利诉讼案件一样，本案专利权人主张以侵权人因侵权所获得的利益确定赔偿数额。

（1）侵权产品的销售金额和销售数量

原告提交了经公证的第三方国际数据公司（International Data Corporation）的统计数据作为证据。该统计数据详细显示了本案专利诉讼起诉日之前涉案手机和涉案平板电脑的销售金额和销售数量，扣除技术方案不落入专利保护范围的型号产品销售金额和销售数量，得出本案涉案移动终端的总销售金额和总销售数量。

（2）产品利润率

原告提供了经公证的"三星电子株式会社 2015 年财报"，用以证明三星集团在其官网所披露的销售利润率为 13.2%。通过三被告提供的工信部 2014 年针对国产手机的调查数据可知，国产手机的"行业平均利润率为 3.2%，低于电子制造业平均水平 1.7 个百分点"。法院将利润率区间确定为 3.2%—13.2%。

虽然被告质疑国际数据公司的统计方式及数据的真实性，但是法院多次要求被告提供相应的销售数据及利润率，被告均迟延或拒绝提供。根据《最高人民法院关于审理侵犯专利权纠纷案件应用法律若干问题的解释（二）》（法释〔2016〕1号）第27条的规定，侵权人无正当理由拒不提供或者提供虚假的账簿、资料的，人民法院可以根据权利人的主张和提供的证据认定侵权人因侵权所获得的利益。

根据"专利侵权利润＝侵权产品销售金额×产品利润率"的计算公式，法院计算被告的利润区间为"22.9亿—94.499亿元人民币之间"。

（3）专利的利润贡献率

一审判决和二审判决均未对专利的利润贡献率作定量分析和认定，而只是定性分析和认定。二审法院认为："基于操作简便、交互方式友好的图形操作界面在增强用户黏性、提升品牌认可度、增加产品销售额等方面的作用，可以认定图形操作界面对智能移动终端产品的利润具有实质性贡献。"二审判决认定涉案专利对侵权获利具有较高贡献率。

（4）判赔数额的确定

二审判决基于三被告侵权获利在22.9亿—94.499亿元人民币之间，考虑涉案专利对侵权获利具有较高贡献率，原审法院酌情确定的8000万元赔偿数额应属合理。

本可视化撰写的人机交互软件方法发明专利侵权诉讼作为一个典型示范案例，无论是专利权利要求可视化撰写、专利说明书实施例拓展，还是专利无效宣告程序、专利无效行政诉讼和专利侵权诉讼等各个环节，都给我们带来了很多新的思路和启示，值得从事专利代理工作的专利代理师和专利诉讼代理人一起学习和研究。

虽然可视化撰写的人机交互软件发明专利侵权诉讼已率先突围并取得成功，但是针对大量非可视化的人工智能软件、区块链技术软件等发明专利又该如何举证进行侵权技术对比，并证明被控产品落入专利的保护范围，仍需广大专利诉讼代理人继续进行司法实践探索，寻找出新的可行解决方案。

第三节　标准必要专利诉讼案

通信领域、计算机硬件和软件领域，涉及硬件或软件设备之间的通信和交互，因此有必要制定统一的标准协议和接口。通信和交互的各方厂商，只需要严格遵守标准协议和接口的规定来制造设备，其设备就能与其他遵守标准协议和接口的厂商制造的设备进行通信和交互，从而快速推动产品面世和新技术的推广应用。标准必要专利是包含在国际标准、国家标准和行业标准中且在实施标准时必须使用的专利。标准必要专利保护应用或实施标准时必须使用的技术方案。标准必要专利一般会在全球主要国家布局同族专利，因其价值巨大，被誉为"皇冠上的钻石"。

标准必要专利诉讼分为标准必要专利侵权诉讼、确认不侵权之诉和标准必要专利许可费纠纷之诉，主要涉及两大核心争议焦点问题：一是被控产品是否落入标准必要专利的保护范围，二是标准必要专利许可费或许可费率的确定问题。标准必要专利诉讼的目的不是寻求法院颁发禁令让竞争对手停止侵权从而谋求技术垄断，而是希望各方达成标准必要专利全球许可合作，进一步推广标准的实施和应用。研究标准的权利人从中获得合理的标准必要专利实施许可费，被许可人可以以合理的标准必要专利许可费获得全球许可。

一、被控产品是否落入标准必要专利的保护范围

一般专利侵权技术对比都是将涉案专利的权利要求直接与被控产品实物进行技术对比，如图 9 - 3 所示。

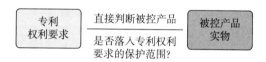

图 9 - 3   一般专利与被控产品实物侵权技术对比图

而标准必要专利的侵权技术对比方法则截然不同，不是将涉案标准必要专利的权利要求与被控产品实物进行技术对比，而是先默认被控产品实施了标准，即被控产品与标准对应，再将涉案专利的权利要求进行技术特征划分，将涉案专利权利要求的所有技术特征与标准的技术特征参照全面覆盖原则进行技术对比。如果涉案专利的权利要求记载的所有技术特征与标准记载的技术特征一一对应且相同，或一一对应且等同，则涉案专利的权利要求与标准对应，被控产品落入标准必要专利的保护范围，如图 9 - 4 所示；如果涉案专利的权利要求记载的所有技术特征与标准记载的技术特征不是一一对应，或虽然一一对应但不相同也不等同，则涉案专利的权利要求与标准不对应，被控产品不落入标准必要专利的保护范围，如图 9 - 5 所示。

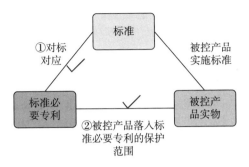

图 9 – 4 被控产品落入标准必要专利的保护范围技术对比图

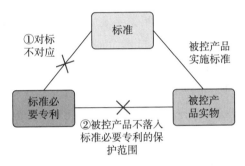

图 9 – 5 被控产品不落入标准必要专利的保护范围技术对比图

对于华为技术有限公司（以下简称"华为公司"）、华为终端有限公司、华为软件技术有限公司诉康文森无线许可有限公司（以下简称"康文森公司"）确认不侵害专利权及标准必要专利使用费纠纷三案，江苏省南京市中级人民法院作出的一审判决给出了标准必要专利与 3GPP 标准技术对标的示例，具体如下：

1. 专利 ZL200380102135.9 "用于为组播内容提供选择分集的系统和方法"，其独立权利要求 16 和 31 包含用户的终端设备。

其独立权利要求 16 可分解为以下几部分进行分析：（1）一种用于在具有能够与一个或多个终端通信的多个小区的网络中提供组播内容的系统，所述终端能够选择与之通信的小区；（2）其中传送组播内容的小区中的至少一些小区也传送关于传送相同组播内容的一个或多个其他小区的小区信息；（3）所述终端基于所述信息，选择用以传送所述组播内容的小区中的一个。

其独立权利要求 31 可分解为以下几部分进行分析：（1）一种用于在网络中接收组播内容的终端，其中所述网络具有能够与所述终端通信的多个小区，所述终端能够选择与之通信的小区；（2）其中所述终端基于从所述小区传送的、指示哪些小区正在传送相同组播内容的小区信息；（3）选择用以传送所述组播内容的小区中的一个。

上述两个权利要求的特征 1、2 和 3 技术内容相同。关于特征 1，根据 3GPPTS36.300V14.3.0 标准针对 MBMS（多媒体广播组播服务）的描述，4G 网络支持上述这种对应多个终端在多个小区提供组播内容的服务，特征 1 与 4G 标准相对应。关于特征 2，3GPPTS36.300V14.3.0 标准有描述"传送组播服务的小区发送有关 MBMS 的关键信息，其中包括邻居小区的小区信息"，3GPPTS36.331V15.3.0 标准技术规范文件规定了"关键信息"的组成部分和特征，特征 2 与 4G 标准相对应。关于特征 3，3GPPTS36.300V14.3.0 标准描述了"用户终端在移动切换小区考虑相关字段中的关于提供相同 MBMS 业务内容的邻近小区的小区信息"，特征 3 与 4G 标准相对应。专利 ZL200380102135.9 "用于为组播内容提供选择分集的系统和方法"权利要求 16 和 31 属于 3GPP 标准下关于 4G 技术的标准必要专利。

2. 专利 ZL200580035945.6 "用于 GERAN MBMS 的增强的预先通知方法和系统"，其独立权利要求 15 可分解为以下几部分进行分析：

（1）一种移动台，包括：一个处理单元；一个存储器，连接到该处理单元；一个显示器，连接到该处理单元；多个内部部件，每个部件提供一个唯一的功能应用，所述多个内部部件位于该移动台的硬件、固件和/或操作系统中；（2）以及一个蜂窝收发器，连接到该处理单元并且适合于与位于远端位置的控制器进行通信；（3）其中所述移动台被配置为监视一个寻呼组以检测多媒体广播/组播服务预先通知，接收多媒体广播/组播服务通知消息内的多媒体广播/组播服务预先通知信息，检查该多媒体广播/组播服务通知消息中的该预先通知信息以获得一个临时移动组识别符，并确定该临时移动组识别符是否对应于用于公共陆地移动网络的多媒体广播/组播服务承载业务，其中如果该临时移动组识别符不对应于用于该公共陆地移动网络的承载业务，则终止消息的读出以保存能量。

关于特征 1 和特征 2，在相关标准中没有对应内容；关于特征 3，在 4G 标准中没有关于预先通知的标准规范，在 3GPPTS36.300V14.5.0 和 3GPPTS36.331V14.5.1 中描述了"更改通知"的概念"在接收 MBMS 承载业务之前，UE 可以监控 PDCCH 以检测用于 UE 已经加入的多播组的 SC－MCCH 更改通知"，此处更改通知与权利要求所述预先通知作用并不相同。ZL200580035945.6 的独立权利

要求 15 不属于 3GPP 标准下关于 4G 技术的标准必要专利。❶

标准必要专利与技术标准对应的方法，与专利侵权技术对比的方法类似，首先都是要将涉案专利权利要求的技术特征进行分解，然后将分解后的技术特征与标准中记载的技术方案中的技术特征进行逐一对比，判断二者是否对应。如果没有在标准中搜索到对应的技术特征，则标准必要专利与标准不相对应；如果在标准中搜索到对应的技术特征，则从二者的技术特征采用的技术手段、实现的技术功能和达到的技术效果三个方面分析，进一步判断权利要求中的技术特征与标准记载的技术特征是否构成相同或等同。只有在标准中找到与标准必要专利权利要求一一对应的技术特征，且二者对应相同或等同，那么该标准必要专利才与标准相对应，被控产品才落入标准必要专利的保护范围。

二、标准必要专利许可费和费率

普通专利许可费和费率都难以计算和确定，标准必要专利许可费和费率更是非常复杂。

（一）标准必要专利许可费的 FRAND 原则

按照国际通行的惯例，标准制定参与方须作出 FRAND 许可承诺，从而平衡标准必要专利权利人和实施人的利益。所谓"FRAND"是"fair""reasonable""nondiscrimination"的缩写，FRAND 原则即标准必要专利许可公平、合理、无歧视原则。广东省高级人民法院在审理华为诉 IDC 标准必要专利使用费纠纷案中，按照 FRAND 的原则确定标准必要专利许可费率。

比如某标准必要专利权利人许可 A 公司的许可费率为 0.0187%，许可 B 公司的许可费率为 0.19%，在跟 C 公司谈判时报价许可费率为 2%，C 公司的许可费率报价是 B 公司许可费率的 10 倍，是 A 公司许可费率的 100 倍，该标准必要专利权利人与 C 公司的谈判许可费率报价明显违反了公平、合理、无歧视的 FRAND 原则。

（二）许可费和许可费率

1. 许可费的计算公式

许可费的计算公式如下：

标准必要专利许可费 = 产品平均售价 × 许可费率 × 总的销售数量

---

❶ 参见：江苏省南京市中级人民法院（2018）苏 01 民初 232、233、234 号民事判决书。

被许可人总的销售数量是很难举证确定的计算因子之一，有些技术领域的产品销售需要向政府有关管理部门登记和备案，这类产品或许能调取出总的销售数量。有些认可度较高的第三方数据公司会对特定领域的各型号产品销量进行数据统计和研究分析，可以通过公证第三方数据公司的统计数据佐证总的销售数量。

2. 许可费率的计算公式

标准必要专利许可费率存在多种计算公式和算法，其中虽然自上而下法也存在诸多问题，但谈判双方接受并认可的情形较多一些。所谓自上而下法的计算公式如下：

标准必要专利许可费率 = 标准必要专利使用费率总负担 ×

标准必要专利权利人拥有的标准必要专利个数 ÷ 相关标准必要专利总数

以通信领域 5G 标准必要专利为例，假设标准必要专利使用费总负担为 8%，某标准必要专利权利人拥有 10 件通信领域 5G 标准必要专利，而通信领域 5G 标准必要专利的总数为 8.49 万件，则某标准必要专利权利人许可费率为 0.00000942，计算公式如下：

某标准必要专利权利人许可费率 = 8% × 10 ÷ 84900 = 0.00000942

司法实践中，自上而下法专利许可费率计算公式中的标准必要专利使用费率总负担因子难以准确确定，而通信领域 5G 标准必要专利的总数也在逐年递增，由于纳入标准必要专利的流程以自我声明为主，实际上并没有国际权威机构对专利权人声明的专利是否为标准必要专利进行实质审查，同族标准必要专利在各个国家审查的时候对权利要求的修改可能不一致，因此总数量中包括大量不能与标准相对应的伪标准必要专利。而且公式本身采用平均主义，并未区分和分析单个标准必要专利在产品中的利润贡献率。因此，标准必要专利许可费率是一个多因子复杂的交叉专业问题，需要经济、技术和法律专家联合研究，逐渐制定国际规则供标准必要专利权利人和被许可人谈判的时候参考适用。

三、全球和解

围绕标准必要专利在外国法院和中国法院进行的系列专利侵权诉讼、确认不侵权专利诉讼和标准必要专利使用费纠纷诉讼，都源于同族标准必要专利的权利人与使用人双方在标准必要专利全球许可谈判中陷入僵局。一方面因为标准必要专利使用人不想支付许可费或者许可费还价过低，标准必要专利权利人启动专利侵权诉讼让专利使用人回到谈判桌继续进行商业谈判；另一方面因为标准必要专利权利人违反 FRAND 原则，或者提出的标准必要专利许可费率过高，使用人通过确认不侵权专利诉讼和标准必要专利使用费纠纷诉讼，使得标准必要专利权利人回归理性，最终促使双方在合理的价格中达成全球许可合作。

（一）华为公司等诉康文森公司确认不侵害专利权及标准必要专利使用费纠纷三案

1. 一审程序

针对原告华为技术有限公司、华为终端有限公司、华为软件技术有限公司与被告康文森无线许可有限公司确认不侵害专利权及标准必要专利使用费纠纷三案，江苏省南京市中级人民法院作出一审判决，民事判决书摘录如下：

对原告华为技术有限公司、华为终端有限公司、华为软件技术有限公司与被告康文森无线许可有限公司双方所涉标准必要专利许可应按以下条件确定：

（1）许可专利：被告康文森无线许可有限公司所有以及有权做出许可的、声称并实际满足 2G、3G、4G 标准或技术规范且为原告华为技术有限公司、华为终端有限公司、华为软件技术有限公司所实际实施的全部中国必要专利。

（2）许可产品：原告华为技术有限公司、华为终端有限公司、华为软件技术有限公司的移动终端产品，即手机和有蜂窝通信功能的平板电脑。

（3）许可行为：制造、销售、许诺销售、进口许可产品，以及在许可产品上使用许可专利。

（4）许可费率：上述许可行为中，原告华为技术有限公司、华为终端有限公司、华为软件技术有限公司需要向被告康文森无线许可有限公司支付的费率为：

单模 2G 或 3G 移动终端产品中，中国专利包即中国标准必要专利的许可费率为 0；

单模 4G 移动终端产品中，中国专利包即中国标准必要专利的许可费率 0.00225%；

多模 2G/3G/4G 移动终端产品中，中国专利包即中国标准必要专利的许可费率为 0.0018%。

并且，原告华为技术有限公司、华为终端有限公司、华为软件技术有限公司仅需就含有 ZL200380102135.9 专利技术方案的 4G 移动终端产品向被告康文森无线许可有限公司支付上述许可费率。❶

---

❶ 参见：江苏省南京市中级人民法院（2018）苏 01 民初 232、233、234 号民事判决书。

一审判决对标准必要专利权利人和被许可人双方所涉标准必要专利许可条件予以明确，涵盖双方许可专利、许可产品、许可行为和许可费率各个方面。

2. 二审程序

本三案审理过程中，华为技术公司、华为终端公司、华为软件公司以已与康文森公司达成和解为由申请撤回三案起诉。康文森公司表示，同意华为技术公司、华为终端公司、华为软件公司撤回三案起诉。

最高人民法院认为，华为技术公司、华为终端公司、华为软件公司在本三案审理期间提出撤回起诉的请求，已经其他当事人同意，且不损害国家利益、社会公共利益、他人合法权益，最高人民法院予以准许。依照《民事诉讼法》第 154 条第 1 款第 5 项、《最高人民法院关于适用〈中华人民共和国民事诉讼法〉的解释》第 338 条规定，裁定如下：（1）撤销江苏省南京市中级人民法院（2018）苏 01 民初 232、233、234 号民事判决；（2）准许华为技术有限公司、华为终端有限公司、华为软件技术有限公司撤回起诉。❶

标准必要专利诉讼一般牵涉多国的平衡专利诉讼，双方一边进行专利诉讼，一边基于 FRAND 原则继续进行标准必要专利许可谈判，以专利诉讼促进全球标准必要专利许可谈判。当双方经过谈判达成了全球标准必要专利许可费合意，并签订了许可协议，专利诉讼就完成了历史使命，双方全球同步撤诉，达成全球和解。

（二）华为公司等诉英伟特 SPE 有限责任公司确认不侵害专利权纠纷三案

华为技术有限公司、华为终端有限公司向广州知识产权法院起诉，请求法院确认不侵害英伟特 SPE 有限责任公司三件标准必要专利权。广州知识产权法院高效审理案件的同时，积极主持华为公司的律师，英伟特公司的美国律师、德国律师和中国律师等全球平行诉讼的代理人就双方全球标准必要专利使用费进行调解，经过多轮调解和沟通，原被告双方达成标准必要专利全球和解协议，华为公司撤回起诉。

民事裁定书摘录如下：

专利权人和标准实施者通过谈判达成许可协议是标准必要专利纠纷解决的最优途径，通过谈判达成的结果能够充分地体现标准必要专利为市场所认可的价值。本案双方当事人在人民法院的引导下，及时回归理性、诚信和积极谈判

---

❶ 参见：最高人民法院（2019）最高法知民终 732、733、734 号之三民事裁定书。

并达成全球许可，为此类纠纷的妥善解决起到了良好的导向和示范作用，应予赞许。❶

华为公司诉英伟特 SPE 有限责任公司确认不侵害专利权纠纷案入选广州知识产权法院 2022 年度十大典型案例。本案能动化解标准必要专利纠纷，正向推动各方合作共赢。

【典型意义】本三案为标准必要专利确认不侵权之诉，技术事实认定难度大，存在多国平行诉讼，谈判过程亦存在华为公司在全球市场布局变化、英伟特公司作为非专利实施主体、双方报价差距近百倍以及全球平行诉讼持续升温等诸多难点。考虑到标准必要专利纠纷的特殊性质，双方协商合作不仅有利于技术运用和转化，更能充分体现专利市场价值，符合双方根本利益。调解过程中，法院并不局限于本案诉讼，而是从解决双方全球纠纷着眼，要求双方全球平行诉讼的代理人一并参与和解谈判过程，充分陈述立场和方案，法院综合评估并与各方沟通。最终，双方达成全球一揽子和解，原被告双方先后寄来感谢信和锦旗。本三案纠纷的成功化解，不仅推动双方重回协商谈判的理性轨道，促使双方建立稳固的合作基础，更为当前愈演愈烈的标准必要专利争夺战提供了正向引导，是人民法院充分发挥司法能动作用、推动重大涉外案件妥善解决的良好范例。❷

可见，标准必要专利诉讼的最终目的是希望促成双方和解与合作。标准必要专利权利人和标准使用人达成全球标准必要专利包的一揽子许可合作，既保护了专利权人的合法权益，又推动技术标准的研究、推广和应用，进而促进科学技术进步和经济社会的发展。

---

❶ 参见：广州知识产权法院（2021）粤 73 知民初 386—388 号民事裁定书。
❷ 广州知识产权法院. 广州知识产权法院 2022 年度十大典型案例［EB/OL］.（2023 – 04 – 18）［2023 – 07 – 19］. http：//www. gipc. gov. cn/front/content. action？id = 24fde59d17f54e14b6964c40b4e13492.

参考文献

［1］陶凯元. 最高人民法院知识产权审判案例指导：第 9 辑［M］. 北京：中国法制出版社，2017.

［2］国家知识产权局专利复审委员会. 以案说法：专利复审、无效典型案例指引［M］. 北京：知识产权出版社，2018.

［3］吉罗洪. 北京市高级人民法院《专利侵权判定指南（2017）》理解与适用［M］. 北京：知识产权出版社，2020.

［4］北京知识产权法院. 技术调查官制度创新与实践［M］. 北京：知识产权出版社，2019.

［5］程永顺，罗李华. 专利侵权判定：中美法条与案例比较研究［M］. 北京：专利文献出版社，1998.

［6］岳利浩. 知识产权高额赔偿 36 计［M］. 北京：知识产权出版社，2018.

［7］广州知识产权法院. 知识产权精品案例评析（2015—2017）［M］. 北京：知识产权出版社，2018.

［8］广州知识产权法院. 知识产权精品案例评析（2020）［M］. 北京：知识产权出版社，2022.

［9］郑志柱. 专利等同原则与技术进步［M］. 广州：暨南大学出版社，2019.

［10］刘庆辉. 中国专利侵权诉讼指引［M］. 北京：中国法制出版社，2019.

［11］吴观乐. 专利代理实务［M］. 3 版. 北京：知识产权出版社，2015.

［12］黄玉烨，李青文. 我国知识产权上诉审理机制的变革与优化之策：由知识产权法庭到知识产权上诉法院［J］. 东南学术，2020（5）：8.

［13］杜潇潇. 论韩国专利法院建设及其对中国的借鉴意义［J］. 中国发明与专利，2020，17（5）：85 - 90.

［14］张怀印. 欧盟统一专利法院：最新进展、困境及前景［J］. 上海政法学院学报（法治论丛），2018，33（2）：9.

［15］谭英强. 知识产权技术调查官运行机制研究［D］. 广州：华南理工大学，2022.

［16］谭英强. 专利侵权诉讼中证据固定的实践与思考［J］. 专利代理，2015（3）：4.

［17］谭英强. 外观设计专利侵权判定的案例分析与思考［J］. 专利代理，2016（3）：69 - 72.

[18] 中国法院网. 最高人民法院关于审理专利纠纷案件适用法律问题的若干规定 第一条 [EB/OL]. (2020 – 12 – 31) [2023 – 07 – 19]. https：//www. chinacourt. org/law/detail/2020/12/id/150227. shtml.

[19] 最高人民法院. 具有专利纠纷第一审案件管辖权法院/法庭一览表 [EB/OL]. (2018 – 12 – 14) [2023 – 07 – 19]. https：//enipc. court. gov. cn/zh – cn/news/view – 50. html.

[20] 中国知识产权报/中国知识产权资讯网. 2012 年度全国知识产权保护 10 个重大案件 [EB/OL]. (2013 – 04 – 27) [2023 – 07 – 19]. http：//www. iprchn. com/Index_ NewsContent. aspx？NewsId = 59712.

[21] 法律快车官方整理. 如何确定专利权利要求的保护范围 [EB/OL]. (2020 – 01 – 26) [2023 – 07 – 19]. https：//www. lawtime. cn/info/hetong/zscqht/20110128114074. html.

[22] 山东省高级人民法院. 2018 年山东法院十大知识产权案件 [EB/OL]. (2019 – 04 – 25) [2023 – 07 – 19]. http：//www. sdcourt. gov. cn/nwglpt/_ 2343835/_ 2532828/3974422/index. html.

[23] 大众日报. 2018 年济南中院十大知识产权典型案件发布 [EB/OL]. (2019 – 04 – 25) [2023 – 07 – 19]. https：//baijiahao. baidu. com/s？id = 1631793340763697690&wfr = spider&for = pc.

[24] 广州知识产权法院. 广州知识产权法院 2022 年度十大典型案例 [EB/OL]. (2023 – 04 – 18) [2023 – 07 – 19]. http：//www. gipc. gov. cn/front/content. action？id = 24fde59 d17f54e14b6964c40b4e13492.

[25] 广东知识产权保护协会. 2018 年度广东知识产权保护协会知识产权典型案例报告会会议材料, 2019.

[26] 广东知识产权保护协会. 2021 年度广东知识产权保护协会知识产权典型案例报告会会议材料, 2022.

后　记

　　我父亲谭锦泉是一名拥有多项发明专利的建筑机械领域的高级工程师。1996 年，我父亲创办的企业鹤山市建筑机械厂有限公司委托嘉权专利商标事务所的喻新学总经理代理了一场发明专利侵权官司，经历了"五年六审"，最早走完了中国专利诉讼所有程序并最终获胜，获判赔人民币 64 万余元。《羊城晚报》广泛报道了案例。该案例也被评为"2001 年广东省十大知识产权案件"之首，可见专利诉讼技术难度之大、诉讼程序之复杂、经历时间之长。当时，我常常听父亲十分自豪地讲述在专利诉讼中的经历，他第一次打专利官司就从广州开始，最后一路到首都北京打官司，最终还"打赢了"专利局，维持了发明专利权有效。父亲打专利官司的精彩故事，我从小就耳熟能详，早在学生时代就埋下了对专利诉讼好奇的种子。

　　2000 年，我从鹤山一中高中毕业。2004 年，我从华南理工大学应用物理系微电子技术专业毕业，曾经酷爱电子硬件设计和软件开发，因而先后在科技型的外资企业、私营企业和国有企业从事了 5 年专业技术研发工作，主持并完成多款芯片设计、手机电视条件接收智能卡系统、ATM 机芯控制系统、建筑升降机智能控制系统、塔式起重机 PLC 控制系统等多个研发项目，曾获得"江门市科学技术奖励三等奖"和"鹤山市科学技术奖励一等奖"。

　　2008 年，嘉权专利商标事务所广州公司成立了。机缘巧合之下，我受到知识产权时代的召唤，毅然转行，加入嘉权专利商标事务所，在喻新学总经理麾下担任专利工程师。工作与学习形影不离伴随我前进，本人入行不到 6 个月一次性通过了全国专利代理人资格考试，接着又自学法律通过了国家法律职业资格考试。2017 年，获得专利副研究员高级职称，一直专注于专利代理、专利诉讼和专利无效的专业工作。2018 年，我又回到华南理工大学法学院深造，除了老本行专利法，还深入学习和研究了商标法、著作权法和反不正当竞争法等知识产权领域法律。2022 年，我获得了华南理工大学知识产权专业法学硕士学位。

回想起初入知识产权行业，感恩嘉权专利商标事务所喻新学总经理、欧修平博士、谭志强老师、原广东省知识产权局政策法规处曾琦律师、原广东省知识产权保护中心司法鉴定所张甫筠所长的带教和指导，引领我入门专利代理、专利诉讼和知识产权司法鉴定等领域，帮助我快速成长。感谢我任职的嘉权专利商标事务所的全体同事们，特别感谢胡辉、薛建强、于群、冯剑明、雷红科、张海文、陈慧华、朱上恒、付奕昌、庞学哲、黎扬鹏、林德强、胡振、张玉平、卢庆云、张帅、余凯欢、任宇杭、储冬生、卓月丽、李艳玲、卓月桂、林威岑、汤瑞源、梁嘉琦、孙浩、叶恩华、利宇宁、郑勇、林伟峰、贺育武、许玉婵、彭淑芳、温利利、许超英、马德馨、李崇铭、邝嘉宜等同事对我的工作的大力支持和帮助。其中专利诉讼最佳拍档付奕昌律师，多年以来与我一起南征北战，共同处理了本书中多个诉讼案例。我有幸与一班优秀的同事们并肩作战、群策群力、驰骋沙场，所有这些一起奋斗的岁月都是我人生中最宝贵的职业经历。我很自豪所在的嘉权知识产权服务团队连续7年荣获"中国杰出知识产权服务团队"。

在从事专利诉讼工作的十余年间，我有幸代理过世界五百强企业和欧美日涉外客户的诉讼案件。大客户和涉外客户对专利诉讼团队的严格要求、与国内顶级律所律师的对垒交锋、最前沿的通信领域标准必要专利无效和诉讼的经历，使我"身经百战"，学习了丰富的专利诉讼知识，积累了宝贵的专利诉讼实战经验。清华大学的刘国伟老师建议我尝试出版一本专业书籍。自2022年开始，在紧张的工作之余，利用晚上和周末加完班的休息时间，整理过往的专利诉讼案例形成了这部书稿，并经过喻新学总经理和欧修平博士的指导修改，最终完成本书撰写。希望对想从事专利诉讼工作的法务人员、律师和专利代理师有所帮助。

感谢家人对我的工作、学习和本书撰写的全力支持、理解和帮助，使得我能专注于工作和学习。感谢万小丽副教授对本书提出的宝贵意见。感谢我所有领导、亲戚、同学、朋友的关心、支持和帮助。

最后，感谢知识产权出版社王瑞璞同志为本书的出版提供的指导和帮助！

未来，我将继续追寻知识产权职业梦想，为知识产权事业继续努力、拼搏，奋斗终身！

谭英强

2023年6月16日

于广州珠江新城